2025 DÉCIMA QUINTA EDIÇÃO

MANUAL DO TRABALHO DOMÉSTICO

SERGIO PINTO **MARTINS**

Dados Internacionais de Catalogação na Publicação (CIP) de acordo com ISBD

M386m   Martins, Sérgio Pinto
            Manual do trabalho doméstico / Sérgio Pinto Martins. - 15. ed. - Indaiatuba, SP : Editora Foco, 2025.

            244 p. ; 16cm x 23cm.

            Inclui bibliografia e índice.
            ISBN: 978-65-6120-275-6

            1. Direito. 2. Direito trabalhista. 3. Trabalho doméstico. I. Título.

2025-207   CDD 344.01   CDU 349.2

Elaborado por Vagner Rodolfo da Silva - CRB-8/9410
Índices para Catálogo Sistemático:

1. Direito trabalhista 344.01
2. Direito trabalhista 349.2

DÉCIMA QUINTA EDIÇÃO

MANUAL DO TRABALHO DOMÉSTICO

SERGIO PINTO **MARTINS**

2025 © Editora Foco
Autor: Sergio Pinto Martins
Diretor Acadêmico: Leonardo Pereira
Editor: Roberta Densa
Coordenadora Editorial: Paula Morishita
Revisora Sênior: Georgia Renata Dias
Revisora Júnior: Adriana Souza Lima
Capa Criação: Leonardo Hermano
Diagramação: Ladislau Lima e Aparecida Lima
Impressão miolo e capa: META BRASIL

DIREITOS AUTORAIS: É proibida a reprodução parcial ou total desta publicação, por qualquer forma ou meio, sem a prévia autorização da Editora FOCO, com exceção do teor das questões de concursos públicos que, por serem atos oficiais, não são protegidas como Direitos Autorais, na forma do Artigo 8º, IV, da Lei 9.610/1998. Referida vedação se estende às características gráficas da obra e sua editoração. A punição para a violação dos Direitos Autorais é crime previsto no Artigo 184 do Código Penal e as sanções civis às violações dos Direitos Autorais estão previstas nos Artigos 101 a 110 da Lei 9.610/1998. Os comentários das questões são de responsabilidade dos autores.

NOTAS DA EDITORA:

Atualizações e erratas: A presente obra é vendida como está, atualizada até a data do seu fechamento, informação que consta na página II do livro. Havendo a publicação de legislação de suma relevância, a editora, de forma discricionária, se empenhará em disponibilizar atualização futura.

Erratas: A Editora se compromete a disponibilizar no site www.editorafoco.com.br, na seção Atualizações, eventuais erratas por razões de erros técnicos ou de conteúdo. Solicitamos, outrossim, que o leitor faça a gentileza de colaborar com a perfeição da obra, comunicando eventual erro encontrado por meio de mensagem para contato@editorafoco.com.br. O acesso será disponibilizado durante a vigência da edição da obra.

Impresso no Brasil (2.2025) – Data de Fechamento (2.2025)

2025
Todos os direitos reservados à
Editora Foco Jurídico Ltda.
Rua Antonio Brunetti, 593 – Jd. Morada do Sol
CEP 13348-533 – Indaiatuba – SP
E-mail: contato@editorafoco.com.br
www.editorafoco.com.br

TRABALHOS DO AUTOR

LIVROS

1. *Imposto sobre serviços* – ISS. São Paulo: Atlas, 1992.
2. *Direito da seguridade social*. 42. ed. São Paulo: Saraiva, 2024.
3. *Direito do trabalho*. 40. ed. São Paulo: Saraiva, 2024.
4. *A terceirização e o direito do trabalho*. 17. ed. São Paulo: Saraiva, 2019.
5. *Manual do ISS*. 10. ed. São Paulo: Saraiva, 2017.
6. *Participação dos empregados nos lucros das empresas*. 6. ed. Indaiatuba: Foco, 2025.
7. *Práticas discriminatórias contra a mulher e outros estudos*. São Paulo: LTr, 1996.
8. *Contribuição confederativa*. São Paulo: LTr, 1996.
9. *Medidas cautelares*. São Paulo: Malheiros, 1996.
10. *Manual do trabalho doméstico*. 15. ed. Indaiatuba: Foco, 2025.
11. *Tutela antecipada e tutela específica no processo do trabalho*. 4. ed. São Paulo: Atlas, 2013.
12. *Manual do FGTS*. 6. ed. Indaiatuba: Foco, 2025.
13. *Comentários à CLT*. 21. ed. São Paulo: Saraiva, 2018.
14. *Manual de direito do trabalho*. 11. ed. São Paulo: Saraiva, 2018.
15. *Direito processual do trabalho*. 39. ed. São Paulo: Saraiva, 2017.
16. *Contribuições sindicais*. 5. ed. São Paulo: Atlas, 2009.
17. *Contrato de trabalho de prazo determinado e banco de horas*. 4. ed. São Paulo: Atlas, 2002.
18. *Estudos de direito*. São Paulo: LTr, 1998.
19. *Legislação previdenciária*. 22. ed. São Paulo: Saraiva, 2016.
20. *Síntese de direito do trabalho*. Curitiba: JM, 1999.
21. *A continuidade do contrato de trabalho*. 3. ed. Indaiatuba: Foco, 2025.
22. *Flexibilização das condições de trabalho*. 7. ed. Indaiatuba: Foco, 2025.
23. *Legislação sindical*. São Paulo: Atlas, 2000.
24. *Comissões de conciliação prévia*. 3. ed. São Paulo: Atlas, 2008.
25. *Col. Fundamentos: direito processual do trabalho*. 21. ed. São Paulo: Saraiva, 2018.
26. *Instituições de direito público e privado*. 17. ed. São Paulo: Saraiva, 2017.
27. *Col. Fundamentos: direito do trabalho*. 19. ed. São Paulo: Saraiva, 2018.

28. *Col. Fundamentos: direito da seguridade social.* 17. ed. São Paulo: Saraiva, 2016.
29. *O pluralismo do direito do trabalho.* 3. ed. Indaiatuba: Foco, 2025.
30. *Greve no serviço público.* 3. ed. Indaiatuba: Foco, 2025.
31. *Execução da contribuição previdenciária na Justiça do Trabalho.* 5. ed. São Paulo: Saraiva, 2019.
32. *Manual de direito tributário.* 17. ed. São Paulo: Saraiva, 2018.
33. *CLT universitária.* 24. ed. São Paulo: Saraiva, 2018.
34. *Cooperativas de trabalho.* 8. ed. Indaiatuba: Foco, 2025.
35. *Reforma previdenciária.* 2. ed. São Paulo: Atlas, 2006.
36. *Manual da justa causa.* 8. ed. Indaiatuba: Foco, 2025.
37. *Comentários às súmulas do TST.* 16. ed. São Paulo: Saraiva, 2016.
38. *Constituição. CLT. Legislação previdenciária e legislação complementar.* 3. ed. São Paulo: Atlas, 2012.
39. *Dano moral decorrente do contrato de trabalho.* 6. ed. Indaiatuba: Foco, 2025.
40. *Profissões regulamentadas.* 2. ed. São Paulo: Atlas, 2013.
41. *Direitos fundamentais trabalhistas.* 2. ed. São Paulo: Atlas, 2015.
42. *Convenções da OIT.* 3. ed. São Paulo: Saraiva, 2016.
43. *Estágio e relação de emprego.* 6. ed. Indaiatuba: Foco, 2025.
44. *Comentários às Orientações Jurisprudenciais da SBDI-1 e 2 do TST.* 7. ed. São Paulo: Saraiva, 2016.
45. *Direitos trabalhistas do atleta profissional de futebol.* 2. ed. São Paulo: Saraiva, 2016.
46. *Prática trabalhista.* 8. ed. São Paulo: Saraiva, 2018.
47. *Assédio moral no emprego.* 6. ed. Indaiatuba: Foco, 2025.
48. *Comentários à Lei n. 8.212/91. Custeio da Seguridade Social.* São Paulo: Atlas, 2013.
49. *Comentários à Lei n. 8.213/91. Benefícios da Previdência Social.* São Paulo: Atlas, 2013.
50. *Prática previdenciária.* 3. ed. São Paulo: Saraiva, 2017.
51. *Teoria geral do processo.* 9. ed. São Paulo: Saraiva, 2024.
52. *Teoria geral do Estado.* 3. ed. São Paulo: Saraiva, 2024.
53. *Reforma trabalhista.* São Paulo: Saraiva, 2018.
54. *Introdução ao estudo do Direito.* 3ª ed. São Paulo: Saraiva, 2024.

ARTIGOS

1. A dupla ilegalidade do IPVA. *Folha de S.Paulo*, São Paulo, 12 mar. 1990. Caderno C, p. 3.
2. Descumprimento da convenção coletiva de trabalho. *LTr*, São Paulo, n. 54-7/854, jul. 1990.

3. *Franchising* ou contrato de trabalho? *Repertório IOB de Jurisprudência*, n. 9, texto 2/4990, p. 161, 1991.

4. A multa do FGTS e o levantamento dos depósitos para aquisição de moradia. *Orientador Trabalhista – Suplemento de Jurisprudência e Pareceres*, n. 7, p. 265, jul. 1991.

5. O precatório e o pagamento da dívida trabalhista da fazenda pública. *Jornal do II Congresso de Direito Processual do Trabalho*, p. 42. jul. 1991. (Promovido pela LTr Editora.)

6. As férias indenizadas e o terço constitucional. *Orientador Trabalhista Mapa Fiscal – Suplemento de Jurisprudência e Pareceres*, n. 8, p. 314, ago. 1991.

7. O guarda de rua contratado por moradores. Há relação de emprego? *Folha Metropolitana*, Guarulhos, 12 set. 1991, p. 3.

8. O trabalhador temporário e os direitos sociais. *Informativo Dinâmico IOB*, n. 76, p. 1.164, set. 1991.

9. O serviço prestado após as cinco horas em sequência ao horário noturno. *Orientador Trabalhista Mapa Fiscal – Suplemento de Jurisprudência e Pareceres*, n. 10, p. 414, out. 1991.

10. Incorporação das cláusulas normativas nos contratos individuais do trabalho. *Jornal do VI Congresso Brasileiro de Direito Coletivo do Trabalho e V Seminário sobre Direito Constitucional do Trabalho*, p. 43. nov. 1991. (Promovido pela LTr Editora.)

11. Adicional de periculosidade no setor de energia elétrica: algumas considerações. *Orientador Trabalhista Mapa Fiscal – Suplemento de Jurisprudência e Pareceres*, n. 12, p. 544, dez. 1991.

12. Salário-maternidade da empregada doméstica. *Folha Metropolitana*, Guarulhos, p. 7, 2-3 fev. 1992.

13. Multa pelo atraso no pagamento de verbas rescisórias. *Repertório IOB de Jurisprudência*, n. 1, texto 2/5839, p. 19, 1992.

14. Base de cálculo dos adicionais. *Orientador Trabalhista Mapa Fiscal – Suplemento de Legislação, Jurisprudência e Doutrina*, n. 2, p. 130, fev. 1992.

15. Base de cálculo do adicional de insalubridade. *Orientador Trabalhista Mapa Fiscal – Suplemento de Legislação, Jurisprudência e Doutrina*, n. 4, p. 230, abr. 1992.

16. Limitação da multa prevista em norma coletiva. *Repertório IOB de Jurisprudência*, n. 10, texto 2/6320, p. 192, 1992.

17. Estabilidade provisória e aviso-prévio. *Orientador Trabalhista Mapa Fiscal – Suplemento de Legislação, Jurisprudência e Doutrina*, n. 5, p. 279, maio 1992.

18. Contribuição confederativa. *Orientador Trabalhista Mapa Fiscal – Suplemento de Legislação, Jurisprudência e Doutrina*, n. 6, p. 320, jun. 1992.

19. O problema da aplicação da norma coletiva de categoria diferenciada à empresa que dela não participou. *Orientador Trabalhista Mapa Fiscal – Suplemento de Legislação, Jurisprudência e Doutrina*, n. 7, p. 395, jul. 1992.

20. Intervenção de terceiros no processo de trabalho: cabimento. *Jornal do IV Congresso Brasileiro de Direito Processual do Trabalho*, jul. 1992, p. 4. (Promovido pela LTr Editora.)

21. Relação de emprego: dono de obra e prestador de serviços. *Folha Metropolitana*, Guarulhos, 21 jul. 1992, p. 5.
22. Estabilidade provisória do cipeiro. *Orientador Trabalhista Mapa Fiscal – Suplemento de Legislação, Jurisprudência e Doutrina*, n. 8, p. 438, ago. 1992.
23. O ISS e a autonomia municipal. *Suplemento Tributário LTr*, n. 54, p. 337, 1992.
24. Valor da causa no processo do trabalho. *Suplemento Trabalhista LTr*, n. 94, p. 601, 1992.
25. Estabilidade provisória do dirigente sindical. *Orientador Trabalhista Mapa Fiscal – Suplemento de Legislação, Jurisprudência e Doutrina*, n. 9, p. 479, set. 1992.
26. Estabilidade no emprego do aidético. *Folha Metropolitana*, Guarulhos, 20-21 set. 1992, p. 16.
27. Remuneração do engenheiro. *Orientador Trabalhista Mapa Fiscal – Suplemento de Legislação, Jurisprudência e Doutrina*, n. 10, p. 524, out. 1992.
28. Estabilidade do acidentado. *Repertório IOB de Jurisprudência*, n. 22, texto 2/6933, p. 416, 1992.
29. A terceirização e suas implicações no direito do trabalho. *Orientador Trabalhista Mapa Fiscal – Legislação, Jurisprudência e Doutrina*, n. 11, p. 583, nov. 1992.
30. Contribuição assistencial. *Jornal do VII Congresso Brasileiro de Direito Coletivo do Trabalho e VI Seminário sobre Direito Constitucional do Trabalho*, nov. 1992, p. 5.
31. Descontos do salário do empregado. *Orientador Trabalhista Mapa Fiscal – Suplemento de Legislação, Jurisprudência e Doutrina*, n. 12, p. 646, dez. 1992.
32. Transferência de empregados. *Orientador Trabalhista Mapa Fiscal – Suplemento de Legislação, Jurisprudência e Doutrina*, n. 1, p. 57, jan. 1993.
33. A greve e o pagamento dos dias parados. *Orientador Trabalhista Mapa Fiscal – Suplemento de Legislação, Jurisprudência e Doutrina*, n. 2, p. 138, fev. 1993.
34. Auxílio-doença. *Folha Metropolitana*, Guarulhos, 30 jan. 1993, p. 5.
35. Salário-família. *Folha Metropolitana*, Guarulhos, 16 fev. 1993, p. 5.
36. Depósito recursal. *Repertório IOB de Jurisprudência*, n. 4, texto 2/7239, p. 74, fev. 1993.
37. Terceirização. *Jornal Magistratura & Trabalho*, n. 5, p. 12, jan. e fev. 1993.
38. Auxílio-natalidade. *Folha Metropolitana*, Guarulhos, 9 mar. 1993, p. 4.
39. A diarista pode ser considerada empregada doméstica? *Orientador Trabalhista Mapa Fiscal – Suplemento Trabalhista Mapa Fiscal – Suplemento de Legislação, Jurisprudência e Doutrina*, n. 3/93, p. 207.
40. Renda mensal vitalícia. *Folha Metropolitana*, Guarulhos, 17 mar. 1993, p. 6.
41. Aposentadoria espontânea com a continuidade do aposentado na empresa. *Jornal do Primeiro Congresso Brasileiro de Direito Individual do Trabalho*, 29 e 30 mar. 1993, p. 46-47. (Promovido pela LTr Editora.)
42. Relação de emprego e atividades ilícitas. *Orientador Trabalhista Mapa Fiscal – Suplemento de Legislação, Jurisprudência e Doutrina*, n. 5/93, p. 345.

43. Conflito entre norma coletiva do trabalho e legislação salarial superveniente. *Revista do Advogado*, n. 39, p. 69, maio 1993.
44. Condição jurídica do diretor de sociedade em face do direito do trabalho. *Orientador Trabalhista Mapa Fiscal – Suplemento de Legislação, Jurisprudência e Doutrina*, n. 6/93, p. 394.
45. Equiparação salarial. *Orientador Trabalhista Mapa Fiscal – Suplemento de Legislação, Jurisprudência e Doutrina*, n. 7/93, p. 467.
46. Dissídios coletivos de funcionários públicos. *Jornal do V Congresso Brasileiro de Direito Processual do Trabalho*, jul. 1993, p. 15. (Promovido pela LTr Editora.)
47. Contrato coletivo de trabalho. *Orientador Trabalhista Mapa Fiscal – Suplemento de Legislação, Jurisprudência e Doutrina*, n. 8/93, p. 536.
48. Reintegração no emprego do empregado aidético. *Suplemento Trabalhista LTr*, n. 102/93, p. 641.
49. Incidência da contribuição previdenciária nos pagamentos feitos na Justiça do Trabalho. *Orientador Trabalhista Mapa Fiscal – Suplemento de Legislação, Jurisprudência e Doutrina*, n. 9/93, p. 611.
50. Contrato de trabalho por obra certa. *Orientador Trabalhista Mapa Fiscal – Suplemento de Legislação, Jurisprudência e Doutrina*, n. 10/93, p. 674.
51. Autoaplicabilidade das novas prestações previdenciárias da Constituição. *Revista de Previdência Social*, n. 154, p. 697, set. 1993.
52. Substituição processual e o Enunciado 310 do TST. *Orientador Trabalhista Mapa Fiscal – Suplemento de Legislação, Jurisprudência e Doutrina*, n. 11/93, p. 719.
53. Litigância de má-fé no processo do trabalho. *Repertório IOB de Jurisprudência*, n. 22/93, texto 2/8207, p. 398.
54. Constituição e custeio do sistema confederativo. *Jornal do VIII Congresso Brasileiro de Direito Coletivo do Trabalho e VII Seminário sobre Direito Constitucional do Trabalho*, nov. 1993, p. 68. (Promovido pela LTr Editora.)
55. Participação nos lucros. *Orientador Trabalhista Mapa Fiscal – Suplemento de Legislação, Jurisprudência e Doutrina*, n. 12/93, p. 778.
56. Auxílio-funeral. *Folha Metropolitana*, Guarulhos, 22-12-1993, p. 5.
57. Regulamento de empresa. *Orientador Trabalhista Mapa Fiscal – Suplemento de Legislação, Jurisprudência e Doutrina*, n. 1/94, p. 93.
58. Aviso-prévio. *Orientador Trabalhista Mapa Fiscal – Suplemento de Legislação, Jurisprudência e Doutrina*, n. 2/94, p. 170.
59. Compensação de horários. *Orientador Trabalhista Mapa Fiscal – Suplemento de Legislação, Jurisprudência e Doutrina*, n. 3/94, p. 237.
60. Controle externo do Judiciário. *Folha Metropolitana*, Guarulhos, 10-3-1994, p. 2; *Folha da Tarde*, São Paulo, 26-3-1994, p. A2.
61. Aposentadoria dos juízes. *Folha Metropolitana*, Guarulhos, 11-3-1994, p. 2; *Folha da Tarde*, São Paulo, 23-3-1994, p. A2.

62. Base de cálculo da multa de 40% do FGTS. *Jornal do Segundo Congresso Brasileiro de Direito Individual do Trabalho*, promovido pela LTr, 21 a 23-3-1994, p. 52.
63. Denunciação da lide no processo do trabalho. *Repertório IOB de Jurisprudência*, n. 7/94, abril de 1994, p. 117, texto 2/8702.
64. A quitação trabalhista e o Enunciado n. 330 do TST. *Orientador Trabalhista Mapa Fiscal – Suplemento de Legislação, Jurisprudência e Doutrina*, n. 4/94, p. 294.
65. A indenização de despedida prevista na Medida Provisória n. 457/94. *Repertório IOB de Jurisprudência*, n. 9/94, p. 149, texto 2/8817.
66. A terceirização e o Enunciado n. 331 do TST. *Orientador Trabalhista Mapa Fiscal – Suplemento de Legislação, Jurisprudência e Doutrina*, n. 5/94, p. 353.
67. Superveniência de acordo ou convenção coletiva após sentença normativa – prevalência. *Orientador Trabalhista Mapa Fiscal – Suplemento de Legislação, Jurisprudência e Doutrina*, n. 6/94, p. 386.
68. Licença-maternidade da mãe adotiva. *Orientador Trabalhista Mapa Fiscal – Suplemento de Legislação, Jurisprudência e Doutrina*, n. 7/94, p. 419.
69. Medida cautelar satisfativa. *Jornal do 6º Congresso Brasileiro de Direito Processual do Trabalho*, promovido pela LTr nos dias 25 a 27-7-1994, p. 58.
70. Estabelecimento prestador do ISS. *Suplemento Tributário LTr*, n. 35/94, p. 221.
71. Turnos ininterruptos de revezamento. *Orientador Trabalhista Mapa Fiscal – Suplemento de Legislação, Jurisprudência e Doutrina*, n. 8/94, p. 468.
72. Considerações em torno do novo Estatuto da OAB. *Repertório IOB de Jurisprudência*, n. 17/94, set. 1994, p. 291, texto 2/9269.
73. Diárias e ajudas de custo. *Orientador Trabalhista Mapa Fiscal – Suplemento de Legislação, Jurisprudência e Doutrina*, n. 9/94, p. 519.
74. Reajustes salariais, direito adquirido e irredutibilidade salarial. *Orientador Trabalhista Mapa Fiscal – Suplemento de Legislação, Jurisprudência e Doutrina*, n. 10/94, p. 586.
75. Os serviços de processamento de dados e o Enunciado n. 239 do TST. *Orientador Trabalhista Mapa Fiscal – Suplemento de Legislação, Jurisprudência e Doutrina*, n. 11/94, p. 653.
76. Desnecessidade de depósito administrativo e judicial para discutir o crédito da seguridade social. *Orientador Trabalhista Mapa Fiscal – Suplemento de Legislação, Jurisprudência e Doutrina*, n. 12/94, p. 700.
77. Número máximo de dirigentes sindicais beneficiados com estabilidade. *Repertório IOB de Jurisprudência*, n. 24/94, dezembro de 1994, p. 408, texto 2/9636.
78. Participação nos lucros e incidência da contribuição previdenciária. *Revista de Previdência Social*, n. 168, nov. 1994, p. 853.
79. Proteção do trabalho da criança e do adolescente – considerações gerais. *BTC – Boletim Tributário Contábil – Trabalho e Previdência*, dez. 1994, n. 51, p. 625.
80. Critérios de não discriminação no trabalho. *Orientador Trabalhista Mapa Fiscal – Suplemento de Legislação, Jurisprudência e Doutrina*, n. 1/95, p. 103.

81. Embargos de declaração no processo do trabalho e a Lei n. 8.950/94 que altera o CPC. *Repertório IOB de Jurisprudência*, n. 3/95, fev. 1995, texto 2/9775, p. 41.

82. Empregado doméstico – Questões polêmicas. *Orientador Trabalhista Mapa Fiscal – Suplemento de Legislação, Jurisprudência e Doutrina*, n. 2/95, p. 152.

83. Não concessão de intervalo para refeição e pagamento de hora extra. *Orientador Trabalhista Mapa Fiscal – Suplemento de Legislação, Jurisprudência e Doutrina*, n. 3/95, p. 199.

84. Lei altera artigo da CLT e faz prover conflitos. *Revista Literária de Direito*, mar./abr. 1995, p. 13.

85. Empregados não sujeitos ao regime de duração do trabalho e o art. 62 da CLT. *Orientador Trabalhista Mapa Fiscal – Suplemento de Legislação, Jurisprudência e Doutrina*, n. 4/95, p. 240.

86. A Justiça do Trabalho não pode ser competente para resolver questões entre sindicato de empregados e empregador. *Revista Literária de Direito*, maio/jun. 1995, p. 10.

87. Minutos que antecedem e sucedem a jornada de trabalho. *Orientador Trabalhista Mapa Fiscal – Suplemento de Legislação, Jurisprudência e Doutrina*, n. 5/95, p. 297.

88. Práticas discriminatórias contra a mulher e a Lei n. 9.029/95. *Repertório IOB de Jurisprudência*, n. 11/95, jun. 1995, p. 149, texto 2/10157.

89. Conflito entre a nova legislação salarial e a norma coletiva anterior. *Orientador Trabalhista Mapa Fiscal – Suplemento de Legislação, Jurisprudência e Doutrina*, n. 6/95, p. 362.

90. Imunidade tributária. *Suplemento Tributário LTr*, 34/95, p. 241.

91. Cogestão. *Revista do Tribunal Regional do Trabalho da 8ª Região*, v. 28, n. 54, jan./jun. 1995, p. 101.

92. Licença-paternidade. *Orientador Trabalhista Mapa Fiscal – Suplemento de Legislação, Jurisprudência e Doutrina*, n. 7/95, p. 409.

93. Embargos de declaração. *Jornal do VII Congresso Brasileiro de Direito Processual de Trabalho*, São Paulo: LTr, 24 a 26 jul. 1995, p. 54.

94. Reforma da Constituição e direitos previdenciários. *Jornal do VIII Congresso Brasileiro de Previdência Social*, n. 179, out. 1995, p. 723.

95. Ação declaratória incidental e coisa julgada no processo do trabalho. *Suplemento Trabalhista LTr 099/95*, p. 665 e *Revista do TRT da 8ª Região*, Belém, v. 28, n. 55, jul./dez. 1995, p. 39.

SUMÁRIO

TRABALHOS DO AUTOR V
    Livros V
    Artigos VI

PREFÁCIO XXI

NOTA DO AUTOR XXIII

1. HISTÓRICO 1
    1. Em outros países 1
    2. No Brasil 1

2. EMPREGADO DOMÉSTICO 9
    1. Denominação 9
    2. Conceito 9
    3. Distinções 16
        3.1. Diferença entre empregado doméstico e empregado em domicílio .. 16
        3.2. Trabalhador eventual 16
        3.3. Trabalhador temporário 17

3. EMPREGADOR DOMÉSTICO 19
    1. Empregador doméstico 19
    2. Sucessão de empregadores domésticos 22

4. ESPÉCIES DE TRABALHADOR DOMÉSTICO 25
    1. Caseiro 25

2. Diarista	27
3. Vigia de rua	33
4. Motorista	36
5. Enfermeira doméstica	37
6. Serviços de construção	37

5. VIGÊNCIA DA ALÍNEA A DO ART. 7º DA CLT E APLICABILIDADE DE OUTRAS NORMAS LEGAIS 41

1. Art. 7º, a, da CLT	41
2. Lei n. 5.889/73	41
3. Lei Complementar n. 150/2015	42

6. CONTRATO DE TRABALHO DO EMPREGADO DOMÉSTICO 43

7. DIREITOS TRABALHISTAS DO EMPREGADO DOMÉSTICO 49

1. Considerações iniciais	49
2. Direitos previstos na Constituição	49
3. Outros direitos	51

8. REMUNERAÇÃO 53

1. Conceitos	53
2. Elementos	53
3. Classificação	54
4. 13º salário	55
5. Salário mínimo	57
6. Irredutibilidade do salário	60
7. Vale-transporte	61

9. DESCONTOS NO SALÁRIO DO EMPREGADO 63

1. Previdência Social	63

2.	Imposto de Renda	64
3.	Utilidades	65
4.	Vale-transporte	67
5.	Adiantamentos	67
6.	Danos	68
7.	Faltas	68

10. FGTS 69

1.	Evolução legislativa	69
2.	Conceito	72
3.	Natureza jurídica	73
4.	Aplicabilidade da Emenda Constitucional n. 72/2013	73
5.	Depósitos do FGTS	74
6.	Indenização	76
7.	Conclusão	77

11. FALTAS AO SERVIÇO 79

1.	Faltas justificadas	79
2.	Licença-paternidade	80

12. DISCRIMINAÇÃO 83

13. JORNADA DE TRABALHO 85

1.	Conceitos	85
2.	Horas extras	85
3.	Compensação	86
4.	Sobreaviso	89
5.	Regime 12 X 36	89
6.	Intervalos	90

7.	Controle de ponto	90
8.	Adicional noturno	91
9.	Ônus da prova de horas extras	91

14. REPOUSO SEMANAL REMUNERADO 97

1.	Conceito	97
2.	Repouso	97

15. FÉRIAS 101

1.	Conceito	101
2.	Férias	101
3.	Convenção n. 132 da OIT e as férias do doméstico	106

16. SEGURANÇA E MEDICINA DO TRABALHO 113

1.	Higiene e segurança do trabalho	113
2.	Adicional de periculosidade e de insalubridade	113
3.	Fiscalização trabalhista	114

17. DIREITO COLETIVO DO TRABALHO 117

1.	Conceito	117
2.	Organização sindical	117
3.	Norma coletiva	117
4.	Contribuição sindical	119
5.	Contribuição confederativa	120
6.	Mensalidade sindical	121

18. RESCISÃO DO CONTRATO DE TRABALHO 123

1.	Conceito	123
2.	Dispensa sem justa causa	123

3.	Dispensa com justa causa	123
4.	Rescisão indireta	125
5.	Pedido de demissão	127
6.	Mútuo acordo	127
7.	Assistência na rescisão do contrato de trabalho	127
8.	Multa do § 8º do art. 477 da CLT	127

19. AVISO PRÉVIO ... 129

1.	Conceito	129
2.	Aviso prévio do doméstico	130

20. GARANTIA DE EMPREGO ... 133

1.	Conceitos	133
2.	Dirigente sindical	133
3.	Cipeiro	134
4.	Gestante	134
5.	Acidentado	136

21. PRESCRIÇÃO ... 137

22. JUSTIÇA DO TRABALHO ... 141

1.	Competência da Justiça do Trabalho	141
2.	Representação do empregador doméstico em audiência	141
3.	Art. 467 da CLT	143
4.	Provas	143
5.	Penhora	144

23. SIMPLES DOMÉSTICO ... 145

1.	Simples Doméstico	145

2. Programa de Recuperação Previdenciária dos Empregadores Domésticos (Redom) 147

24. PREVIDÊNCIA SOCIAL 149

1. Segurado obrigatório 149
   1.1. Contribuição previdenciária 150
2. Benefícios previdenciários 156
   2.1. Salário-maternidade 157
   2.2. Aposentadoria 160
   2.3. Auxílio-doença 164
   2.4. Salário-família 165
   2.5. Pensão por morte 166
   2.6. Auxílio-reclusão 167
   2.7. Benefício por acidente do trabalho 167
   2.8. Auxílio-acidente 169
   2.9. Seguro-desemprego 169
   2.10. Abono anual 172

25. RESPONSABILIDADE CIVIL DAS AGÊNCIAS DE EMPREGADOS DOMÉSTICOS 173

26. DIREITO INTERNACIONAL E LEGISLAÇÃO ESTRANGEIRA 177

1. Direito internacional 177
   1.1. OIT 177
   1.2. Declarações de direitos 178
2. Legislação estrangeira 178
   2.1. Alemanha 178
   2.2. Argentina 179
   2.3. Chile 182
   2.4. Colômbia 182
   2.5. Espanha 183
   2.6. Equador 183
   2.7. França 184

2.8.	Itália	184
2.9.	México	185
2.10.	Paraguai	186
2.11.	Peru	187
2.12.	Portugal	187
2.13.	República Dominicana	189
2.14.	Uruguai	189
2.15.	Venezuela	190

CONCLUSÃO 191

APÊNDICE A – LEGISLAÇÃO 193

1. Constituição de 5 de outubro de 1988 193
2. Lei Complementar n. 150, de 1º de junho de 2015 195

APÊNDICE B – MODELOS 208

1. Contrato de trabalho 208
2. Acordo de compensação 209
3. Recibo de salário 210
4. Recibo de 13º salário 210
5. Recibo de férias 211
6. Carta de apresentação 211

APÊNDICE C – QUADRO DE RESCISÃO DO CONTRATO DE TRABALHO DO DOMÉSTICO 212

REFERÊNCIAS 213

ÍNDICE REMISSIVO 217

PREFÁCIO

Trata-se de mais uma excelente obra doutrinária do jovem e talentoso juslaboralista Sergio Pinto Martins.

O *Manual do trabalho doméstico*, redigido em linguagem escorreita e objetiva, sem abandonar a imprescindível técnica, enseja fácil assimilação não só aos profissionais do direito como aos leigos, trazendo à luz a profícua experiência pedagógica adquirida pelo autor no exercício da magistratura e da cátedra como Mestre e Doutor em Direito do Trabalho.

A modéstia na escolha do título dado ao livro, característica da personalidade do autor, não faz jus ao imensurável conteúdo científico, respaldado em proficiente estudo dos fenômenos sociais e jurídicos que constituem esse novel instituto do Direito do Trabalho, logrando, com rara mestria, possibilitar sua conceituação científica.

A análise da evolução histórica do Direito do Trabalho pátrio, a intensa pesquisa no Direito comparado internacional, a inserção de prestigiosas manifestações doutrinárias de renomados juristas e a seleta citação jurisprudencial, a par dos doutos comentários do autor, credenciam este livro a preencher importante lacuna da literatura jurídico-social trabalhista.

Carlos Orlando Gomes
Desembargador aposentado do Tribunal Regional do Trabalho da 2ª Região

NOTA DO AUTOR

Os direitos trabalhistas dos empregados domésticos parecem ser de fácil compreensão ou, à primeira vista, não trariam problema para o empregador doméstico administrar a situação, pois qualquer leigo poderia solucionar as dúvidas sobre o tema. Todavia, não é bem assim. Muitas vezes, observa-se que o empregador doméstico paga mal seu funcionário e terá de pagar novamente, seja porque não pede recibo de pagamento, seja porque alguns direitos do doméstico são controvertidos, ou até por falta de informação.

Vários dos direitos trabalhistas dos empregados domésticos são discutíveis, sendo a questão basicamente analisada em torno da aplicação ou não da CLT ao referido trabalhador, ou sobre a extensão, a ele, dos direitos assegurados pela Constituição.

Daí a necessidade de um estudo que esclareça essa situação e sirva de orientação ao empregador doméstico e também ao próprio empregado doméstico.

Muitas das questões analisadas no presente trabalho foram fruto de casos concretos que tive de solucionar, porém não encontrava posição, quer na doutrina, quer na jurisprudência, ou esta última mostrava-se hesitante. O mencionado estudo surgiu de palestra que fui ministrar na cidade de Franca, a convite do professor e juiz do trabalho Dr. José Pitas, em outubro de 1995. O texto foi crescendo e resolvi publicá-lo.

O nome correto para o presente trabalho deve ser *Manual do trabalho doméstico*, pois irei analisar não só o empregado doméstico e seu empregador, como também outros trabalhadores domésticos que não têm vínculo de emprego doméstico. Daí por que preferi usar o gênero *trabalho*, que compreende não só aquele que presta os serviços, mas também a pessoa que os recebe.

Fiz, dentro do possível, a análise doutrinária do trabalho doméstico, bem como são indicados alguns acórdãos colhidos na jurisprudência que entendi oportunos, mormente para posicionar o leitor sobre a matéria, a respeito da orientação dos tribunais trabalhistas.

Nesta edição, foram feitas alterações nos capítulos em decorrência da Convenção n. 189 da OIT e da jurisprudência.

O Autor

1
HISTÓRICO

1. EM OUTROS PAÍSES

O trabalho doméstico sempre foi desprestigiado no transcurso do tempo, sendo anteriormente prestado por escravos e servos, principalmente mulheres e crianças.

Em Roma, os servos eram divididos em rústicos e urbanos. Entre os servos urbanos, existiam os familiares, que faziam o trabalho doméstico.

No Feudalismo, verifica-se a existência dos *servus rusticus* e dos *servus ministerialis* ou *famuli*, que eram os que realizavam o trabalho doméstico.

Na Idade Média, o patrão mantinha o escravo para fazer serviços domésticos e também para que não morresse.

No século XVII, havia várias pessoas que faziam serviços domésticos, como aias, despenseiros, amas, amas de leite, amas-secas, cozinheiros, secretários, criados, damas de companhia.

Aos poucos, houve um nivelamento entre os homens livres e os servos, surgindo o *famulatus*. A Igreja começou a se preocupar com a situação do *famulatus*, de modo que houve uma melhoria de sua condição, passando a ser considerado um prestador de trabalho, de maneira autônoma.

Na prática, a primeira norma que disciplinou o trabalho doméstico foi o Código Civil português de 1867, tratando de modo completo e exauriente o contrato de trabalho doméstico, nos arts. 1.370 a 1.390.

O Código Civil português inspirou o Código Civil germânico, que, tratando da locação de serviços, regulou também o trabalho doméstico, impondo obrigações ao empregador em caso de doença do empregado.

2. NO BRASIL

Na época colonial, os senhores do engenho mantinham mucamas para cuidar dos afazeres domésticos das "Casas-Grandes".

A Lei de 13-9-1830 regulou "o contrato por escrito sobre prestação de serviços feitos por brasileiros ou estrangeiros dentro ou fora do Império". Tal norma era muito genérica, compreendendo também os empregados domésticos.

No Brasil, o trabalho doméstico surge com os escravos, que vinham da África e também eram utilizados para fazer os trabalhos domésticos, principalmente as empregadas, cozinhando ou servindo como criadas.

O Código de Posturas do Município de São Paulo, de 1886, determinou, entre outras coisas, regras para as atividades "dos criados e das amas de leite". Definiu o "criado de servir" como:

> toda pessoa de condição livre que, mediante salário convencionado, tiver ou quiser ter ocupação de moço de hotel, hospedaria ou casa de pasto, cozinheiro, copeiro, cocheiro, hortelão, de ama de leite, ama-seca, engomadeira ou costureira e, em geral, a de qualquer serviço doméstico (art. 263).

O empregado deveria ser registrado perante a Secretaria de Polícia, que expedia uma caderneta para efeito de identificação. Havia direito a aviso prévio na rescisão do contrato de trabalho de prazo indeterminado, de cinco dias, pelo empregador, e oito dias, pelo empregado. Considerava-se justa causa para a dispensa a doença que impedisse o empregado de trabalhar ou se o empregado saísse de casa a passeio ou a negócio, sem licença do patrão, mormente à noite. Existiam multas para o inadimplemento do contrato, que eram convertidas em prisão simples, para qualquer das partes, quando não houvesse o respectivo pagamento.

Com a abolição da escravatura, muitas pessoas que eram escravas continuaram nas fazendas, em troca de local para dormir e comida, porém na condição de empregados domésticos.

Em nosso sistema jurídico, não havia regulamentação específica para o trabalho doméstico, aplicando-se certos preceitos do Código Civil, no que diz respeito à locação de serviços, inclusive quanto a aviso prévio. O art. 1.216 do Código Civil de 1916 previa que "toda espécie de serviços ou trabalho lícito, material ou imaterial, pode ser contratado mediante retribuição", abrangendo também o trabalho doméstico.

O Decreto n. 16.107, de 30-7-1923, regulamentou os serviços dos domésticos no âmbito do Distrito Federal, especificando quais seriam esses trabalhadores: cozinheiros e ajudantes, copeiros, arrumadores, lavadeiras, engomadeiras, jardineiros, hortelões, porteiros ou serventes, enceradores, amas-secas ou de leite, costureiras, damas de companhia.

O empregado doméstico deveria apresentar a carteira de identificação profissional expedida pelo Gabinete de Identificação e Estatística à delegacia do respectivo distrito policial, sempre que deixasse o emprego, no prazo de 48 horas, sob pena de multa (art. 7º). Anotava-se na carteira a conduta e aptidão profissional (art. 10, c), o que era feito pelo empregador.

A locação do serviço doméstico era conceituada de acordo com a atividade do locador (cozinheiro, ajudante, copeiro, dama de companhia) ou do locatário (hotéis, restaurantes, consultórios, casas particulares) (art. 2º). O candidato que tivesse maus antecedentes poderia ter denegado seu pedido relativo à carteira, inclusive se estivesse respondendo a processo criminal inafiançável, e também havia a retenção se o empregado fosse dispensado por falta grave.

O Decreto-lei n. 3.078, de 27-2-1941, tratou do empregado doméstico. Considerava empregados domésticos "todos aqueles que, de qualquer profissão ou mister, mediante remuneração, prestem serviços em residências particulares ou a benefício destas". O contrato entre as partes tinha o nome de "locação de serviço doméstico" (art. 3º).

Tinham os domésticos direito a aviso prévio de oito dias, depois de um período de prova de seis meses. O empregado também deveria conceder aviso prévio ao empregador, sujeitando-se ao desconto em seu salário de importância correspondente ao prazo, se não fosse concedido (§ 2º do art. 3º). Poderia rescindir o contrato em caso de atentado a sua honra ou integridade física, mora salarial ou falta de cumprimento da obrigação do empregador de proporcionar-lhe ambiente higiênico de alimentação e habitação, tendo direito à indenização de oito dias. O empregado doméstico deveria possuir CTPS, que seria expedida pela autoridade policial (art. 2º).

Exigia-se, para a expedição da CTPS:

(a) prova de identidade;

(b) atestado de boa conduta passado pela autoridade policial;

(c) atestado de vacina e saúde, fornecido por autoridade federal, estadual ou municipal e, onde não as houvesse, por qualquer médico, cuja firma deveria ser reconhecida (art. 2º, § 1º).

Os atestados de boa conduta e de vacina e saúde deveriam ser renovados de dois em dois anos, sob pena de caducidade da CTPS, salvo se o empregado continuasse trabalhando para o mesmo empregador (§§ 3º e 4º do art. 2º). O empregado dava quitação dos salários na própria CTPS, que se constituía em instrumento hábil para reclamação perante o Ministério do Trabalho, Indústria e Comércio (art. 3º, § 3º), sendo anotado também o aviso prévio.

Havia entendimento no sentido de que o Decreto-lei n. 3.078/41 não era autoaplicável, pois seu art. 15 dizia que deveria ser regulamentado no prazo de 90 dias e isso não ocorreu. Entretanto, certos preceitos da referida norma já eram claros o suficiente e não necessitavam de regulamentação. Posteriormente argumentava-se que a alínea *a* do art. 7º da CLT teria revogado o referido decreto-lei, porém não tratou das questões nele contidas. Logo, não se poderia falar em revogação, em razão de que a CLT não tratava de direitos do empregado doméstico e o excluía de sua aplicação; além do que, apenas emitia o conceito de empregado doméstico. A própria Lei n. 2.757, de 23-4-1956, fazia referência ao Decreto-lei n. 3.078/41, presumindo-se, assim, que continuava em vigor.

Em 1943, a CLT especificou, em seu art. 7º, que:

> os preceitos constantes da presente Consolidação, salvo quando for, em cada caso, expressamente determinado em contrário, não se aplicam: a) aos empregados domésticos, assim considerados os que prestam serviços de natureza não econômica à pessoa ou à família, no âmbito residencial destas.

Essa regra continua em vigor. Com esse preceito legal, o empregado doméstico ficou praticamente marginalizado, no que diz respeito a seus direitos trabalhistas.

A Lei n. 605, de 5-1-1949, versou sobre o repouso semanal remunerado. A alínea *a* do art. 5º determinou expressamente que seus dispositivos não se aplicavam "aos empregados domésticos, assim considerados, de modo geral, os que prestam serviço de natureza não econômica à pessoa ou à família no âmbito residencial destas". Isso indicava que o empregado doméstico não tinha direito a repouso semanal remunerado.

O Decreto estadual paulista n. 19.216, de 2-3-1950, aprovou o regulamento da Secção de Registro dos Empregados Domésticos, do Departamento de Investigações. O objetivo era identificar o doméstico e verificar seus antecedentes. O art. 5º previa que "nas carteiras serão impressos os dispositivos referentes aos deveres do empregador e do empregado de acordo com os termos do Decreto-lei federal n. 3.078, de 27-2-1941 (art. 12)".

A Lei n. 2.757, de 23-4-1956, excluiu expressamente das disposições da alínea *a* do art. 7º da CLT e do art. 1º do Decreto n. 3.078/41 os empregados porteiros, zeladores, faxineiros e serventes de prédios de apartamentos residenciais, desde que a serviço da administração do edifício e não de cada condômino em particular. Assim, tais pessoas não eram consideradas empregados domésticos, mas empregados comuns, regidos pela CLT. Não eram, portanto, empregados dos proprietários individuais de cada unidade do condomínio, mas do próprio condomínio.

O art. 161 da Lei n. 3.807, de 26-8-1960 (LOPS), estabeleceu que o empregado doméstico poderia filiar-se à Previdência Social como segurado facultativo.

O Estatuto do Trabalhador Rural (Lei n. 4.214, de 2-3-1963) excluiu também expressamente da aplicação de seus preceitos os empregados domésticos (art. 8º, a).

A situação do empregado doméstico só foi efetivamente resolvida com a Lei n. 5.859, de 11-12-1972. Trata-se de norma que não só especificou direitos trabalhistas ao empregado doméstico, mas também o incluiu na condição de segurado obrigatório da Previdência Social, determinando a forma de custeio por parte do trabalhador e do empregador. Determinava a Lei n. 5.859/72, no art. 7º, que haveria a regulamentação de seus preceitos no prazo de 90 dias, vigorando nos 30 dias subsequentes à publicação de seu regulamento. O regulamento surgiu dentro do prazo de 90 dias anteriormente mencionado, conforme o Decreto n. 71.885, de 9-3-1973, tendo vigência 30 dias após a publicação da norma regulamentar.

A Lei n. 7.195, de 12-6-1984, tratou da responsabilidade civil das agências de empregados domésticos. Seu art. 1º esclareceu que "as agências especializadas na indicação de empregados domésticos são civilmente responsáveis pelos atos ilícitos cometidos por estes no desempenho de suas atividades". O art. 2º declarou que, "no ato da contratação, a agência firmará compromisso com o empregador, obrigando-se a reparar qualquer dano que venha a ser praticado pelo empregado contratado, no período de um ano". As determinações da referida norma são bastante positivas, no sentido de que a agência selecione corretamente o doméstico e se responsabilize por tal fato, inclusive colhendo informações do trabalhador em serviços anteriores, de modo a demonstrar toda a idoneidade possível.

Na Assembleia Nacional Constituinte, na Subcomissão dos Direitos dos Trabalhadores, não houve um dispositivo tratando do trabalho doméstico. Na Comissão da Ordem Social foi dada a seguinte redação:

> São assegurados à categoria dos trabalhadores domésticos, além de outros que visem à melhoria de sua condição social, os direitos previstos nos itens IV, VI, IX, X, XII, XVIII, XIX e XXVII do art. 2º, bem como a sua integração à previdência social e aviso prévio de despedida, ou equivalente em dinheiro.

Na Comissão de Sistematização, a redação era a seguinte: "São assegurados à categoria dos trabalhadores domésticos os direitos previstos nos incisos IV, VI, VIII, XIV, XVI, XVIII e XXI do artigo anterior, bem como a integração à previdência social".

O parágrafo único do art. 7º da Constituição especificou que "são assegurados à categoria dos trabalhadores domésticos os direitos previstos nos incisos IV,

VI, VIII, XV, XVII, XVIII, XIX, XXI e XXIV, bem como a sua integração à Previdência Social". Os incisos mencionados tratavam, respectivamente, de salário mínimo, irredutibilidade do salário, décimo terceiro salário, repouso semanal remunerado, férias anuais, licença à gestante, licença-paternidade, aviso prévio e aposentadoria.

O conceito empregado pela Constituição parece ser mais amplo, pois, em vez de utilizar a expressão *empregado doméstico*, utiliza *trabalhador doméstico*, já que trabalhador é gênero do qual empregado é espécie. Parece correto o critério utilizado pelo constituinte, pois o trabalhador doméstico que não presta serviços sob a forma de vínculo de emprego também tem direito à aposentadoria e aos benefícios previdenciários. No entanto, o trabalhador autônomo doméstico não tem direito a aviso prévio, férias e outras verbas, pela inexistência de relação de emprego entre as partes, o que mostra que o critério usado pelo legislador constituinte não é preciso, trazendo problemas de interpretação.

Criticou-se, também, a inclusão do empregado doméstico na Constituição em razão de que estaria sendo privilegiada uma categoria em particular, sendo que a Lei Maior não deveria conter particularidades, que deveriam ficar a cargo da lei ordinária. Todavia, havia um compromisso das lideranças com a categoria dos empregados domésticos, de forma que seus direitos fossem assegurados constitucionalmente. Assim, mostra-se que houve intuito deliberado do constituinte no sentido de passar a assegurar na Constituição direitos trabalhistas aos empregados domésticos, que muitas vezes eram marginalizados, inclusive na legislação ordinária.

No âmbito da Seguridade Social, o doméstico teve seus direitos previdenciários reconhecidos no inciso II do art. 12 da Lei n. 8.212/91, na condição de segurado obrigatório.

A Lei n. 10.208, de 23-3-2001, tornou facultativo o FGTS para o empregado doméstico.

A Lei n. 11.324, de 19-7-2006, estabeleceu a garantia de emprego da empregada doméstica gestante, 30 dias corridos de férias e mandou aplicar o repouso semanal remunerado.

A Emenda Constitucional n. 72, de 2 de abril de 2013, deu nova redação ao parágrafo único do art. 7º da Constituição:

> São assegurados à categoria dos trabalhadores domésticos os direitos previstos nos incisos IV, VI, VII, VIII, X, XIII, XV, XVI, XVII, XVIII, XIX, XXI, XXII, XXIV, XXVI, XXX, XXXI e XXXIII e, atendidas as condições estabelecidas em lei e observada a simplificação do cumprimento das obrigações tributárias, principais e acessórias, decorrentes da relação de trabalho e suas peculiaridades, os previstos nos incisos I, II, III, IX, XII, XXV e XXVIII, bem como a sua integração à previdência social.

Os direitos que precisam de regulamentação são:

I – proteção contra dispensa arbitrária ou sem justa causa;
II – seguro-desemprego, em caso de desemprego involuntário;
III – FGTS;
IX – remuneração de trabalho noturno superior à do diurno;
XII – salário-família para o dependente do trabalhador de baixa renda;
XXV – assistência gratuita aos filhos e dependentes desde o nascimento até cinco anos em creches e pré-escolas;
XXVIII – seguro contra acidentes do trabalho a cargo do empregador.

A lei poderá estabelecer outros direitos. Poderá a lei ordinária federal estabelecer a simplificação do cumprimento das obrigações tributárias, principais e acessórias, o que inclui também a contribuição previdenciária, decorrentes da relação do trabalho e suas peculiaridades. Fala-se na instituição de um Simples para o trabalho doméstico.

Na disposição anterior do parágrafo único do art. 7º da Constituição o empregado doméstico fazia jus apenas a 9 dos 34 incisos do art. 7º.

Com a nova redação do parágrafo único do art. 7º da Constituição, são agora 25 incisos dos 34 do art. 7º que são aplicados ao doméstico.

Depreende-se do atual parágrafo único do art. 7º da Constituição que apenas 7 dos incisos precisam ser regulamentados. Contudo, não é bem assim.

A Organização Internacional do Trabalho estimava 5,1 milhões de trabalhadores domésticos no Brasil em 1995. Em 2009 eram dois milhões de empregados domésticos. Em 2012, havia 7,2 milhões de empregados domésticos no Brasil, sendo 93% de mulheres. O Ministério do Trabalho assevera que são um pouco mais de seis milhões.

A Lei Complementar n. 150, de 1º de junho de 2015, regulamentou a Emenda Constitucional n. 72/2013, revogando a Lei n. 5.859/72. Houve necessidade de a matéria ser editada sob a forma de lei complementar e não de lei ordinária, pois indenização de dispensa arbitrária só pode ser estabelecida por lei complementar (art. 7º, I, da Constituição). Os dispositivos da Lei Complementar n. 150/2015 em que não se exigia lei complementar para regulamentar a Emenda Constitucional n. 72 serão considerados lei ordinária.

2
EMPREGADO DOMÉSTICO

1. DENOMINAÇÃO

A palavra *doméstico* provém do latim *domesticus*, da casa, da família, de *domus*, lar. Lar é a parte da cozinha onde se acende o fogo, mas em sentido amplo compreende qualquer habitação. O doméstico será a pessoa que trabalha para a família, na habitação desta.

Usam-se também as expressões *serviçal*, como se verificava no inciso V do § 10 do art. 178 e no inciso III do art. 1.521 do Código Civil de 1916, e *fâmulo*, mas também pode ser encontrada a palavra *criado*. A palavra *serviçal* indica a pessoa que presta serviços, sendo que, em sentido mais restrito, é o criado ou criada que presta serviços na residência do patrão, isto é, o doméstico, que vem de servo. O fâmulo também é um servidor, um criado, um caudatário, isto é, a pessoa servil.

Na França, costuma-se empregar a denominação *employés de maison* (empregados de casa), que são as pessoas assalariadas por particulares para prestar serviços domésticos (Código de Trabalho, art. L. 7221-1, Employés de Maison). Usa-se a expressão *la bonne* para empregada doméstica ou criada e *femme de ménage* para faxineira.

A International Domestic Workers Network afirma que pode haver uma má interpretação entre doméstico e domesticado na América Latina, por isso preconiza a substituição da palavra doméstico por *del hogar*, do lar, ou em âmbito residencial.

2. CONCEITO

Considerava o art. 1º do Decreto-lei n. 3.078, de 27-2-1941, empregados domésticos "todos aqueles que, de qualquer profissão ou mister, mediante remuneração, prestem serviços em residências particulares ou a benefício destas". Observa-se aqui um conceito muito amplo e pouco preciso, além de tentar diferenciar o doméstico em razão da profissão.

A alínea *a* do art. 7º da CLT considera empregados domésticos, "de um modo geral, os que prestam serviços de natureza não econômica à pessoa ou à família, no âmbito residencial destas". Mozart Víctor Russomano[1] e Délio Maranhão[2] criticam a expressão *natureza não econômica*, sob o argumento de que toda produção de bens ou serviços que visa atender às necessidades humanas tem caráter econômico. Ensina Russomano que:

> sempre que o serviço fosse executado, pois, no âmbito residencial da família, isto é, no círculo de sua vida cotidiana, na esfera afetiva do lar, e desde que a prestação não tivesse o intuito de proporcionar lucros ou rendimentos pecuniários, o trabalhador seria doméstico[3].

A alínea *a* do art. 5º da Lei n. 605/49 entendia empregados domésticos, "de modo geral, os que prestam serviço de natureza não econômica à pessoa ou à família no âmbito residencial destas". A referida alínea tem praticamente a mesma redação da alínea *a* do art. 7º da CLT.

O art. 8º do Estatuto do Trabalhador Rural (Lei n. 4.214/63) considerava empregados domésticos, "de modo geral, os que prestam serviços de natureza não econômica à pessoa ou à família, no âmbito residencial destas".

Estabelecia o art. 1º da Lei n. 5.859, de 11-12-1972, que empregado doméstico é "aquele que presta serviços de natureza contínua e de finalidade não lucrativa à pessoa ou à família, no âmbito residencial destas". Não mais se faz a conceituação do empregado doméstico em razão da função exercida, como o fazia o Decreto n. 16.107/23.

Esclareceu o inciso II do art. 12 da Lei n. 8.212/91 que o empregado doméstico é "aquele que presta serviço de natureza contínua à pessoa ou família, no âmbito residencial desta, em atividades sem fins lucrativos". O inciso II do art. 9º do Regulamento da Previdência Social afirma que o empregado doméstico é "aquele que presta serviço de natureza contínua, mediante remuneração mensal, à pessoa ou família, no âmbito residencial destas, em atividades sem fins lucrativos".

Prevê o art. 1º da Lei Complementar n. 150/2015 que:

> ao empregado doméstico, assim considerado aquele que presta serviços de forma contínua, subordinada, onerosa e pessoal e de finalidade não lucrativa à pessoa ou à família, no âmbito residencial destas, por mais de 2 (dois) dias por semana, aplica-se o disposto nesta Lei.

Nota-se de todos esses conceitos anteriormente enunciados que o doméstico não deixa de ser um empregado.

---

1. *Comentários à CLT*. 13. ed. Rio de Janeiro: Forense, 1990, v. 1, p. 32.
2. *Instituições de direito do trabalho*. 21. ed. São Paulo: LTr, v. I, 1993, p. 178.
3. *O empregado e o empregador no direito brasileiro*. 6. ed. São Paulo: LTr, 1978, p. 103.

Empregado doméstico não é aquele. É a pessoa física que presta serviços.

A função que o empregado exerce irá caracterizá-lo ou não como doméstico, pois certas funções são desempenhadas tanto em empresas comuns como em relação ao empregador doméstico, como as de cozinheiras, faxineiras, guarda-costas etc. Necessariamente, não é a natureza do trabalho do empregado que irá definir se ele é ou não doméstico, mas a existência de lucratividade na atividade do empregador.

Dois requisitos devem inicialmente ser observados para a caracterização do empregado doméstico:

(a) serviços sem finalidade lucrativa;

(b) prestados para a pessoa ou família, para o âmbito residencial destas.

Se o empregador doméstico tiver atividade lucrativa, deixa o contrato entre as partes de ser doméstico, para ser regido pela CLT. Seria aplicada a regra mais benéfica ao empregado, que é a CLT. Um professor, porém, que trabalhar para o âmbito residencial do empregador, ministrando lições ao filho de seu patrão, será doméstico, pois ausente está a finalidade lucrativa nas atividades do empregador.

A definição atual de empregado doméstico substitui a expressão anterior, prestação de serviços de *natureza não econômica*, encontrada na alínea *a* do art. 7º da CLT e na alínea *a* do art. 5º da Lei n. 605/49, por *finalidade não lucrativa*, que, para alguns autores, é mais precisa.

A expressão *no âmbito residencial* deve ser interpretada num sentido amplo, pois, do contrário, somente o empregado que prestasse serviços dentro da residência seria considerado doméstico. A residência é o local em que a pessoa para, permanece em suas horas de descanso ou onde faz suas refeições e repousa durante a noite.

Assim, mais correto seria dizer que o empregado doméstico deve prestar serviços à pessoa ou família *para* o âmbito residencial destas, como entende Amauri Mascaro Nascimento[4], pois, caso contrário, aquele que prestasse serviços externos à casa não poderia ser considerado empregado doméstico, como o motorista e o jardineiro. O serviço prestado pelo doméstico não é apenas no interior da residência, mas pode ser feito externamente, desde que, evidentemente, o seja para pessoa ou família.

Daí ser possível dizer ser incorreto quando o art. 1º da Lei Complementar n. 150/2015 determina que o serviço deve ser prestado no âmbito residencial, pois o motorista não presta serviços no âmbito residencial, mas externamente,

---

4. *Iniciação ao direito do trabalho*. 21. ed. São Paulo: LTr, 1994, p. 164.

para o âmbito residencial. Assim, deve-se empregar a expressão *para o âmbito residencial* visando abranger, também, a situação dos domésticos que prestam serviços externamente, como o motorista. Mesmo um piloto de avião, que presta serviços apenas para seu patrão, que possui uma fazenda, pode ser considerado empregado doméstico, desde que o serviço seja feito apenas para o patrão, e não para a fazenda. Nesse caso, o fato de o piloto prestar serviços com avião e externamente não o descaracteriza como doméstico, pois é a mesma situação do motorista. O que importa é que o serviço seja prestado para o âmbito residencial, isto é, para a pessoa ou família, e não, no caso, para a fazenda.

Já decidiu o TRT da 5ª Região, em caso semelhante, que "marinheiro de barco particular, usado para recreio do proprietário, seus familiares e amigos, sem qualquer fim lucrativo, é doméstico" (Proc. 689/73, ac. 1.418/73, j. 9-10-1973, Rel. Juiz Rosalvo Torres, in *LTr* 38/293).

Âmbito residencial é algo mais amplo que residência, pois compreende tanto o trabalho interno como o externo, mas para a residência. Pouco importa qual a função do doméstico, pois o que interessa é se o trabalho é realizado para o âmbito residencial. Se o professor, enfermeiro ou outra pessoa presta serviços para o âmbito residencial, o trabalho será doméstico.

Não pode a expressão *âmbito residencial* ser entendida apenas como o interior da residência da pessoa, mas também todo o ambiente ligado à vida da família, até mesmo dentro de um hospital, como no caso da enfermeira que assiste particularmente o doente.

O que caracteriza o doméstico não é a natureza do serviço que faz, mas onde presta os serviços: para o âmbito doméstico.

A definição de empregado doméstico precisa, assim, ser mais bem enunciada, da seguinte forma: empregado doméstico é a pessoa física que presta serviços de natureza contínua à pessoa ou família, para o âmbito residencial destas, desde que não tenham por objeto atividade lucrativa.

O empregado doméstico é pessoa física, pois não poderá ser pessoa jurídica ou animal. A legislação trabalhista, inclusive a do empregado doméstico, tutela a pessoa física do trabalhador. Os serviços prestados pela pessoa jurídica são regulados pelo Direito Civil.

Não dispõe a lei que o trabalho doméstico tem de ser necessariamente diário, mas contínuo, o que implica dizer que pode não ser diário. Por *continuidade* afirma-se que o trabalho do doméstico deve ser periódico, com regularidade, sucessivo. É preciso interpretar a palavra *contínua*, empregada na lei, como não episódica, não eventual, não interrompida, seguida, sucessiva. Não vejo como fazer a distinção entre *continuidade*, prevista no art. 1º da Lei Complementar n.

150/2015 para caracterizar o empregado doméstico, e *não eventualidade*, encontrada na definição de empregado do art. 3º da CLT.

Octávio Bueno Magano entende que um dos requisitos do contrato de trabalho é a continuidade[5], mostrando ser esse pacto um contrato de trato sucessivo, de duração[6]. Quanto aos domésticos, "os serviços podem ser prestados em forma contínua e ininterrupta ou em forma periódica; uma vez por semana, três vezes por semana, uma vez a cada 15 dias etc.", não afetando a caracterização do trabalhador doméstico[7].

Um dos requisitos, portanto, do contrato de trabalho é a continuidade na prestação de serviços, pois esse pacto é um contrato de trato sucessivo, de duração, que não se exaure numa única prestação, como ocorre com a venda e compra, em que é pago o preço e entregue a coisa.

O art. 1º da Lei Complementar n. 150/2015 passa a ser claro no sentido de que doméstico é quem presta serviços por mais de dois dias por semana ao empregador. Se prestar até dois dias de serviços, não será empregado doméstico, mas diarista. Parece errado esse critério, pois não é o número de dias trabalhados que irá caracterizar a condição de empregado, mas se há continuidade na prestação de serviços.

A regra de trabalhar mais de dois dias mostra um parâmetro objetivo na lei e segurança jurídica.

A tendência pode ser trocar uma empregada que trabalha todo dia por duas diaristas, que trabalham dois dias por semana cada uma, que não serão consideradas empregadas domésticas. Isso implicará o aumento do desemprego no trabalho doméstico.

Além dos requisitos anteriormente mencionados para a configuração do vínculo de emprego doméstico, ainda é preciso subordinação, pessoalidade e pagamento de salário. A definição do art. 1º da Lei Complementar n. 150/2015 quis destacar o que há de peculiar no trabalho doméstico e passou a fazer referência à subordinação, continuidade, pessoalidade e onerosidade.

A subordinação também deverá estar presente no contrato de trabalho do empregado doméstico. Ensina Amauri Mascaro Nascimento que "subordinação e poder de direção são verso e reverso da mesma medalha"[8]. A subordinação é o aspecto da relação de emprego visto pelo lado do empregado, enquanto o poder

---

5. MAGANO, Octávio Bueno. *Manual de direito do trabalho*: direito individual do trabalho. 3. ed. São Paulo: LTr, 1992, v. 2, p. 49.
6. MAGANO, Octávio Bueno. *Manual de direito do trabalho*, cit., v. 2, p. 49-50.
7. PLÁ RODRIGUEZ, Américo. *Curso de derecho laboral*. Montevidéu, 1978, p. 105.
8. *Iniciação ao direito do trabalho*. 21. ed. São Paulo: LTr, 1994, p. 151.

de direção é a mesma acepção vista pelo lado do empregador. Isso quer dizer que o trabalhador empregado doméstico é dirigido por outrem: o empregador doméstico. Se o trabalhador não é dirigido pelo empregador, mas por ele próprio, não se pode falar em empregado, mas em trabalhador autônomo ou outro tipo de trabalhador.

A subordinação é o estado de sujeição em que se coloca o empregado em relação ao empregador, aguardando ou executando suas ordens. Poder-se-ia dizer que a subordinação ou dependência estaria evidenciada de quatro maneiras:

(a) econômica, pois o empregado dependeria economicamente do empregador. Contudo, essa orientação não é precisa, pois o filho depende economicamente do pai, porém, à primeira vista, não é empregado deste último, assim como o empregado rico não depende economicamente do empregador;

(b) técnica, no sentido de que o empregado dependeria tecnicamente do empregador. Entretanto, verifica-se que os altos empregados, executivos, não dependem do empregador, mas este depende tecnicamente daqueles;

(c) hierárquica, significando a situação do trabalhador por se achar inserido no âmbito da organização da empresa, recebendo ordens;

(d) jurídica, em razão da situação do contrato de trabalho, em que está sujeito a receber ordens, decorrente do poder de direção do empregador, do seu poder de comando, que é a tese mais aceita.

A subordinação acaba sendo com a família, pois todos na família acabam dando ordens ao empregado doméstico, embora nem todos paguem seu salário.

O empregado doméstico é uma pessoa que recebe salários pela prestação de serviços ao empregador doméstico. É da natureza do contrato de trabalho ser este oneroso. Não existe contrato de trabalho gratuito. Assim, o empregador recebe a prestação de serviços por parte do empregado. Em contrapartida, deve pagar um valor pelos serviços que recebeu daquela pessoa. Se a prestação de serviços for gratuita, como a do filho que lava o veículo do pai ou da pessoa que faz alguns serviços domésticos sem nada receber, não haverá a condição de empregado doméstico. A mulher que presta serviços domésticos para o marido não é doméstica, porque não recebe pagamento pelo serviço prestado.

A prestação de serviços deve ser feita com pessoalidade. O contrato de trabalho é feito com certa pessoa, daí se dizer que é *intuitu personae*. O empregador conta com certa pessoa específica para lhe prestar serviços. Se o empregado doméstico faz-se substituir constantemente por outra pessoa, como por um parente, inexiste o elemento pessoalidade na referida relação. Esse elemento é encontrado na parte final da definição de empregador (art. 2º da CLT).

São exemplos de empregados domésticos: o mordomo, a cozinheira, o jardineiro, o motorista, a copeira, a governanta, a arrumadeira, a babá, a lavadeira, a passadeira, a enfermeira ou enfermeiro particular que cuida do doente, damas de companhia, guardas etc.

Antigamente, havia certa dúvida a respeito de os empregados do condomínio de apartamentos serem empregados regidos pela CLT ou empregados domésticos, pois o condomínio não tem finalidade lucrativa e é composto de pessoas ou famílias, que nele residem. A Lei n. 2.757, de 23-4-1956, dirimiu a referida dúvida, mencionando que os empregados porteiros, zeladores, faxineiros e serventes de prédios de apartamentos residenciais são regidos pela CLT, desde que a serviço da administração do edifício, e não de cada condômino em particular (art. 1º).

Não são, portanto, empregados domésticos. Ao contrário, se estiverem a serviço de condômino em particular, serão considerados empregados domésticos. Se no edifício só há apartamentos destinados a aluguel e são de propriedade de uma única pessoa, também há vínculo de emprego regido pela CLT em relação aos empregados que prestem serviços ao proprietário, pois há intuito de lucro com o aluguel.

Nossa lei também não faz nenhuma distinção em virtude de o trabalho ser manual ou intelectual, como ocorre na Itália. Admite-se, portanto, que o professor que ministra aulas a aluno na residência deste é empregado doméstico, desde que haja subordinação e as demais características do vínculo, pois inexistiria atividade lucrativa a ser prestada. Da mesma forma, não são excluídos certos trabalhadores do nosso regime doméstico, como o faz a legislação argentina em relação ao motorista e ao enfermeiro.

O fato de o empregado doméstico dormir ou não no emprego não irá desnaturar a referida relação, pois não é o elemento preponderante.

O que importa para a caracterização do empregado doméstico é que seu serviço seja prestado para pessoa ou família que não tenha atividade lucrativa e para o âmbito residencial destas. Pouco importa o serviço que será feito, mas se é realizado naquele contexto. Não interessa também a atividade do prestador, mas se a prestação de serviços é feita a uma pessoa que tenha ou não atividade lucrativa como escopo.

Mesmo que a empregada preste serviços na residência e ao mesmo tempo na atividade lucrativa, prevalece a situação mais favorável, que é a aplicação da CLT. Será considerada empregada comum e não doméstica. O fato de o negócio ser de pequeno porte não desnatura o que mencionei.

O trabalho do doméstico pode ser manual (faxineira) ou intelectual (professora que ensina os filhos do empregador doméstico).

3. DISTINÇÕES

3.1. Diferença entre empregado doméstico e empregado em domicílio

O art. 6º da CLT não distingue o trabalho realizado no estabelecimento do empregador e o executado no domicílio do empregado, desde que esteja caracterizada a relação de emprego. O art. 83 da CLT considera empregado em domicílio o que executa seu trabalho em sua própria habitação, ou em oficina de família, por conta de empregador que o remunere. Estabelece o mesmo artigo que essa pessoa tem direito ao salário mínimo. Em resumo: o empregado em domicílio é o que presta serviços continuada e pessoalmente em sua própria residência, mas com subordinação a seu empregador, que o remunera e dirige. Existe, no caso, uma subordinação técnica ou jurídica do empregado em domicílio ao empregador. É o caso das costureiras que trabalham em sua própria residência para o empregador.

O empregado doméstico presta serviços na residência da pessoa ou família que não tem atividade lucrativa e não em sua própria residência. O empregado em domicílio presta serviços em sua própria residência, mas para uma pessoa física ou jurídica que tem por intuito atividade lucrativa. O empregado em domicílio é regido pela CLT, enquanto o empregado doméstico é regido pela Lei Complementar n. 150/2015, tendo direitos especificados no parágrafo único do art. 7º da Constituição.

A diferença, portanto, entre o doméstico e o empregado em domicílio é a existência de atividade lucrativa por parte do empregador comum, ao contrário do empregador doméstico.

3.2. Trabalhador eventual

O trabalhador eventual é ligado a um evento. Presta serviços em determinada ocasião e depois não mais comparece. Exemplo é o encanador contratado para desentupir canos. Ele vem ao local, faz seu serviço e depois nunca mais volta. É, portanto, contratado para trabalhar num evento específico, ocasionalmente, acidentalmente, casualmente.

O doméstico, ao contrário, presta serviços continuadamente ao empregador. Não comparece uma vez ou outra à residência do empregador.

Seria considerado eventual o trabalhador que fizesse limpeza apenas ocasionalmente para o empregador doméstico, como duas vezes por ano etc. Seria também eventual o trabalhador que fosse contratado apenas para ajudar numa festa de aniversário ou o garçom contratado para servir na mesma festa.

3.3. Trabalhador temporário

O trabalhador temporário é regido pela Lei n. 6.019/74. O art. 2º da referida norma define o trabalho temporário como o "prestado por pessoa física a uma empresa, para atender a necessidade transitória de substituição de seu pessoal regular e permanente ou a acréscimo extraordinário de serviços". O trabalhador temporário é contratado por um período máximo de três meses pela empresa de trabalho temporário, que o coloca na empresa que necessita de serviços temporários, chamada de empresa tomadora dos serviços ou cliente.

Presta serviços o trabalhador temporário para uma empresa, a empresa de trabalho temporário, que tem atividade lucrativa, sendo considerado empregado desta. O doméstico presta serviços para uma pessoa física ou família, que não tem por intuito atividade lucrativa.

3
EMPREGADOR DOMÉSTICO

1. **EMPREGADOR DOMÉSTICO**

Em italiano, *casalinga* é dona de casa.

A Lei Complementar n. 150/2015 não define expressamente o que vem a ser empregador doméstico. Apenas seu art. 1º estabelece o que vem a ser empregado doméstico. *A contrario sensu*: empregador doméstico é a pessoa física ou família que recebe a prestação de serviços de natureza contínua e de finalidade não lucrativa por parte do empregado doméstico, para seu âmbito residencial.

O inciso II do art. 15 da Lei n. 8.212/91 define empregador doméstico como a pessoa ou família que admite a seu serviço, sem finalidade lucrativa, empregado doméstico. O inciso II do art. 12 do Regulamento da Previdência Social conceitua empregador doméstico como aquele que admite a seu serviço, mediante remuneração, sem finalidade lucrativa, empregado doméstico.

É possível conceituar empregador doméstico analisando o art. 1º da Lei Complementar n. 150/2015.

Empregador doméstico é a pessoa ou família que não têm atividade lucrativa, e recebem o serviço do empregado para o âmbito residencial.

A pessoa a que se refere o art. 1º da Lei Complementar n. 150/2015 é a pessoa física, pois a pessoa jurídica geralmente terá por intuito atividade lucrativa. Entende-se que é a pessoa física porque não se pode pensar numa pessoa jurídica que seja família. É empregador doméstico, por exemplo, a viúva que não tem filhos.

O termo *família* é bastante amplo, podendo ter vários significados. Os dicionários o definem como um grupo de pessoas; de pessoas que vivem na mesma casa ou são do mesmo sangue; mas também é família um agrupamento de gêneros ou tribos de vegetais, de animais que têm características comuns.

É claro que o termo utilizado diz respeito mesmo a pessoas. Ao primeiro significado que compreende os cônjuges e os filhos. Num sentido mais amplo, incluiria os cônjuges, seus filhos e os filhos destes. Num sentido mais amplo ainda, diria respeito aos cônjuges, filhos e parentes colaterais e afins, como o cunhado e a cunhada, o sogro e a sogra, o genro e a nora etc. A lei usa, porém, o termo *família* num sentido amplo, devendo-se entender que são todas as pessoas que vivam na mesma residência, como ocorre com parentes que moram no mesmo local, como tio e sobrinhos ou irmãos e primos. Família pode ser um conjunto de pessoas que habita na mesma casa, como de uma família irregular. Essa também é uma forma de se interpretar a expressão *âmbito residencial*, isto é, esta compreende as pessoas que nele residam. Pouco importa se a família tem ou não personalidade jurídica, pois esse não é elemento marcante para descaracterizar a condição do empregador doméstico, mas a situação de fato.

O empregador doméstico não é apenas a família, necessariamente, mas também um grupo de pessoas que se reúnem para viver conjuntamente. É o que ocorre numa residência ou apartamento ocupado por estudantes universitários ("república" de estudantes), que necessitam de uma pessoa que faça comida, lave roupas e cuide da casa. O mesmo ocorre em relação a pessoas que não tenham parentesco entre si, mas necessitem de alguém que faça os serviços domésticos. Apesar de o grupo não ser uma família, pois cada membro não tem parentesco com os demais integrantes do grupo, será considerado empregado doméstico o trabalhador que prestar serviços, até porque o serviço é prestado para pessoas; além de não deixar de ser uma espécie de situação que compreende a reprodução da vida familiar.

O trabalho doméstico prestado a pessoa jurídica descaracteriza a condição de doméstico, passando a ser empregado regido pela CLT, pois o empregador doméstico só pode ser pessoa física ou família.

Qualquer membro da família pode, porém, registrar o doméstico, não precisando necessariamente ser a mulher, como normalmente ocorre.

O empregador doméstico não tem por intuito atividade lucrativa, pois é uma pessoa ou família que recebe a prestação de serviços do trabalhador. A família é um grupo de consumo. Nada produz, não tendo finalidade lucrativa. O que importa é que o empregador não tenha por objetivo o lucro em sua atividade, pois, se tiver esse ideal, mesmo que não aufira lucro, será considerado empregador comum, e não doméstico. O empregador não tem por objetivo colocar bens ou serviços no mercado com o fim de venda.

Délio Maranhão esclarece que "não econômica, isto sim, é a utilização dos serviços domésticos por quem os contrata. Vale dizer: os serviços domésticos não constituem fator de produção para quem deles se utiliza, mas, unicamente, para quem os presta"[1].

---

1. *Instituições de direito do trabalho*. 21. ed. São Paulo: LTr, v. I, 1993, p. 179.

Exercendo a pessoa ou a família atividade lucrativa, a empregada que lhe presta serviços passa a ser regida pela CLT, não sendo doméstica, como ocorre no caso do empregador que vende roupas ou costura mediante a utilização de empregado, pois há venda com intuito de lucro. Da mesma forma, a família que explora uma pensão ou aluga quartos em sua residência não poderá ter um empregado na condição de doméstico, já que tem uma atividade econômica com finalidade de lucro. O cozinheiro que trabalha para pessoa que tem uma casa que fornece refeições a terceiros, mediante paga, não será doméstico.

Nesses casos, não se pode falar em empregado doméstico justamente pelo fato de o empregador exercer atividade lucrativa. O empregador doméstico não poderá, portanto, ter atividade lucrativa. Assim, a arrumadeira de uma residência será empregada doméstica, pois naquela não há atividade lucrativa, enquanto que, se trabalhar para um hotel, será empregada urbana regida pela CLT; a cozinheira que trabalhar na residência será doméstica, no restaurante será empregada urbana; o jardineiro de uma residência será doméstico, o de uma empresa comum será empregado regido pela CLT.

De outro lado, se parte da atividade é realizada para o âmbito residencial e parte tem finalidade lucrativa, deve-se verificar, em princípio, qual a atividade preponderante – a lucrativa ou a prestada para o âmbito residencial – para que se configure a condição de doméstico ou não. A não ser que seja possível indicar precisamente que o empregado trabalha apenas para o âmbito doméstico ou apenas na atividade comercial da família. Na jurisprudência, há acórdão entendendo que, se o trabalho é prestado tanto para o âmbito doméstico como para o não doméstico, é possível entender pela aplicação da regra mais benéfica ao empregado se não for admissível distinguir uma da outra, sendo o empregado regido pela CLT:

> Quando o trabalhador prestar serviços ora domésticos, ora não domésticos, desnatura-se a relação de trabalho doméstico e prepondera a relação de emprego regido pela Consolidação das Leis do Trabalho, porque mais benéfica ao trabalhador, já que lhe oferece maior proteção (ac. TRT 8ª Região, n. 7.258/75, Rel. Juiz Rider Nogueira de Brito, *LTr* 39/1057).

Em outros julgados se entendeu da mesma forma: TRT 4ª Região, proc. 0000159-36.2012.5.04.0211 RO, 2ª T., j. 18-4-2013, Alexandre Correa da Cruz; TRT 3ª Região, proc. 00293-2009-09503-00-2, 4ª T., Linhares Renault, j. 9-11-2009; TRT 3ª Região, proc. 00272-2007.008.03.08-9, 3ª T., Des. Cesar Machado; TRT 4ª Região, proc. 0001449-10.2012.5.04.0204, 2ª T., Rel. Alexandre Correa da Cruz, j. 22-5-2014.

O âmbito residencial da pessoa ou família pode ser compreendido também em relação ao sítio de recreio ou chácara, à casa de campo ou de praia, pois não deixam de ser uma extensão da residência da pessoa. Residência tem, aqui, um sentido amplo, podendo ser entendida uma residência provisória, como o sítio, a casa de campo, em que o empregador passa alguns dias do ano. Âmbito residencial quer dizer todas as propriedades residenciais do empregador, mesmo que nelas ele não fixe moradia ou domicílio de forma permanente. O fato de o empregado doméstico realizar seu trabalho fora do âmbito residencial não descaracteriza essa situação, como ocorre com o motorista, com a própria empregada doméstica que vai ao banco pagar contas do patrão ou vai à feira, ao supermercado, ao sapateiro etc. O importante não é o local em que o serviço está sendo prestado, mas se o é para o âmbito residencial.

A circunstância de o empregado doméstico prestar serviços num convento não desnatura sua situação, pois este não tem por intuito atividade lucrativa e pode ser equiparado ao ambiente doméstico. No entanto, trabalho realizado num colégio não guarda a mesma relação, justamente porque este tem por intuito atividade lucrativa.

O que vai caracterizar a existência da relação de emprego é o serviço prestado à pessoa ou família, podendo, inclusive, ocorrer entre parentes, desde que existente a subordinação. Porém, o que não pode ocorrer é ser decorrente de benevolência ou de amizade. Os serviços prestados pela mulher ao marido e pela concubina ao concubino serão provenientes da relação de emprego se houver subordinação, e não em razão da condição de vida em comum.

Se o trabalhador presta serviços à instituição assistencial, clube, associação ou outras entidades sem fins lucrativos, estará configurado o vínculo sob o regime da CLT, de acordo com o § 1º do art. 2º, não sendo considerado empregado doméstico, até porque essas entidades não são pessoas físicas ou família.

O empregador doméstico pode ter qualquer profissão, como pode também não ter nenhuma. Não pode é ter atividade com finalidade lucrativa na sua casa.

Poderá haver a extensão do âmbito doméstico, como nos casos da casa de campo, da casa de praia etc.

2. SUCESSÃO DE EMPREGADORES DOMÉSTICOS

Se o contrato de trabalho da doméstica começa com a mãe e posteriormente passa para a filha, sem que haja uma solução de continuidade do trabalho, pode-se entender que o empregador é a família, como se depreende da definição legal. O certo seria entender que existem dois contratos de trabalho, principalmente se há constituição de famílias distintas da mãe que vive, por exemplo, com o pai, e da filha que vive com seu marido e filhos. No caso, deveria haver a rescisão do primeiro contrato de trabalho, com o pagamento dos direitos trabalhistas ao obreiro doméstico. Não é o caso da aplicação dos arts. 10 e 448 da CLT, que não se observam ao doméstico (art. 7º, *a*, da CLT), até mesmo porque empregador doméstico não é empresa.

Falecendo o empregador doméstico, seus herdeiros não passarão a ser o empregador doméstico, salvo se morarem na mesma casa, quando o empregador doméstico será considerado a família. Aqui, se o doméstico presta serviços para as mesmas pessoas da família que moram na casa, mesmo com o falecimento do pai, que era o empregador, o contrato de trabalho é firmado com a família, subsistindo com os demais membros desta, persistindo o mesmo contrato de trabalho com a continuidade da prestação dos serviços. O empregador é a família, e não um de seus membros isoladamente. Do contrário, há contratos de trabalho distintos. Não existe exatamente sucessão trabalhista, mas apenas o mesmo empregador.

O empregador doméstico que sai de sua residência e vende o imóvel a terceiro, que fica com sua empregada, não assume o contrato de trabalho anterior. Não é o fato de o contrato de trabalho ser celebrado na mesma residência que o caracteriza, pois, no caso, há dois empregadores domésticos diferentes.

Caso diverso seria a hipótese de o empregado comum ser dispensado por seu empregador e logo em seguida ser admitido como doméstico para desempenhar as mesmas funções de motorista que exercia anteriormente na empresa, não só levando e buscando seu patrão na empresa, mas também fazendo serviços pertinentes à empresa. No caso, há fraude, pois o empregado está perdendo certos direitos trabalhistas que o doméstico não possui. O contrato, *in casu*, será um só, regido pela CLT.

4
ESPÉCIES DE TRABALHADOR DOMÉSTICO

É usada neste tópico a expressão *trabalhador doméstico*, pois ele tanto poderá ser empregado como não, dependendo do caso.

1. CASEIRO

A chácara não deixa de ser, à primeira vista, uma extensão da residência da pessoa, como a casa de praia ou de campo. Nesse local trabalham, muitas vezes, pessoas que tomam conta do referido lugar, que são chamadas de caseiros.

Caseiro é a pessoa que toma conta da casa, principalmente quando o patrão não está no local.

Na hipótese de empregado que presta serviços para chácara, há necessidade de se verificar se esta tem finalidade lucrativa ou não, pois para ser empregado doméstico é mister que não haja atividade lucrativa. Se a chácara se destina apenas a lazer ou recreio, em que não há plantação de produtos para efeito de comercialização, o empregado será doméstico. Nesse caso, pode haver até mesmo a plantação, porém o empregador não poderá comercializá-la; poderá dar os produtos agrícolas aos vizinhos ou amigos, porém não será possível vendê-los. É o que ocorre também com a arrumadeira ou a cozinheira que prestam seus serviços apenas para o âmbito residencial da casa.

Na jurisprudência há acórdãos no mesmo sentido:

> Empregado doméstico – Propriedade destinada ao lazer – É empregado doméstico o trabalhador em sítio destinado exclusivamente ao recreio, sem atividade econômica. Recurso provido para julgar a ação improcedente (ac. da 3ª T. do TRT 3ª Região, RO 14.955/94, Rel. Juiz Sérgio Aroeira Braga, j. 7-12-1994, *Minas Gerais* II, 7-2-1995, p. 54).

> Não figura como empregada rural aquela que trabalha em sítio, sem destinação comercial de sua produção, toda ela voltada para o consumo do proprietário e familiares (ac. da 5ª T. do TRT 1ª Região, n. 2.739/85, RO 8.412/85, j. 16-12-1985, Rel. Juiz Mello Porto, *LTr* 50-8/952).

Se a chácara tem produção agropastoril que será comercializada, o empregado será rural. Mesmo na fazenda, o empregado que só cuida da residência do proprietário e não desenvolve atividade para a primeira será considerado empregado doméstico; porém, se trabalhar também para a fazenda, será empregado rural, pois esta tem natureza de atividade econômica com objetivo de lucro. São empregadas domésticas a cozinheira e a arrumadeira que prestam serviços apenas para o âmbito residencial do empregador, e não para toda a fazenda. A cozinheira que, além de prestar serviços no âmbito residencial do empregador, também faz comida para os empregados da fazenda será considerada empregada rural. O mesmo ocorre com o "peão" que, além de fazer serviços relativos à casa, também os faz em relação à fazenda, sendo considerado empregado rural, e não doméstico. Seria o caso do caseiro que trabalha na chácara que vende leite, ovos etc., que seria considerado empregado rural.

Poderia ocorrer de, em uma chácara, haver exploração econômica numa de suas partes e na outra não. No caso, o caseiro seria considerado empregado rural se apenas ajudasse na parte comercial da chácara, a não ser que se conseguisse demonstrar que só fazia serviços para a casa.

Para distinguir se o caseiro é empregado doméstico ou rural, é mister verificar se a atividade do dono da casa rural tem finalidade lucrativa ou não. Em caso positivo, o empregado será rural; caso isso não ocorra, o empregado será doméstico. Na prática, muitas vezes haverá uma zona cinzenta nesses tipos de situação, sendo difícil determinar se o empregado é doméstico ou rural.

Se, porém, o empregador vende produtos de maneira eventual, esporádica, tendo isso ocorrido uma vez ou outra, não se pode dizer que haja atividade comercial, não se descaracterizando o contrato de trabalho doméstico.

Sendo vendidos uns poucos animais com a finalidade de extinção da criação ou algo assim, não se transforma a relação de doméstico em regida pela CLT.

Mesmo na jurisprudência há acórdão nesse sentido:

> Se a prova é concludente no sentido de que a pequena produção do sítio não tinha finalidade de venda, mas se consumia no âmbito familiar do proprietário, que não explora economicamente o imóvel, caracteriza-se, no caso, o sítio de recreio ou de descanso. Esta caracterização não se altera por ter ocorrido, uma ou duas vezes, a venda de alguns poucos suínos, com o fim de extinção da respectiva criação. O empregado desse sítio conceitua-se juridicamente como empregado doméstico, não sujeito ao regime do ETR ou CLT (ac. da 2ª T. do TRT 3ª Região, n. 1.115/72, Rel. Juiz Tardieu Pereira, *LTr* 39/906).

Não é a natureza do serviço prestado que indica a condição de doméstico, mas se a pessoa física presta serviços para o âmbito residencial da pessoa física.

Se o sítio pertence à empresa e o caseiro nele presta serviços, não se pode dizer que se trata de âmbito residencial, pois a empresa, por natureza, tem atividade lucrativa. O serviço está sendo prestado para a empresa, e não para pessoa ou família. Na jurisprudência, há acórdão no mesmo sentido:

> Relação de emprego – Não configuração. *Conditio sine qua non* para a existência do vínculo doméstico é que a atividade seja prestada diretamente à pessoa natural ou à família, no âmbito residencial destas, jamais, no entanto, à pessoa jurídica. Os serviços caracterizadores do contrato de emprego doméstico não podem objetivar sequer remotamente a obtenção de lucros imediatos ou mediatos. O labor desenvolvido na manutenção e conservação de sítio de propriedade da empresa, não obstante destinado ao lazer de seus sócios, e embora destituído de fim lucrativo imediato, descaracteriza o trabalho em âmbito familiar e residencial de pessoa ou família, visto que, indiretamente, constituindo o local de trabalho patrimônio imobiliário da sociedade, sua conservação e manutenção redundam em benefício lucrativo para os próprios sócios proprietários que dele usufruem (TRT 12ª Região, RO 2.432/89, Rel. Juíza Águeda Maria Lavorato Pereira, *DJSC* 8-3-1991, p. 23).

Pouco importa o local em que o trabalho é prestado, se na área urbana ou na área rural; o que importa é se o empregador tem ou não atividade lucrativa. Se a possuir, o empregado será urbano ou rural; caso contrário, doméstico.

Observa-se, porém, que, em relação ao caseiro, a subordinação, na maior parte do tempo, é muito menor, pois não é tão contínua, nem o empregador exerce fiscalização ostensiva sobre o empregado, porque muitas vezes só vai ao sítio nos finais de semana, ou deixa de ir mesmo nesses dias, por longo tempo.

O que irá caracterizar o empregado doméstico não é a natureza do serviço que presta, mas o contexto em que o faz.

Numa chácara é comum a prestação dos serviços por um casal e até pelos filhos destes. Apenas o homem é empregado, e os demais ajudam-no. Se os demais nada recebem pelo serviço que prestam e não têm subordinação ao empregador, não se pode falar em vínculo de emprego doméstico ou outro qualquer.

2. DIARISTA

Faxineiras ou diaristas têm ajuizado várias ações na Justiça do Trabalho reivindicando direitos de empregados domésticos, mesmo comparecendo algumas vezes por semana para fazer limpeza em residências. São essas pessoas empregadas domésticas?

Há necessidade, portanto, de se verificar quais são os requisitos para diferenciar a empregada doméstica da diarista.

Na Argentina, não se consideram domésticos os trabalhadores que prestam serviços por tempo inferior a um mês, os que laborem menos de quatro horas diárias ou que trabalhem menos de quatro dias na semana para o mesmo empregador (art. 1º do Decreto-lei n. 326, de 14-1-1956).

No Peru utiliza-se a expressão *trabalho de forma habitual e contínua*. No Chile, fala-se só em *trabalho de forma contínua*, mas acrescenta-se que precisa ser para um único patrão.

No Paraguai, estabelece o art. 148 do Código de Trabalho que trabalhadores domésticos são as pessoas de um ou outro sexo que desempenham de forma *habitual* os serviços de asseio, assistência e demais trabalhos no interior de uma casa ou outro lugar de residência ou habitação particular. Não se aplicam as disposições especiais do capítulo dos domésticos aos trabalhadores que realizam seus serviços de forma independente e com seus próprios elementos, salvo a parte relativa ao contrato de trabalho em geral (art. 150, *c*, do Código de Trabalho).

A Lei n. 44, de agosto de 1995, do Panamá, estabelece que o trabalho doméstico é considerado contrato especial e exige que o serviço seja prestado de "forma habitual e contínua". O mesmo se observa no art. 258 do Código de Trabalho da República Dominicana.

Na Alemanha, é considerado trabalho doméstico:

> em sentido amplo, aquele prestado à casa alheia e, em sentido estrito, o prestado por empregado admitido na comunidade familiar. Pelo primeiro, será doméstico não só o trabalhador admitido, isto é, incorporado na casa (residindo ou não), como aquele que lhe preste serviços em determinados dias da semana, contínua ou alternadamente, em horário reduzido ou integral. Na categoria destes trabalhadores aponta-se a doméstica a dia[1].

Na Itália, os empregados domésticos são tratados na Lei n. 339, de 1958. Devem prestar serviços contínuos pelo menos durante quatro horas por dia. Aplica-se o Código Civil aos que trabalham jornada inferior.

A palavra *diarista* diz respeito, normalmente, ao fato de a pessoa trabalhar por dia e receber também por dia, ao final do trabalho. A cada dia está em um lugar diferente.

Dispõe o art. 1º da Lei Complementar n. 150/2015 que:

> Ao empregado doméstico, assim considerado aquele que presta serviços de forma contínua, subordinada, onerosa e pessoal e de finalidade não lucrativa à pessoa ou à família, no âmbito residencial destas, por mais de 2 (dois) dias por semana, aplica-se o disposto nesta Lei.

Continuidade, segundo Aurélio Buarque de Holanda, pressupõe ausência de interrupção. Compreende o que é seguido, sucessivo[2].

---

1. VILHENA, Paulo Emílio Ribeiro de. *Relação de emprego*. São Paulo: Saraiva, 1975, p. 287.
2. *Novo Dicionário da Língua Portuguesa*. 2. ed. Rio de Janeiro: Nova Fronteira, 1986.

A Lei Complementar n. 150/2015 passou a fixar o critério "trabalhar para o empregador três dias por semana" para caracterizar o empregado doméstico.

Paulo Emílio Ribeiro de Vilhena pondera que a permanência é requisito do contrato de trabalho, mas a continuidade constitui exigência mais rigorosa, aplicável apenas ao trabalho do doméstico[3].

Não vejo a questão dessa forma. A palavra *contínua*, empregada na lei, deve ser interpretada como não episódica, não eventual, seguida, sucessiva.

A expressão *não eventual* não pode ser entendida apenas pelo fato de o trabalhador não se inserir nos fins normais de atividade da empresa, mas em razão de prestar serviços episódicos, uma vez ou outra para o empregador. São serviços ligados ao evento, como de consertar a instalação elétrica ou hidráulica da empresa, mas não ao fato de o trabalhador prestar serviços uma vez por semana em dia fixo.

Não há como fazer a distinção entre continuidade, prevista no art. 1º da Lei Complementar n. 150/2015 para caracterizar o empregado doméstico, e não eventualidade, encontrada na definição de empregado do art. 3º da CLT. Octávio Bueno Magano entende que um dos requisitos do contrato de trabalho é a continuidade[4], sendo esse pacto um contrato de trato sucessivo, de duração[5]. Afirma Plá Rodriguez, quanto aos domésticos, que "os serviços podem ser prestados em forma contínua e ininterrupta ou em forma periódica; uma vez por semana, três vezes por semana, uma vez a cada 15 dias etc."[6], não afetando a caracterização do trabalhador doméstico.

Na verdade, as palavras *continuidade* e *não eventualidade* são sinônimas.

A continuidade mostra algo que é sucessivo, mas não precisa ser diário.

A lei não usa a expressão *trabalho cotidiano* ou diário, o que mostra que o trabalho prestado pode não ser diário, mas em alguns dias da semana, implicando ser periódico, seguido, sucessivo.

A utilização da palavra *continuidade* mostra acepção mais moderna de um dos requisitos do contrato de trabalho. Conceituar pela negativa é errado, usando a expressão *não eventual*. A Lei Complementar n. 150/2015 é mais moderna do que o art. 3º da CLT, que é datada de 1943.

A continuidade tem de ser analisada como se o trabalhador se fixa ou não no tomador do serviço.

---

3. VILHENA, Paulo Emílio Ribeiro de. *Relação de emprego*. São Paulo: Saraiva, 1975, p. 288.
4. MAGANO, Octávio Bueno. *Manual de direito do trabalho*: direito individual do trabalho. 3. ed. São Paulo: LTr, 1992, v. 2, p. 49.
5. MAGANO, Octávio Bueno. *Manual de direito do trabalho*, cit., p. 49-50.
6. PLÁ RODRIGUEZ, Américo. *Curso de derecho laboral*. Montevidéu, 1978, p. 105.

Não existe eventualidade na prestação de serviços de uma faxineira que vai toda semana, por longos anos, à residência da família, sempre nos mesmos dias da semana. Pelo contrário, há continuidade na prestação de serviços que são realizados no interesse do empregador, pois as atividades de limpeza e lavagem de roupas são necessidades normais e permanentes do empregador doméstico.

O advogado que presta serviços em sindicato, sob o sistema de plantões, às terças-feiras, das 8 às 10 horas, atendendo exclusivamente aos interesses da agremiação, é considerado empregado, e não autônomo. O médico que trabalha no hospital quatro horas por dia, das 8 às 12 horas, é empregado regido pela CLT e normalmente não se discute a questão. O importante, no caso, é a faxineira ter obrigação de comparecer sempre em determinado dia da semana, *v.g.*, segunda-feira, a partir das 8 horas até as 16 horas, ficando evidenciada a subordinação pela existência de imposição patronal quanto ao dia e horário de trabalho.

O art. 1º da Lei Complementar n. 150/2015 passa a exigir o trabalho prestado três dias por semana para o empregador. Agora, o critério é legal, objetivo e acaba com qualquer dúvida sobre o tema.

> Configura-se a relação empregatícia o trabalho doméstico prestado, ainda que duas vezes por semana, de forma contínua, durante dois anos ininterruptos, sendo a contraprestação salarial proporcional aos dias trabalhados (TRT 3ª Região, 4ª T., RO 4.920/92, Ac., j. 2-2-1993, Rel. Juiz Pedro Lopes Martins, in *LTr* 58-04/437).

O TST vinha entendendo que, se a doméstica trabalha até dois dias por semana, não configura o vínculo de emprego. Será empregado doméstico se trabalhar três dias por semana.

A faxineira será, porém, considerada trabalhadora autônoma se, por acaso, escolher os dias da semana em que pretende trabalhar, mudando-os constantemente, de modo a casar o horário das outras residências onde trabalhe, mas sempre sob sua orientação e determinação. Nesse caso, ela trabalha por conta própria, explora economicamente, em proveito próprio, a força de trabalho.

Em situação semelhante já julguei:

> Relação doméstica. Estabelecimento dos dias trabalhados. A reclamante declarou em depoimento pessoal que trabalhava no réu às segundas, quartas e quintas. Nos demais dias trabalhava na Igreja. Se a depoente não pudesse trabalhar nos dias mencionados, poderia escolher outro dia da semana para comparecer no reclamado. A reclamante escolhia os dias trabalhados caso não pudesse comparecer. Tinha outras atividades, como ser zeladora da Igreja e vender salgados. Isso demonstra a autonomia no trabalho da reclamante, pois não foi provada a existência de subordinação, tanto que quem determinava os dias trabalhados era a autora, de acordo com sua disponibilidade. Vínculo não reconhecido (TRT 2ª Região, 3ª T., RO 01495200301702006, Ac. 20030693386, Rel. Sergio Pinto Martins, *DOESP* 13-1-2004).

Será a prestadora de serviços considerada trabalhadora autônoma desde que preste serviços de natureza não contínua à pessoa ou família, para o âmbito residencial destas, sem fins lucrativos (art. 9º, § 15, VI, do Regulamento da Previdência Social). Todavia, a legislação previdenciária faz referência à prestação de serviços de natureza não contínua, isto é, eventual. São exemplos de trabalhador autônomo doméstico: a faxineira que vai esporadicamente à residência da pessoa ou família, o jardineiro etc. É o caso da faxineira que presta serviços no imóvel de campo ou de praia uma vez por mês, em que a trabalhadora escolhe o dia do trabalho e presta serviços no horário que deseja. Apenas não pode fazer o serviço em feriados prolongados ou em fins de semana, quando os proprietários estão no local.

Ao contrário, não se pode dizer que seja doméstica ou empregada a faxineira que faz limpeza em vários escritórios ao mesmo tempo, por exemplo, aos sábados, sem qualquer horário ou ordem na limpeza daqueles, começando por qualquer um, conforme desejar, muitas vezes até não comparecendo para fazer o serviço, a seu bel-prazer.

Se a diarista não tem dia certo para trabalhar, ou é chamada para auxiliar em dias de festa ou efetuar faxina extraordinária na residência, ou, ainda, esporadicamente, para tomar conta dos filhos do casal, não há relação de emprego, pela falta de requisito continuidade. Seguindo essa orientação, há os seguintes acórdãos:

> Faxineira – Vínculo empregatício – A faxineira que presta serviços semanalmente em casa de família não tem vínculo de emprego, por não preencher, na espécie, todas as condições necessárias à sua caracterização. Recurso de Revista de que se conhece e a que se dá provimento (TST, 5ª T., RR 506818/98.7, 5ª Região, Rel. Min. João Batista de Brito Pereira, *DJU* 14-2-2003, p. 680).
>
> Empregada doméstica – Lavadeira. A lavadeira que presta serviços em residência particular uma vez por semana, com liberdade para prestar serviços em outras residências e até para a escolha do dia e do horário de trabalho, não é empregada doméstica para efeito de aplicação da Lei n. 5.859/72, mas prestadora autônoma de serviços (TRT 3ª Região, 1ª T., RO 1.101/89, Rel. Juiz Manoel Mendes de Freitas, j. 13-11-1989, *Minas Gerais* II, 1º-12-1989, p. 66).
>
> Não se considera empregada doméstica, para os fins do art. 1º da Lei n. 5.859/72, aquela que realiza trabalhos em alguns dias da semana, para várias pessoas, sem a obrigatoriedade de comparecimento contínuo e horário predeterminado (TRT 11ª Região, n. 216/91, RO 415/90, Rel. Juiz Othílio Francisco Tino, j. 5-3-1991, *LTr* 55-09/1099).
>
> Faxineira que trabalha como diarista, em residência particular, duas vezes por semana, com liberdade para prestar serviços em outras residências e até para a escolha do dia e horário do trabalho, não se constitui empregada doméstica para efeito de aplicação da Lei n. 5.859/72, mas prestadora autônoma de serviço. Ausência dos requisitos da não eventualidade e da subordinação, qual este último seja o principal elemento caracterizador da relação de emprego. Manutenção da decisão de 1º Grau que se impõe (TRT 4ª Região, 2ª T., RO 930195191, j. 28-10-1994, Rel. Juiz Carlos Affonso Carvalho de Fraga, *LTr* 59-05/684).

Outros aspectos do contrato de trabalho devem ser analisados no que diz respeito à diarista.

O contrato de trabalho do empregado comum, assim como do doméstico, não tem por requisito a exclusividade. O empregado pode prestar serviços a outras pessoas. Lembra Russomano que:

> nada impede que o empregado, durante a vigência de seu contrato de trabalho para com determinada empresa, tenha negócios particulares ou que contrate seus serviços a outros empregadores, simultaneamente. Não há nada em nossa legislação que obrigue o trabalhador a prestar serviços apenas a um empregador[7].

Analisando sistematicamente a CLT, chega-se à mesma conclusão. O art. 138, ao tratar de férias, menciona que o empregado "não poderá prestar serviços a outro empregador, salvo se estiver obrigado a fazê-lo em virtude de contrato de trabalho regularmente mantido com aquele". O art. 414, versando sobre o trabalho do menor, reza que se "o menor de 18 anos for empregado em mais de um estabelecimento, as horas de trabalho em cada um serão totalizadas".

Assim, não há óbice legal para que o doméstico tenha mais de um emprego, ou trabalhe em mais de uma residência, desde que exista compatibilidade de horários de trabalho.

O contrato de trabalho do empregado doméstico também é *intuitu personae*, ou seja, tem como requisito a pessoalidade na prestação de serviços. Se a doméstica se faz substituir constantemente por filha ou outra pessoa, deixa de existir a relação de emprego, pois a pessoalidade é traço necessário da relação de emprego, inclusive para o empregado doméstico.

É indiferente se o trabalho da diarista não é realizado em tempo integral, mas em determinado número de horas diárias ou semanais, porque o importante é a continuidade na prestação dos serviços.

O fato de a faxineira receber por dia, por semana ou quinzena não desnatura sua condição de empregada doméstica. O § 1º do art. 459 da CLT, de acordo com a redação determinada pela Lei n. 7.855/89, prevê apenas pagamento salarial por mês, mas não veda outros períodos para pagamento de salário. Qualquer empregada pode ser horista, diarista ou mensalista. Isso é forma de cálculo do salário.

Muitas vezes, quem fixa a remuneração é a diarista. Ela só trabalha por R$ 200,00 por dia. Do contrário, não trabalha. Isso pode indicar que tem autonomia e não subordinação e que assume riscos da sua atividade econômica, tanto

---

7. RUSSOMANO, Mozart Victor. *Comentários à CLT*. 13. ed. Rio de Janeiro: Forense, 1990, v. 1, p. 560.

é assim que ganha mais do que a empregada doméstica que recebe por mês. Seu serviço é mais caro, pois não trabalha o mês inteiro, mas por dia.

Pagar 13º salário e férias por muito tempo à diarista pode mostrar que a intenção das partes era a existência de relação de emprego.

Não existe regra infalível ou fórmula matemática para dizer se a diarista é ou não doméstica pelo fato de prestar serviços em alguns dias da semana. Cada caso concreto terá de ser examinado de acordo com as circunstâncias a ele inerentes.

A subordinação será um dos elementos que irão diferenciar o trabalhador doméstico autônomo do empregado doméstico, como se tem horário certo para trabalhar, como das 8 às 17 horas.

Se o serviço da faxina é feito em escritório de advocacia ou para empresa, estando presentes os requisitos legais, ficará configurado o vínculo de emprego celetista e não doméstico.

Sendo a pessoa contratada por empresa intermediadora de mão de obra para prestar serviços no âmbito residencial de uma pessoa, o vínculo não é doméstico, mas urbano. A trabalhadora poderá ser empregada da empresa intermediadora, mas não empregada doméstica.

Se a trabalhadora presta serviços contínuos à pessoa ou família, passando posteriormente a laborar para a empresa de seu patrão, pode deixar de ser doméstica para ser empregada regida pela CLT.

3. VIGIA DE RUA

Duas denominações poderiam ser empregadas: *vigia* ou *vigilante*.

A denominação *vigia* é a mais correta, pois o termo *vigilante* refere-se apenas a trabalhadores contratados por empresas especializadas de vigilância e transporte de valores ou por estabelecimento financeiro, como se depreende dos arts. 3º e 15 da Lei n. 7.102, de 20-6-1983. O próprio art. 15 da referida norma é expresso no sentido de que vigilante é o empregado contratado para a execução das atividades das empresas de vigilância ou de instituições financeiras. Não é o caso do trabalhador ora em estudo.

O termo *guarda* pode confundir-se com *policial*, funcionário do Estado, pois a pessoa que presta serviços a particulares não é policial. Também se verifica em alguns acórdãos o uso da expressão *guardião*. Guardião é uma espécie de guarda-costas ou então oficial inferior na Marinha de Guerra e que dirige os trabalhos dos praças nas manobras.

Na prática, muitas vezes, esses trabalhadores são chamados de *guardas-noturnos*, que seriam os encarregados da vigilância urbana, no período noturno. Entretanto, hoje já se verifica que tais pessoas também prestam serviços durante o dia, não podendo, portanto, ser chamados de guardas-noturnos.

Assim, preferível a palavra *vigia*.

Suponha que o vigia de residências particulares de duas ruas postule direitos trabalhistas, entendendo ter existido entre as partes um contrato de trabalho.

No exemplo mencionado, não há prova de que o reclamante foi contratado por qualquer dos moradores, de que era obrigado a cumprir determinado horário de trabalho, de que tivesse subordinação a um ou a outro usuário do serviço, ou àquele que recolhia o rateio dos demais beneficiários da vigilância. No entanto, a prestação de serviços é habitual, com o pagamento de uma importância mensal, pelos moradores das residências vigiadas, individualmente a título de remuneração. É o que ocorre na maioria dos casos.

Um elemento da relação de emprego que pode não se vislumbrar no caso vertente – requisito este essencial à configuração do contrato de trabalho – é a prestação pessoal dos serviços. O empregador deve contar com específica e determinada pessoa como empregado. Se este é substituído constantemente por outro trabalhador, não existe o pacto laboral. Contudo, não há nenhum problema se a substituição por outra pessoa é feita com consentimento do empregador[8], desde que haja eventualidade na referida substituição. Quando a permuta de pessoas se torna regra, não ocorre relação de emprego. Assumindo, ainda, o trabalhador os riscos de sua atividade, também não existe o contrato de trabalho, pois a prestação de serviços deve ser por conta alheia, e não por conta própria.

Normalmente, os guardas particulares contratados por moradores para vigilância na rua não têm qualquer constância na prestação dos serviços (habitualidade). Muitas vezes, trabalham por algumas semanas e ficam sem aparecer por outras, revezando-se com seus colegas no trabalho, ou, ainda, vigiam várias ruas do mesmo bairro, que são vias distantes umas das outras. Quando não têm interesse em continuar laborando naquela região, indicam simplesmente outra pessoa, que passa a fazer a vigilância no local. Em tais casos, portanto, inexiste contrato de trabalho.

Por outro lado, estando configurada a relação de emprego (em que é necessário: subordinação ao empregador, continuidade e pessoalidade na prestação de serviços e pagamento de salários), o guarda não será considerado empregado regido pelas disposições da CLT, mas empregado doméstico, sujeito às regras da

---

8. ALBUQUERQUE, Rafael F. *El contrato de trabajo*. Barcelona: M. Parejo, 1976, p. 46.

Lei Complementar n. 150/2015. Nessa hipótese, o vigia presta serviços à pessoa ou família, que não tem atividade lucrativa, para o âmbito residencial destas. Os destinatários do trabalho não exploram atividade econômica, daí por que o empregado ser doméstico.

Para ser doméstico não importa que, *v.g.*, o guarda não resida em qualquer das residências vigiadas. Na verdade, o que interessa é a continuidade e a subordinação na prestação do trabalho. Mesmo o motorista que faz serviços externos para uma residência, ou a babá que também vai ao banco pagar contas da patroa, faz compras na feira e no supermercado, leva e traz sapatos para conserto no sapateiro, também são considerados empregados domésticos. Assim, o vigia, mesmo não prestando serviços dentro das residências dos moradores beneficiados por seu mister, será considerado empregado doméstico.

O fato de o vigia receber seus vencimentos de uma só pessoa, que arrecada os valores dos demais moradores, implica formação de uma sociedade de fato por parte destes, equiparável ao condomínio predial de apartamentos, ou até mesmo se assemelharia a um "contrato de equipe" (*lato sensu*) de empregadores. Já se decidiu que:

> o guarda contratado por moradores para vigilância de rua é doméstico, sendo empregado da sociedade de fato assim formada pelas famílias que pretendem segurança particular (6ª T., RO 8.833-9, Rel. Juiz José Serson, *DJSP* 10-9-87, p. 61).
>
> Vigia residencial – É doméstico o vigia residencial cuja prestação de serviço beneficia a um grupo de famílias, no espaço residencial destas, sem finalidade lucrativa (ac. da 3ª T. do TRT da 3ª Região, RO 08081/96, Rel. Juiz Roberto Marcos Calvo, j. 18-11-1996, *DJMG*, 7-12-1996, p. 13).

Em nada descaracteriza a relação empregatícia a hipótese de o guarda estabelecer sua remuneração, pois o contrato de trabalho é um ajuste bilateral, e a fixação do salário pode ser consentida tacitamente pelo empregador. Até o empregado altamente qualificado (*v.g.*, executivo) estipula seu próprio salário; caso o empregador não acorde com tal importância, não trabalha naquele local.

Demonstrados, então, a habitualidade, a subordinação, o pagamento de salário e a pessoalidade na prestação de serviços do vigia aos moradores de certo logradouro público, estará evidenciado o contrato de trabalho de empregado doméstico.

Não se pode equiparar a sociedade de fato dos moradores a condomínio de prédios, de modo a tentar justificar a relação de emprego como empregado urbano. Nesse caso, não se aplica a Lei n. 2.757, de 23-4-1956, que trata dos empregados em condomínios e afirma que tais pessoas não são domésticos, mas regidos pela CLT, justamente porque não se verifica a existência de apartamentos residenciais, como menciona o art. 1º da referida lei, nem a pessoa está a serviço do edifício, que inexiste, mas de cada condômino em particular. Da mesma forma, a referida lei menciona que os empregados sujeitos à CLT são os zeladores, faxineiras e serventes de prédios residenciais, não mencionando o vigia de rua, que não faz parte do condomínio.

Outra situação, porém, pode ocorrer se entre os moradores existir uma firma comercial locatária dos serviços, pois, aí, não estará a pessoa ou família recebendo prestação de serviços do empregado, mas uma empresa, que tem por finalidade lucro, podendo, dependendo do caso, configurar-se o contrato de trabalho de empregado urbano, e não doméstico. Um dos meios de verificar se o contrato de trabalho é regido pela CLT ou é doméstico seria constatar a preponderância das pessoas que recebem a prestação dos serviços.

O vigia ou porteiro de prédio de apartamentos não será considerado doméstico, mas empregado sujeito à CLT, nos termos do art. 1º da Lei n. 2.757/56. O vigia de condomínio de escritórios ou consultórios também será considerado empregado comum, pois, apesar de não ser de prédio de apartamentos residenciais, as pessoas pertencentes ao condomínio comercial têm atividade lucrativa.

Se o vigia presta serviços apenas tomando conta de uma casa, em seu jardim ou em guarita, será considerado empregado doméstico, por estar ausente a finalidade de lucro do empregador.

O segurança pessoal da família, que acompanha vários de seus membros para certos locais, é empregado doméstico. Não importa que o serviço seja prestado fora do âmbito residencial, mas que o resultado seja para o âmbito residencial.

4. MOTORISTA

A situação do motorista é muito casuística e vai depender de várias hipóteses para se configurar ou não a condição de empregado doméstico. Na legislação argentina, o motorista não é considerado empregado doméstico (art. 2º do Decreto-lei n. 326/56).

Para que o motorista seja considerado empregado doméstico, é preciso que preste serviços à pessoa ou à família que não tenham por intuito atividade lucrativa e para o âmbito residencial destas.

Se o motorista doméstico faz entregas para a empresa de seu patrão, não será considerado empregado doméstico, mas empregado sujeito às regras da CLT. Da mesma forma, se o motorista faz serviços que são relacionados com a profissão de seu empregador, também não se estará diante de trabalho doméstico, mas de contrato de trabalho regido pela CLT.

O serviço do motorista consistirá em levar o empregador ao local de trabalho e daí trazê-lo, levar sua mulher às compras ou ao cabeleireiro e daí trazê-la, ou fazer outras atividades relacionadas com a casa, como ir ao supermercado, levar os filhos até o colégio, à aula de inglês etc.

Não se desnaturará a condição de empregado doméstico pelo fato de o motorista levar seu patrão até os clientes deste último, pois a atividade do empregado ainda será desenvolvida para o âmbito residencial, desde que não seja diretamente relacionada com a empresa.

De outro lado, se o motorista prestar serviços à empresa de seu empregador, sendo até mesmo por ela remunerado, será considerado empregado regido pela CLT. Da mesma forma, se o motorista levar o médico para atender seus pacientes, não estará configurada a relação doméstica, pois seu patrão, na condição de médico, tem por intuito atividade lucrativa.

Para distinguir efetivamente se o motorista é doméstico ou não, deve-se verificar para quem os serviços são efetivamente prestados: para o empregador doméstico ou para a empresa de seu patrão. Não será considerado empregado doméstico aquele que presta serviços para a pessoa jurídica, mas só aquele que o faz para pessoa física, para seu âmbito residencial, não tendo esta finalidade lucrativa.

5. ENFERMEIRA DOMÉSTICA

Se a enfermeira trabalha apenas no âmbito residencial, cuidando de uma pessoa que está doente, será considerada doméstica. O que importa aqui é que essa pessoa não tem atividade lucrativa e está recebendo os serviços da trabalhadora. Logo, é considerada a enfermeira empregada doméstica.

Na Argentina, a enfermeira não é considerada empregada doméstica, por expressa exclusão do art. 2º do Decreto n. 12.647.

Na legislação portuguesa é considerado doméstico a pessoa que cuida de idosos (Decreto-lei n. 235/92). O mesmo ocorre na legislação paraguaia, que considera doméstico o trabalhador que cuida de enfermos, idosos e minorados (art. 148 do Código de Trabalho).

6. SERVIÇOS DE CONSTRUÇÃO

Discute-se a relação de emprego entre o dono da obra, que está construindo ou reformando sua residência, e o pedreiro ou outra pessoa que lhe presta serviços de construção.

No Direito Civil, distinguem-se a empreitada (*locatio operis*), em que se contrata uma obra, determinado resultado – a realização de certa obra –, e a locação de serviços (*locatio operarum*), em que prepondera a própria força de trabalho, não se contratando determinada obra, mas a atividade da pessoa, por exemplo: a do advogado, do contador etc. O contrato de trabalho distancia-se da locação de serviços em razão da subordinação existente entre empregador e empregado, ao passo que na locação de serviços há autonomia do prestador dos serviços, que não é subordinado ao locatário dos serviços.

No meu entender, inexiste relação de emprego entre o dono da obra e o prestador de serviços. Não se pode considerar o dono da obra como empregador (art. 2º da CLT), pois não assume os riscos da atividade econômica, nem tem intuito de lucro na construção ou reforma de sua residência. O aumento de patrimônio, em razão da construção realizada, não pode ser considerado risco da atividade econômica, nem se enquadra o dono da obra no conceito de empresa. Esta, do ponto de vista econômico, é a atividade organizada para a produção de bens e serviços para o mercado, com fito de lucro.

No caso, não estão sendo produzidos bens para o mercado com intuito lucrativo, pois o dono da obra não exerce atividade de construção civil. A necessidade de moradia não implica assumir riscos de atividade econômica, visto que inexiste lei que determine a imprescindibilidade de construir uma residência por intermédio de construtora. É plenamente lícito contratar um empreiteiro para a construção ou reforma da casa própria.

Não há equiparação do dono da obra com os profissionais liberais, instituições de beneficência, associações recreativas ou outras instituições sem fins lucrativos (§ 1º do art. 2º da CLT), eis que não se assemelha a tais pessoas.

O contrato entre o dono da obra e o prestador de serviços não é relativo ao emprego doméstico. Na verdade, o empreiteiro não é subordinado, pois assume os riscos de sua própria atividade, pode ter mais de uma obra em andamento, como pode ter várias pessoas que o auxiliem na prestação dos serviços, além de os serviços prestados muitas vezes não serem contínuos, nem para o âmbito residencial.

Também não se pode falar em contrato de trabalho por prazo determinado para a construção da obra, porque os elementos subordinação e assunção dos riscos da atividade econômica estão ausentes.

Ocorre entre as partes uma pequena empreitada e não contrato de trabalho.

No TST, há acórdão entendendo pela inexistência de relação de emprego:

O dono da obra não pode ser considerado empregador porque não exerce, na construção, atividade econômica, sendo que na hipótese do § 1º do art. 2º da CLT não existe alusão ao mesmo – Revista conhecida e provida para julgar o reclamante carecedor da ação proposta (TST, 1ª T., proc. RR 4.672/84, Rel. Min. Fernando Franco, *DJU* 106/85).

Se o dono da obra é uma construtora, que tem intuito de comercializar a moradia, ou se é uma imobiliária, que tem interesse em vendê-la ou alugá-la, aí, sim, pode haver a relação de emprego com o prestador de serviços, pois tanto uma como outra exercem atividade econômica, assumindo os riscos do empreendimento, desde que, naturalmente, também haja subordinação.

Ao contrário, se se entender que há vínculo de emprego, que não é o que penso, este só pode ser o relativo ao contrato de trabalho doméstico, pois não há atividade lucrativa desenvolvida pelo empregador.

5
VIGÊNCIA DA ALÍNEA A DO ART. 7º DA CLT E APLICABILIDADE DE OUTRAS NORMAS LEGAIS

1. **ART. 7º, *A*, DA CLT**

Reza o art. 7º da CLT que suas disposições não se aplicam ao empregado doméstico (alínea *a*). O art. 2º do Decreto n. 71.885/73 afirmava que, "excetuando o capítulo referente a férias, não se aplicam aos empregados domésticos as demais disposições da CLT".

Há argumentos de que o dispositivo consolidado teria sido revogado pela Constituição de 1988, que previu vários direitos do empregado doméstico, inclusive alguns que não possuía antes da vigência daquela norma. A alínea *a* do art. 7º da CLT não foi revogada pela Lei Maior e continua a não ser aplicada ao doméstico, salvo havendo previsão em sentido contrário.

Além disso, nem todos os direitos previstos na Constituição foram outorgados aos domésticos. Entretanto, se certo direito foi assegurado na Constituição ao empregado doméstico e sua previsão está determinada na CLT, esta será aplicável, em certos casos, como no caso de aviso prévio; caso contrário, o instituto não tem como ser observado, por falta de regra própria sobre o tema. Irei tratar mais pormenorizadamente do assunto nos capítulos próprios, aos quais remeto o leitor.

Parece, contudo, que a alínea *a* do art. 7º da CLT se refere à parte da norma consolidada que trata do direito material do trabalho, e não à parte de direito processual do trabalho, pois, não fosse assim, não haveria como aplicar as regras processuais da CLT num processo trabalhista de empregado doméstico.

2. **LEI N. 5.889/73**

A Lei n. 5.889, de 8-6-1973, revogou o Estatuto do Trabalho Rural (Lei n. 4.214/63), conforme seu art. 21. Não repetiu o preceito da Lei n. 4.214/63 (art. 8º) no sentido de que tal regra não se aplica ao empregado doméstico. José Alberto Couto Maciel assevera que:

> no nosso entendimento, porém, o fato de a Lei n. 5.889 não mencionar a aplicação da Lei n. 5.859 aos domésticos rurais vem demonstrar que os mesmos estão abrangidos pelos dispositivos legais concedidos por aquele texto legal. Especialmente porque não foram os domésticos expressamente excluídos da aplicação da lei especial que concede direitos aos rurais[1].

A situação, porém, não é bem essa.

A Lei n. 5.889/73 estabeleceu que o empregador rural é a pessoa que explora atividade agroeconômica (art. 3º), o que pressupõe atividade com finalidade de lucro. Por natureza, o empregador doméstico não tem atividade lucrativa. Logo, não pode o empregado doméstico que presta serviços na área rural ser regido pela Lei n. 5.889/73, mas apenas pela Lei Complementar n. 150/2015, ainda que a primeira não exclua de suas disposições o empregado doméstico, como fazia a Lei n. 4.214/63.

3. LEI COMPLEMENTAR N. 150/2015

A Lei Complementar n. 150/2015 revogou expressamente a Lei n. 5.859/72. Não revogou expressamente a letra *a* do art. 7º da CLT.

Observadas as peculiaridades do trabalho doméstico, é aplicada subsidiariamente a CLT (art. 19 da Lei Complementar n. 150/2015). Isso mostra que a letra *a* do art. 7º da Constituição foi derrogada, ainda que não tenha sido revogada expressamente, pois a CLT passa a ser aplicada ao doméstico, apenas sendo observadas as peculiaridades deste empregado.

---

1. *O progresso atual e o contrato de trabalho do empregado doméstico*. São Paulo: LTr, 1973, p. 48.

6
CONTRATO DE TRABALHO DO EMPREGADO DOMÉSTICO

O vínculo que se forma entre o empregador doméstico e seu empregado é um contrato de trabalho, pois a prestação de serviços é onerosa, mediante subordinação, por conta alheia, com pessoalidade e continuidade. O objeto da relação obrigacional diz respeito à execução dos serviços em proveito de outrem mediante a contraprestação salarial. Evaristo de Moraes Filho entende que o contrato de trabalho do doméstico é um contrato especial, em razão da finalidade do serviço prestado[1].

Não deixa, portanto, o contrato de trabalho do empregado doméstico de ser um contrato especial, dada a peculiaridade da relação entre empregado e empregador, que é realizada na residência deste. Entretanto, é um contrato de natureza trabalhista.

Tem o contrato de trabalho doméstico uma fidúcia especial, pois o doméstico trabalha no domicílio do empregador. Muitas vezes, confunde-se com o membro da família, principalmente quando reside no local da prestação dos serviços.

Além dos requisitos anteriormente mencionados, outros dois devem ser observados para efeito da configuração do vínculo de emprego:

(a) o empregador não pode desenvolver atividade lucrativa;
(b) os serviços devem ser prestados para o âmbito residencial da pessoa ou família.

O contrato não precisa ser feito por escrito, podendo ser celebrado verbalmente, como qualquer contrato. Pode ser celebrado tacitamente, se não houver qualquer oposição à prestação dos serviços.

Quanto ao prazo, o contrato de trabalho pode ser por tempo determinado ou indeterminado.

---

1. MORAES FILHO, Evaristo de. Do trabalho doméstico e sua regulamentação, *Revista LTr* 38/18.

O empregado doméstico pode ser contratado por prazo determinado (art. 4º da Lei Complementar n. 150/2015). Há necessidade da observância de dois requisitos:

(a) mediante contrato de experiência;

(b) para atender a necessidades familiares de natureza transitória e para substituição temporária de empregado doméstico com contrato de trabalho interrompido ou suspenso.

Necessidade familiar de natureza transitória poderia ser a contratação de professor para ministrar aulas de reforço numa certa matéria à criança. Contrato de trabalho suspenso pode ser em razão da doença do empregado doméstico. Contrato de trabalho interrompido poderia ser feito em razão das férias da empregada, do afastamento na licença-gestante por 120 dias.

A experiência é necessária para verificar se o doméstico sabe fazer o serviço, se se adapta à casa etc., o que é possível constatar no período de 90 dias descrito pela CLT.

O acórdão a seguir já admitia o contrato de experiência para o doméstico:

> Empregada doméstica – Contrato de experiência – Validade. Consoante a previsão do parágrafo único do art. 7º da Constituição Federal, vários direitos sociais foram estendidos aos empregados domésticos, entre eles o aviso prévio, instituto este que atinge tanto o empregado doméstico quanto o empregador, o que viabiliza as situações previstas nos arts. 482 e 483 da CLT. Logo, cabível o contrato, a título de experiência, para o doméstico. Se a Lei n. 5.859/72 e seu decreto regulamentador não proíbem a adoção desse tipo de contrato, não cabe ao intérprete fazer qualquer distinção. Recurso a que se dá provimento para imprimir validade ao contrato de experiência e julgar improcedente a ação (Ac. da 6ª T. do TRT da 2ª Região, RO 02980437373, j. 14-9-1999, Rel. Juiz Fernando Antonio Sampaio da Silva, *DO/SP*, 5-10-1999, p. 56).

A alínea *b* do § 2º do art. 443 da CLT não se aplica ao doméstico, em razão de que o empregador doméstico não tem atividade empresarial de caráter transitório.

O contrato de experiência não poderá exceder 90 dias (art. 5º da Lei Complementar n. 150/2015).

Poderá o contrato de experiência ser prorrogado uma vez, desde que a soma dos dois períodos não ultrapasse 90 dias (§ 1º do art. 5º da Lei Complementar n. 150/2015).

O contrato de experiência em que, havendo continuidade do serviço, não for prorrogado após o decurso de seu prazo previamente estabelecido ou que ultrapassar o período de 90 dias, passará a vigorar como contrato de trabalho por prazo indeterminado (§ 2º do art. 5º da Lei Complementar n. 150/2015).

No contrato de trabalho de prazo determinado para atender a necessidades familiares de natureza transitória e para substituição temporária de empregado doméstico com contrato de trabalho interrompido ou suspenso, a duração do contrato de trabalho é limitada ao término do evento que motivou a contratação, obedecido o limite máximo de dois anos.

Durante a vigência dos contratos de prazo determinado, o empregador que, sem justa causa, despedir o empregado é obrigado a pagar-lhe, a título de indenização, metade da remuneração a que teria direito até o termo do contrato (art. 6º da Lei Complementar n. 150/2015). É a mesma regra do art. 479 da CLT.

Durante a vigência dos contratos previstos nos incisos I e II do art. 4º, o empregado não poderá se desligar do contrato sem justa causa, sob pena de ser obrigado a indenizar o empregador dos prejuízos que desse fato lhe resultarem (art. 7º da Lei Complementar n. 150/2015). Na verdade, o empregado não pode se desligar da empresa. Ele não se desliga do contrato. A indenização não poderá exceder aquela a que teria direito o empregado em idênticas condições. É a aplicação da regra do art. 480 da CLT.

Inexiste proibição do contrato de trabalho doméstico entre parentes, ao contrário do que ocorre na Argentina; nem mesmo de qualquer outro contrato de trabalho. Assim, pode-se entender que aquilo que não é proibido é permitido. Entretanto, não se poderia considerar como de empregada doméstica o serviço prestado pela esposa ao marido, pois inexiste subordinação nesse caso, mas colaboração entre os cônjuges. Dificilmente vai ocorrer vínculo de emprego doméstico entre cônjuges, pois entre eles não há subordinação, mas colaboração nas tarefas comuns da casa e da manutenção dos filhos. Se existir o elemento subordinação entre as partes, haverá contrato de trabalho doméstico; porém, se a relação for meramente afetiva ou apenas decorrente do parentesco, não se poderá falar em vínculo de emprego doméstico.

Pela regra do inciso XXXIII do art. 7º da Constituição, o empregado comum deve ter pelo menos 16 anos para poder trabalhar. Antes dos 16 anos o empregado não poderá trabalhar, salvo na condição de aprendiz, que não é o caso do doméstico. Caso preste serviços a empregador, será considerado empregado, tendo todos os direitos trabalhistas dessa categoria, pois a nulidade não pode ser observada em prejuízo do próprio empregado.

É vedada a contratação de menor de 18 anos para desempenho de trabalho doméstico, de acordo com a Convenção n. 182, de 1999, da Organização Internacional do Trabalho (OIT), e com o Decreto n. 6.481, de 12 de junho de 2008, que trata da regulamentação das piores formas de trabalho infantil (parágrafo único do art. 1º da Lei Complementar n. 150/2015).

A Convenção n. 182 da OIT, ratificada pelo Brasil, e a Recomendação n. 190 da OIT não proíbem expressamente o trabalho doméstico antes de 18 anos. O item 76 do Decreto n. 6.481/2008 faz referência ao trabalho doméstico como piores formas de trabalho infantil, mas não estabelece idade para o trabalho do doméstico.

Considera-se trabalho em regime de tempo parcial aquele cuja duração não exceda 25 horas semanais (art. 3º da Lei Complementar n. 150/2015). Pode ser na hipótese em que o empregado vai trabalhar cinco horas por dia em cinco dias na semana. O salário a ser pago ao empregado sob regime de tempo parcial será proporcional a sua jornada, em relação ao empregado que cumpre, nas mesmas funções, tempo integral (§ 1º do art. 3º da Lei Complementar n. 150/2015).

O parágrafo único do art. 16, com a redação da Lei n. 5.686/71, determinava quais eram os elementos para que a CTPS fosse emitida, mencionando na alínea *d* autorização dos pais, o que não é mais exigido na redação do mesmo art. 16, de acordo com a Lei n. 7.855/89. Assim, é possível também entender que, para o menor trabalhar, não se exige autorização do responsável, inclusive para o trabalho doméstico.

A Carteira de Trabalho e Previdência Social será obrigatoriamente apresentada, contra recibo, pelo empregado ao empregador que o admitir, que terá o prazo de 48 horas para nela anotar, especificamente, a data de admissão, a remuneração e, quando for o caso, os contratos de prazo determinado (art. 9º da Lei Complementar n. 150/2015).

Não se exigem mais atestado de boa conduta, que era emitido pela autoridade policial, carta de referência de empregos anteriores ou atestado de saúde para a admissão do empregado doméstico, como previa o art. 2º da Lei n. 5.859/72. O atestado de boa conduta tinha por objetivo afastar os maus profissionais do mercado; mas, evidentemente, não irá eliminá-los.

Outra determinação bastante válida é a atribuição da responsabilidade civil às agências de empregados domésticos, conforme a Lei n. 7.195, de 12-6-1984. O art. 1º dessa norma determina que "as agências especializadas na indicação de empregados domésticos são civilmente responsáveis pelos atos ilícitos cometidos por estes no desempenho de suas atividades". O art. 2º declara que, "no ato da contratação, a agência firmará compromisso com o empregador, obrigando-se a reparar qualquer dano que venha a ser praticado pelo empregado contratado, no período de um ano".

Na CTPS do empregado doméstico, serão feitas, pelo empregador, as seguintes anotações:

(a) data de admissão;
(b) salário mensal ajustado;
(c) início e término das férias;
(d) data de dispensa;
(e) contribuição sindical.

Será vedado, portanto, anotar na CTPS do empregado qualquer conduta desabonadora ou mesmo a existência de justa causa para a dispensa. A CTPS irá comprovar o contrato de trabalho entre as partes, o salário e as anotações de férias, inclusive perante a Justiça do Trabalho.

O empregado doméstico será registrado de imediato, desde o primeiro dia em que passar a prestar serviços ao empregador. Não poderá o empregador posteriormente alegar que não o registrou sob o argumento de que o doméstico não lhe apresentou a CTPS ou não trouxe documentos ou algo parecido, pois qualquer empregado deve ser registrado logo no primeiro dia em que começa a trabalhar, e não em outra oportunidade.

Para que não existam dúvidas sobre se a empregada apresentou ou não a CTPS para registro e que esta foi devolvida ao empregado, deve o empregador pegar recibo de que devolveu aquele documento ao trabalhador.

A CTPS é obrigatória para o exercício de qualquer emprego (art. 13 da CLT), inclusive o doméstico.

Será a CTPS fornecida ao empregado mediante a apresentação de:
(a) duas fotografias 3x4;
(b) qualquer documento oficial de identificação pessoal do interessado, no qual possam ser colhidos dados referentes ao nome completo, filiação, data e lugar de nascimento.

Na impossibilidade de apresentação, pelo interessado, de documento idôneo que o qualifique, a CTPS será fornecida com base em declarações verbais confirmadas por duas testemunhas, lavrando-se, na primeira folha de anotações gerais da carteira, termo assinado pelas mesmas testemunhas. Se o interessado não souber ou não puder assinar sua carteira, ela será fornecida mediante impressão digital ou assinatura a rogo.

O doméstico menor de 18 anos poderá firmar recibo de pagamento. Na quitação, é recomendável que tenha a assistência dos pais, embora não se aplique ao doméstico o art. 439 da CLT (art. 7º, *a*, da CLT).

Tendo o empregador mais de uma residência, como a casa de campo, a casa de praia, além da que normalmente vive, o fato de o empregado deslocar-se de uma para outra não implica a existência de mais de um contrato de trabalho doméstico.

Se houver uma sucessão de contratos de trabalho entre o empregado e o empregador doméstico, é aplicável o art. 453 da CLT, visando ao somatório do tempo de serviço de todos os contratos, pois a CLT é observada ao doméstico.

Falecendo o empregado doméstico, termina o contrato de trabalho doméstico, pois, para o empregado, o pacto laboral é pessoal, compreendendo certa e específica pessoa na prestação dos serviços.

Será mais difícil existir contrato de trabalho doméstico entre cônjuges, em razão da comunhão familiar entre eles, da relação amorosa.

7
DIREITOS TRABALHISTAS DO EMPREGADO DOMÉSTICO

1. **CONSIDERAÇÕES INICIAIS**

Os direitos trabalhistas dos empregados domésticos podem ser resumidos em três correntes.

A primeira prega a separação das leis trabalhistas em geral das aplicáveis aos domésticos, porém estes ficariam totalmente marginalizados ou desamparados na questão de seus direitos trabalhistas.

A segunda corrente declara que os direitos trabalhistas dos domésticos devem ser os mesmos que os de qualquer empregado. Entretanto, essa ideia não pode ser aplicada em sua plenitude, pois as condições de trabalho em casa e numa empresa são completamente diferentes, além de o empregador doméstico ter certas peculiaridades, como não exercer atividade lucrativa, o que impediria o pagamento de participação nos lucros.

A terceira corrente preconiza a existência de uma legislação especial, devendo ser conferidos os direitos básicos ao empregado doméstico, como, na prática, acaba fazendo a atual Constituição, determinando o pagamento de salário mínimo, 13º salário, férias, repouso semanal remunerado etc.

2. **DIREITOS PREVISTOS NA CONSTITUIÇÃO**

Nenhuma Constituição brasileira havia tratado de direitos trabalhistas dos domésticos, nem mesmo a eles se referiam. Na verdade, não deveriam fazê-lo porque não é matéria constitucional, pois, caso contrário, outros trabalhadores também iriam querer ter seus direitos inseridos no bojo da Lei Maior.

Anteriormente à Constituição de 1988, o doméstico podia receber menos de um salário mínimo (§ 1º do art. 5º da Lei n. 5.859/72), não fazia jus a 13º salário, aviso prévio e repouso semanal remunerado (art. 5º, *a*, da Lei n. 605/49). A Lei

n. 5.859/72 assegurava ao doméstico apenas anotação na CTPS, férias anuais de 20 dias e Previdência Social.

A Subcomissão dos Direitos dos Trabalhadores não tratou dos direitos dos empregados domésticos. A Comissão da Ordem Social estabeleceu que:

> são assegurados à categoria dos trabalhadores domésticos, além de outros que visem à melhoria da sua condição social, os direitos previstos nos itens IV, VI, IX, X, XII, XVIII, XXIX e XXVI do art. 2º, bem como a integração à Previdência Social e aviso prévio de despedida, ou equivalente em dinheiro.

A Comissão de Sistematização especificou: "são assegurados à categoria dos trabalhadores domésticos os direitos previstos nos incisos IV, VI, VIII, XIV, XVI, XVIII e XXI do artigo anterior, bem como a integração à Previdência Social". Por fim, o parágrafo único do art. 7º da Constituição determinou: "são assegurados à categoria dos trabalhadores domésticos os direitos previstos nos incisos IV, VI, VIII, XV, XVII, XVIII, XIX, XXI e XXIV, bem como a sua integração à Previdência Social".

A Lei Maior determinou, portanto, vários direitos trabalhistas ao empregado doméstico no parágrafo único do art. 7º, até mesmo não previstos na Lei n. 5.859/72, que regula o trabalho doméstico. Assim, tem direito o empregado doméstico a: salário mínimo (art. 7º, IV), que não era previsto na legislação anterior; irredutibilidade salarial (art. 7º, VI); décimo terceiro salário (art. 7º, VIII), que não estava elencado na Lei n. 5.859/72; repouso semanal remunerado (art. 7º, XV), que também não era previsto na lei do doméstico; férias mais 1/3 (art. 7º, XVII); licença à gestante de 120 dias (art. 7º, XVIII); licença-paternidade (art. 7º, XIX); aviso prévio de pelo menos 30 dias (art. 7º, XXI), que inexistia anteriormente; aposentadoria (art. 7º, XXIV), bem como sua integração à Previdência Social.

A Emenda Constitucional n. 72, de 2 de abril de 2013, deu nova redação ao parágrafo único do art. 7º da Constituição e incluiu outros direitos:

> VII – garantia de salário, nunca inferior ao mínimo, para os que percebem remuneração variável;
>
> X – proteção do salário na forma da lei, constituindo crime sua retenção dolosa;
>
> XIII – duração do trabalho normal não superior a 8 horas diárias e 44 semanais, facultada a compensação dos horários e a redução da jornada, mediante acordo ou convenção coletiva do trabalho;
>
> XVIII – licença à gestante, sem prejuízo do emprego e do salário, com duração de 120 dias;
>
> XXII – redução dos riscos inerentes ao trabalho, por meio de normas de saúde, higiene e segurança;
>
> XXVI – reconhecimento das convenções e dos acordos coletivos do trabalho;

XXX – proibição de diferença de salários, do exercício de funções e do critério de admissão por motivo de sexo, idade, cor e estado civil;

XXXI – proibição de qualquer discriminação no tocante a salário e critérios de admissão do trabalhador portador de deficiência;

XXXIII – proibição de trabalho noturno, perigoso ou insalubre a menores de 18 anos e de qualquer trabalho a menores de 16 anos, salvo na condição de aprendiz, a partir de 14 anos.

Certos direitos previstos no art. 7º da Constituição terão de ser regulamentados por lei ordinária federal:

I – proteção contra dispensa arbitrária ou sem justa causa, que depende de lei complementar;

II – seguro-desemprego para desemprego involuntário;

III – FGTS;

IX – remuneração de trabalho noturno superior à do diurno, especificando qual é o adicional noturno para o doméstico;

XII – salário-família para o dependente do trabalhador de baixa renda;

XXV – assistência gratuita aos filhos e dependentes desde o nascimento até cinco anos de idade em creches e pré-escolas;

XXVIII – seguro contra acidentes de trabalho, a cargo do empregador, sem excluir a indenização a que este está obrigado, quando incorrer em dolo ou culpa.

Empregou a Lei Magna, porém, a expressão *trabalhador doméstico*, e não *empregado doméstico*, que seria a mais correta. Todavia, seria possível dizer que qualquer trabalhador doméstico teria direito à Previdência Social, e não só o empregado, como, por exemplo, a diarista autônoma. Assim, parece que o uso da expressão *trabalhador doméstico* teve por objetivo abarcar a situação mencionada. Entretanto, o trabalhador autônomo doméstico não tem direito a repouso remunerado, mas apenas o empregado doméstico. Assim, existe imprecisão no uso da expressão *trabalhador doméstico* na Constituição.

3. OUTROS DIREITOS

O empregado doméstico, por exclusão, e pelo fato de que o parágrafo único do art. 7º da Constituição não faz menção a certos incisos do mesmo artigo como sendo aplicáveis, não fará jus a: participação nos lucros ou resultados ou na gestão da empresa, pois o empregador doméstico não é empresa, não tendo lucros (inciso XI); jornada de trabalho de seis horas em caso de turnos ininterruptos de revezamento (inciso XIV); proteção do mercado de trabalho da mulher, mediante incentivos específicos (inciso XX); proteção em razão de automação (inciso XXVII); proibição de distinção entre trabalho manual, técnico e intelectual ou entre os profissionais respectivos (inciso XXXII).

O empregado doméstico não tem direito ao abono do PIS. O empregador doméstico não recolhe a contribuição do PIS. Assim, seu empregado não faz jus a tal verba.

Não vou fazer um estudo de direito por direito do empregado doméstico, de acordo com a previsão constitucional, como foi feito em outras edições, pois pareceria um arrolamento. Vou, porém, examinar cada direito dentro do instituto respectivo, como remuneração, FGTS, faltas ao serviço, jornada de trabalho, férias, Direito Coletivo do Trabalho etc. Penso, assim, ser forma de exposição mais didática e compreensível para pessoas que não são versadas em Direito.

8
REMUNERAÇÃO

1. CONCEITOS

Salário é proveniente do latim *salarium*. Essa palavra vem de *sal*, do latim *salis*; do grego, *hals*. Sal era a forma de pagamento das legiões romanas. Posteriormente, foram sendo empregados outros meios de pagamento de salários, como óleo, animais, alimentos etc.

A legislação brasileira faz distinção entre remuneração e salário. Remuneração é gênero e salário, espécie.

Remuneração é o conjunto de prestações recebidas habitualmente pelo empregado pela prestação de serviços, seja em dinheiro ou em utilidades, provenientes do empregador ou de terceiros, mas decorrentes do contrato de trabalho, de modo a satisfazer as suas necessidades básicas e de sua família.

Salário é a prestação fornecida diretamente ao trabalhador pelo empregador em decorrência do contrato de trabalho, seja em razão da contraprestação do trabalho, da disponibilidade do trabalhador, das interrupções contratuais ou demais hipóteses previstas em lei.

Do art. 457 da CLT depreende-se que remuneração é igual a salário mais as gorjetas.

Gorjeta é não só a importância espontaneamente dada pelo cliente ao empregado, como também aquela que for cobrada pela empresa ao cliente, como adicional nas contas, a qualquer título, sendo destinada a distribuição aos empregados (§ 3º do art. 457 da CLT).

O empregado doméstico não percebe gorjeta, que é paga pelo cliente, como ocorre com os garçons.

2. ELEMENTOS

São elementos da remuneração:
(a) habitualidade;
(b) periodicidade;

(c) quantificação;

(d) essencialidade;

(e) reciprocidade.

O elemento principal da remuneração é a habitualidade. Para caracterizar a verba como tendo natureza salarial, é preciso que haja constância no pagamento.

O empregado deve receber a remuneração periodicamente, como a cada 30 dias.

Deve o empregado saber quanto ganha do empregador, visando poder assumir seus compromissos.

É o salário essencial para o empregado poder sobreviver, juntamente com sua família.

O salário mostra a existência de reciprocidade de direitos e obrigações entre empregado e empregador. O empregador só paga salário ao empregado se este prestar serviços. Para que o empregado tenha direito a receber seu salário, deve prestar serviços.

3. CLASSIFICAÇÃO

Geralmente, o empregado doméstico tem salário fixo. Não terá um salário fixo mais comissões, porque não faz vendas.

Entretanto, pode receber parte do salário em dinheiro, como um salário mínimo por mês, e parte em utilidades, como habitação, alimentação, vestuário, transporte.

As utilidades podem ser alimentação, habitação, transporte, higiene, vestuário, lazer, educação e saúde.

Muitas vezes, o empregador fornece alimentação no local de trabalho. O empregado pode ter um quarto para dormir. O patrão fornece produtos de higiene, paga plano de saúde ao empregado ou sua escola.

Para a caracterização da utilidade, é preciso:

(a) gratuidade em seu fornecimento. Se o empregador cobra pela utilidade, não representa salário, mas deve ser algo razoável;

(b) que ela represente um acréscimo ao salário. Caso o empregado tivesse de comprar a utilidade, iria despender certo numerário para esse fim.

O § 2º do art. 457 da CLT faz distinção didática no sentido de considerar a utilidade fornecida *pelo* e *para* o trabalho. Se ela é fornecida para o empregado poder trabalhar, como a alimentação no local de trabalho, a habitação para poder desenvolver seu mister não será salário. Ao contrário, se a utilidade é fornecida sem que haja relação com a necessidade da prestação de serviços, representará salário-utilidade, como se o empregador fornecesse alimentos, roupas ou produtos de higiene gratuitamente ao empregado.

As prestações *in natura* (alimentos, vestuário, higiene) têm por objetivo viabilizar a prestação de trabalho. São para o trabalho e não pelo trabalho.

O salário a ser pago ao empregado sob regime de tempo parcial será proporcional a sua jornada, em relação ao empregado que cumpre, nas mesmas funções, tempo integral (§ 1º do art. 3º da Lei Complementar n. 150/2015).

Os salários dos trabalhadores domésticos deverão ser pagos diretamente em dinheiro, em intervalos regulares, não menos que uma vez por mês. A menos que a modalidade de pagamento esteja prevista na legislação nacional ou em acordos coletivos, o pagamento poderá ser realizado por transferência bancária, cheque bancário, cheque postal ou ordem de pagamento ou por outro meio de pagamento monetário legal, com o consentimento do trabalhador interessado (art. 12, 1, da Convenção 189 da OIT).

4. 13º SALÁRIO

A gratificação de Natal, também conhecida por 13º salário, foi instituída pela Lei n. 4.090, de 13-7-1962, em razão de que naquela época era comum as empresas pagarem, por mera liberalidade, valores a título de um salário a mais por ano, o que, afinal, foi legalizado. Trata a referida lei do pagamento da gratificação no mês de dezembro, à razão de 1/12 da remuneração por mês de serviço ou por período de trabalho igual ou superior a 15 dias. A Lei n. 4.749, de 12-8-1965, complementou as disposições da norma anterior, dispondo sobre o pagamento da gratificação de Natal. Estabelece que metade do 13º salário deve ser paga entre os meses de fevereiro e novembro de cada ano, de acordo com o salário do mês anterior ao do pagamento, e a segunda metade deve ser saldada até 20 de dezembro.

A Lei n. 5.859/72 não tratava de 13º salário em relação ao empregado doméstico, além de ser posterior à Lei n. 4.090/62, nada mencionando sobre o tema, nem esta última. Assim, tal verba não era devida ao doméstico.

Havia argumentos no sentido de que o fato de a alínea *a* do art. 7º da CLT excluir o doméstico das disposições consolidadas não impediria a aplicação de outras leis, como a Lei n. 4.090/62. Entretanto, a Lei n. 5.859/72 era expressa quanto aos direitos dos empregados domésticos, não fazendo menção à Lei n. 4.090/62, muito menos ao Decreto n. 71.885/73.

Com a Constituição de 1988 desapareceu a celeuma sobre o tema, pois o parágrafo único do art. 7º, c/c o inciso VIII do mesmo artigo, da Lei Maior, assegura: "13º salário com base na remuneração integral ou no valor da aposentadoria". Assim, passa-se a aplicar a Lei n. 4.090/62 ao empregado doméstico. Na prática, muitos empregadores já contratavam o empregado doméstico concedendo o 13º salário.

O art. 19 da Lei Complementar n. 150/2015 manda observar as Leis n. 4.090/62 e 4.749/65.

O inciso VIII do art. 7º da Constituição dispõe que o 13º salário toma por base a remuneração. Isso quer dizer que é calculado sobre a remuneração. Nada impede, porém, que seja calculado de forma proporcional sobre a remuneração do mês de dezembro quando o empregado doméstico não tenha trabalhado todos os meses do ano.

Dessa forma, o 13º salário do empregado doméstico será pago na mesma forma que a qualquer empregado. O empregador deverá adiantar a primeira metade entre 1º de fevereiro a 30 de novembro de cada ano, tomando por base o salário do mês anterior. No dia 20 de dezembro deverá pagar o restante, tomando por base o salário do mês de dezembro, descontando o valor já pago da primeira metade. A contribuição previdenciária relativa ao 13º salário será calculada em separado do salário do mês e incidirá sobre o valor total do 13º salário quando do pagamento feito em dezembro. O recolhimento da contribuição previdenciária do 13º salário deverá ser feito até o dia 20 de dezembro. O empregado doméstico poderá requerer o pagamento da primeira parcela do 13º salário por ocasião de suas férias, o que deverá ser requerido no mês de janeiro de cada ano.

Cada período igual ou superior a 15 dias é considerado como mês, dando ao empregado doméstico 1/12 por mês a título de 13º salário. Para o cálculo do 13º salário é preciso verificar as faltas injustificadas a que o doméstico deu causa durante o mês.

Requerendo o empregado, no mês de janeiro, o pagamento da metade do 13º salário quando sair em férias, o empregador terá de pagá-la quando o obreiro usufruir de suas férias.

Na hipótese de o empregado ser dispensado sem justa causa, fará jus também ao 13º salário proporcional. Se o empregado doméstico é dispensado com justa causa, perde o direito ao 13º salário proporcional, podendo o empregador descontar de seus salários o adiantamento efetuado. Tendo o doméstico mais ou menos um ano de trabalho, pedido demissão ou sendo dispensado sem justa causa, tem direito ao 13º salário, de forma proporcional aos meses trabalhados. Havendo rescisão indireta do contrato de trabalho do doméstico por culpa do empregador, o 13º salário proporcional é devido. Falecendo o empregado doméstico, os herdeiros têm direito ao 13º salário proporcional, tendo mais ou menos um ano de trabalho.

A Súmula 14 do TST mostra que é devida metade do valor do 13º salário em caso de culpa recíproca para a rescisão do contrato de trabalho.

Se o empregado doméstico não presta serviços em todos os dias da semana, o 13º salário deve ser calculado de acordo com os dias trabalhados por mês ou de acordo com a média desses dias no período-base de cálculo daquela verba.

5. SALÁRIO MÍNIMO

O § 1º do art. 5º da Lei n. 5.859/72 permitia que o empregado doméstico percebesse menos do que um salário mínimo, pois usava a expressão *o empregado que receber salário superior ao mínimo vigente*. Isso importa dizer que era possível o pagamento de salário menor do que o mínimo ao doméstico, interpretando-se *a contrario sensu* a referida norma. Na prática, muitos empregadores domésticos já concediam o pagamento de pelo menos um salário mínimo ao empregado doméstico no período anterior à Constituição de 1988.

O inciso IV do art. 7º da Lei Magna estabelece como direito do trabalhador "salário mínimo, fixado em lei, nacionalmente unificado, capaz de atender a suas necessidades vitais e às de sua família com moradia, alimentação, educação, saúde, lazer, vestuário, higiene, transporte e previdência social, com reajustes periódicos que lhe preservem o poder aquisitivo, sendo vedada sua vinculação para qualquer fim".

Com a atual Constituição, o empregado doméstico não pode perceber remuneração inferior a um salário mínimo, pois este é o valor mínimo que o empregador pode pagar diretamente a qualquer empregado.

No salário mínimo do empregado doméstico estarão incluídos valores como moradia, alimentação, educação, saúde, lazer, vestuário, higiene, transporte. O empregador doméstico poderá fornecer utilidades, de modo até mesmo a completar o salário mínimo.

O inciso V do art. 7º da Lei Maior determina o "piso salarial proporcional à extensão e à complexidade do trabalho". O inciso V do art. 7º da Constituição não se aplica ao doméstico, pois o parágrafo único do mesmo artigo não faz remissão ao referido inciso. Os Estados e o Distrito Federal ficam autorizados a instituir, mediante lei de iniciativa do Poder Executivo, o piso salarial de que trata o inciso V do art. 7º da Constituição para os empregados que não tenham piso salarial definido em lei federal, convenção ou acordo coletivo de trabalho (art. 1º da Lei Complementar n. 103, de 14-7-2000). Atende a determinação o parágrafo único do art. 22 da Constituição. Seria inconstitucional a Lei Complementar n. 103 se legislasse sobre salário mínimo, que é nacionalmente unificado. O piso salarial estadual pode ser estendido aos empregados domésticos (art. 1º, § 2º, da Lei Complementar n. 103/2000). O Estado não pode estabelecer piso salarial em relação à remuneração dos servidores públicos municipais (art. 1º, § 1º, II, da Lei Complementar n. 103/2000).

Dúvida existe sobre se o empregador pode descontar do empregado valores a título de salário-utilidade, pois o empregador doméstico muitas vezes fornece habitação, alimentação ou outra utilidade ao empregado. Em decorrência de que o empregado doméstico passa a ter direito ao salário mínimo com a Constituição de 1988, o art. 82 da CLT passa a lhe ser aplicável. O parágrafo único do mesmo artigo dispõe que "o salário mínimo pago em dinheiro não será inferior a 30% do salário mínimo". Isso quer dizer que o empregador que fornecer utilidades ao empregado poderá descontá-las do salário até 70% do salário mínimo, pagando 30% em dinheiro.

Entretanto, o empregador doméstico que nunca fez descontos nesse sentido no salário do empregado doméstico não poderá fazê-lo. Para que haja a dedução das despesas com habitação, alimentação ou outras, os descontos devem ser feitos desde o início do contrato de trabalho, e não de uma hora para outra, pois, caso assim faça o empregador, estará alterando unilateralmente o contrato, implicando situação mais prejudicial ao empregado, aplicando-se, por analogia, o art. 468 da CLT.

É vedado ao empregador doméstico efetuar descontos no salário do empregado por fornecimento de alimentação, vestuário, higiene ou moradia, bem como por despesas com transporte, hospedagem e alimentação em caso de acompanhamento em viagem (art. 18 da Lei Complementar n. 150/2015).

É facultado ao empregador efetuar descontos no salário do empregado em caso de adiantamento salarial e, mediante acordo escrito entre as partes, para a inclusão do empregado em planos de assistência médico-hospitalar e odontológica, de seguro e de previdência privada, não podendo a dedução ultrapassar 20% do salário (§ 1º do art. 18 da Lei Complementar n. 150/2015).

Adiantamento salarial é o vale fornecido ao empregado no curso do mês. O acordo para descontos com planos de assistência médico-hospitalar e odontológica, de seguro e de previdência privada necessariamente deverá ser escrito para o desconto no salário do empregado. Não se admite autorização tácita, no sentido de quem cala, consente.

Poderão ser descontadas as despesas com moradia de que trata o *caput* deste artigo quando se referir a local diverso da residência em que ocorrer a prestação de serviço, desde que essa possibilidade tenha sido expressamente acordada entre as partes (§ 2º do art. 18 da Lei Complementar n. 150/2015). A autorização é expressa, podendo, portanto, ser verbal ou escrita. O ideal deveria ser que a autorização fosse escrita e não verbal, justamente para evitar dúvidas em relação a ter sido acordada.

As despesas referidas no *caput* do art. 18 da Lei Complementar n. 150/2015 não têm natureza salarial nem se incorporam à remuneração para quaisquer efeitos (§ 3º do art. 18 da Lei Complementar n. 150/2015). As despesas são as referentes à alimentação, vestuário, higiene, moradia, transporte, hospedagem e alimentação. Se o empregador fornecer tais utilidades ao empregado, não serão consideradas salário, nem se incorporam à remuneração do empregado doméstico.

O fornecimento de moradia ao empregado doméstico na própria residência ou em morada anexa, de qualquer natureza, não gera ao empregado qualquer direito de posse ou de propriedade sobre a referida moradia (§ 4º do art. 18 da Lei Complementar n. 150/2015). A posse ou propriedade é do empregador.

Prevê o § 1º do art. 6º da Lei n. 8.542/92 a possibilidade do salário mínimo horário, que é calculado à razão de 1/220 do salário mínimo. Essa regra também se aplica ao doméstico, que recebe pelo menos um salário mínimo por mês, podendo também receber salário mínimo horário.

Na jurisprudência há a mesma orientação:

> Doméstico – Diarista – Salário mínimo proporcional. Empregado doméstico diarista, que tenha sido contratado para laborar em jornada inferior a 8 horas diárias ou apenas em alguns dias da semana, pode receber salário mínimo proporcional ao tempo trabalhado, desde que respeitada a equivalência com o mesmo, preservando-se, assim, a garantia constitucional (TRT 24ª Região, RO 1.297/95, Rel. Idelmar da Mota Lima, j. 30-8-1995, *DJMS* 14-11-1995, p. 18).

Se o doméstico ganha por número de salários mínimos, quando houver a alteração do salário mínimo é preciso multiplicar o salário mínimo pelo número de salários que o doméstico ganha, atualizando assim o seu salário.

O empregado doméstico não tem exatamente piso salarial, pois a lei não o prevê. O piso teoricamente poderia ser estabelecido em norma coletiva, porém o empregador não representa categoria econômica, porque não exerce atividade econômica.

O salário do doméstico deve ser pago no 5º dia útil subsequente ao mês vencido, aplicando-se, por analogia, a regra do § 1º do art. 459 da CLT, quando o empregado percebe remuneração por mês. Não sendo, porém, observado aquele entendimento, o empregador doméstico poderia pagar o salário do empregado doméstico quando bem entendesse. Deixando, porém, de ser utilizado o referido prazo, existirá multa para o empregador doméstico, pois este está sujeito às multas administrativas por infração à CLT.

O empregado doméstico não tem data-base, razão pela qual nem mesmo a ele se aplica a política salarial, salvo se houver expressa determinação em sentido contrário. Na jurisprudência, há orientação no sentido de não se aplicar a Lei n. 8.178/91, quando esta estava em vigor:

> Empregado doméstico – Abonos salariais e diferenças indevidos. Garantindo a Constituição da República, de 1988, o salário mínimo ao doméstico (art. 7º, IV), tem esta regra própria para fixação, sendo inaplicáveis as normas da Política Salarial, constantes dos arts. 6º e 9º, da Lei n. 8.178/91. Indevidas diferenças pela integração dos abonos salariais previstos na mencionada lei, por força do § 7º do art. 9º. Recurso provido, em parte, para afastar da condenação os abonos e diferenças deles derivadas, em verbas contratuais e rescisórias (TRT 15ª Região, 5ª T., RO 03348/94-8, j. 17-10-1995, Rel. Juíza Celina Pommer Pereira, *DJSP* II 20-11-1995, p. 95).

O salário do doméstico pode ser aumentado toda vez que houver reajuste do salário mínimo, se assim for combinado entre as partes.

Prevê o inciso VII do art. 7º da Constituição a garantia do salário, nunca inferior ao mínimo, para os que percebem remuneração variável. O parágrafo único do art. 7º da Constituição dispõe que o inciso VII do art. 7º é aplicado ao doméstico. É difícil que algum empregador pague salário variável para o doméstico. O empregado doméstico não vai receber comissão ou percentagem, pois não vende nada.

O crédito pelos salários dos empregados domésticos do devedor, em seus derradeiros seis meses de vida, goza de privilégio geral, sobre os bens do devedor, estando em sétimo lugar na ordem (art. 965, VII, do Código Civil).

6. IRREDUTIBILIDADE DO SALÁRIO

O inciso VI do art. 7º da Constituição assegura ao doméstico irredutibilidade do salário. Esse princípio decorre da inalterabilidade das condições de trabalho, prevista no art. 468 da CLT. Permite o dispositivo constitucional, porém, que os salários sejam reduzidos, desde que mediante acordo ou convenção coletiva de trabalho. Os salários do doméstico não poderão ser reduzidos, salvo por acordo ou convenção coletiva. Nesse aspecto, reporto-me às manifestações no título "Direito Coletivo do Trabalho".

O princípio da irredutibilidade dos salários não impede, contudo, os descontos no salário do doméstico, como o da contribuição previdenciária, do imposto de renda retido na fonte ou até das utilidades fornecidas pelo empregador (parágrafo único do art. 82 da CLT). O que não é possível o empregador doméstico fazer é reduzir o salário do empregado fora das hipóteses permitidas, como em um mês o doméstico perceber $ 200,00 e no seguinte passar a perceber $ 190,00.

Se o empregado doméstico foi contratado para trabalhar quatro horas e ganhar $ 200,00, não pode, posteriormente, o empregador reduzir seu salário para $ 150,00, sob o argumento de que não trabalhava jornada integral, pois se configuraria a redução de salário e uma situação prejudicial ao trabalhador. É o que ocorreria se o salário mínimo fosse correspondente ao primeiro valor, e o empregador posteriormente quisesse reduzir o salário do empregado para $ 150,00 sob o argumento de que trabalhava apenas quatro horas, razão pela qual deveria perceber metade do salário. Esse critério não seria correto, pois estaria havendo redução salarial e modificação do contrato de trabalho, com prejuízo ao empregado.

A irredutibilidade salarial irá depender da lei salarial vigente, pouco importando a existência de inflação, que não irá importar na correção dos salários. O STF já decidiu nesse sentido:

> A garantia constitucional da irredutibilidade dos vencimentos da Magistratura não impõe revisão automática do valor dos salários frente à desvalorização da moeda – Reajuste que só opera a partir da lei, de iniciativa do chefe do Poder Executivo – Precedentes do STF – Recurso extraordinário conhecido e provido (RE 116-729-7/RS, 2ª T., Rel. Min. Francisco Rezek, j. 21-10-1988, *LTr* 53-3/334).

Assim, os reajustes salariais do empregado doméstico dependerão da lei salarial vigente. Mesmo havendo inflação, não há que se falar em redução de salários.

O doméstico tem direito à equiparação salarial, com base no art. 461 da CLT. A equiparação salarial é também possível em relação a empregados domésticos com fundamento no *caput* do art. 5º da Constituição, pois todos os iguais devem ser tratados igualmente, sem distinções de qualquer natureza. O inciso XXX do art. 7º da Constituição estabelece que não pode haver diferença de salários, de exercício de funções e de critério de admissão por motivo de sexo, idade, cor ou estado civil. Essa regra também se aplica ao doméstico (parágrafo único do art. 7º da Lei Maior). Se o empregador doméstico tiver empregado doméstico portador de deficiência, também não poderá haver discriminação no tocante a salário e critérios de admissão (art. 7º, XXXI, da Constituição).

7. VALE-TRANSPORTE

O vale-transporte foi instituído pela Lei n. 7.418, de 16-12-1985. Na época, o vale-transporte era uma faculdade do empregador, que poderia concedê-lo ou não ao empregado.

A Lei n. 7.619, de 30-9-1987, modificou a situação, transformando o sistema facultativo anteriormente existente numa obrigação do empregador (art. 1º). As referidas normas foram regulamentadas pelo Decreto n. 95.247, de 17-11-1987.

Não estabeleceu expressamente a norma legal que o empregado doméstico teria direito ao vale-transporte, pois apenas menciona que o empregador, pessoa física ou jurídica, antecipará ao empregado as despesas efetivas do deslocamento residência-trabalho e vice-versa. Poder-se-ia entender que o empregador doméstico teria de fornecer o vale-transporte, pois pode ser enquadrado como a pessoa física de que fala a lei.

A Lei n. 7.418/86 não faz distinção em relação à espécie de empregados e empregadores. Se não fez distinção, abrange o doméstico.

O art. 1º do Decreto n. 95.247/87 dirimiu a dúvida, dizendo, no inciso II, que os empregados domésticos definidos na Lei n. 5.859/72 têm direito ao vale-transporte.

O art. 19 da Lei Complementar n. 150/2015 é expresso em mandar aplicar a Lei n. 7.418/85 ao doméstico.

Será fornecido o vale-transporte em vale e não em dinheiro, o que é vedado (art. 5º do Decreto n. 95.247/87).

O empregado deve requerer o vale-transporte, indicando quantas conduções necessita, pois pode morar na casa e dele não se utilizar.

O empregador deve manter um documento escrito de que o empregado não quer receber o vale-transporte, visando se resguardar de futuras alegações do empregado de que requereu o benefício e este não lhe foi concedido.

O vale-transporte não tem natureza salarial, desde que sejam observados os requisitos especificados em lei.

9
DESCONTOS NO SALÁRIO DO EMPREGADO

Os descontos que podem ser feitos no salário do empregado doméstico são os decorrentes de lei ou de adiantamentos.

O salário do empregado doméstico também é protegido na forma da lei, constituindo crime a sua retenção dolosa (art. 7º, X, da Constituição). Não há lei prevendo a retenção dolosa do salário como crime. A exceção diz respeito ao crime de apropriação indébita, de apropriar-se indevidamente de coisa alheia móvel, que tem previsão no art. 168 do Código Penal.

1. PREVIDÊNCIA SOCIAL

O desconto da contribuição previdenciária é obrigatório, conforme o art. 20 da Lei n. 8.212/91.

As alíquotas são de 8, 9 e 11%, de acordo com a faixa de renda em que estiver o empregado doméstico.

Na prática, quando o valor da contribuição previdenciária é baixo, o próprio empregador acaba recolhendo a contribuição para o empregado sem descontar a parte pertinente a este. O empregador, dessa forma, recolhe tudo: os 12% (cota do empregador) e a parte do empregado, sem fazer qualquer desconto no salário do último. A dúvida que pode ocorrer é o empregador assim fazer por vários anos e posteriormente querer iniciar o desconto pela primeira vez. Uma corrente entende que o desconto é legal e pode ser feito a qualquer tempo. A segunda corrente declara que, se o desconto nunca foi efetuado, incorpora-se ao pagamento salarial feito ao empregado e não mais poderá ser realizado. O ideal é que o desconto seja feito mensalmente para evitar qualquer dúvida.

Atualmente o empregador e o empregado doméstico recolhem a contribuição por meio do e-social. Para cada mês haverá uma folha de recolhimento.

2. IMPOSTO DE RENDA

O desconto do Imposto de Renda retido na fonte também decorre de lei (arts. 3º e 7º da Lei n. 7.713/88). Logo, se o empregado entrar na faixa pertinente ao desconto do IRRF, o empregador deverá fazer o desconto, sob pena de ter de pagar diretamente o valor à Receita Federal. O empregador, portanto, é responsável tributário pela retenção e recolhimento do IRRF.

É de se destacar que o fato gerador do IRRF é o pagamento e não o mês a que se refere (regime de competência). Assim, se houver pagamento acumulado de vários meses num único, é a tabela deste último mês que deve ser utilizada. Se o empregado perceber até R$ 1.903,99 por mês, não há retenção na fonte, pois está isento.

A tabela de Imposto de Renda é a seguinte:

Base de cálculo	Alíquota	Dedução
Até R$ 2.259,20	-	-
De R$ 2.259,21 até R$ 2.826,65	7,5%	R$ 169,44
De R$ 2.826,66 até R$ 3.751,05	15,0%	R$ 381,44
De R$ 3.751,06 até R$ 4.664,68	22,5%	R$ 662,77
Acima de R$ 4.664,68	27,5%	R$ 896,00

Por dependente do empregado desconta-se R$ 189,59. É possível descontar, ainda, a contribuição previdenciária devida pelo empregado, pensão alimentícia, pensão paga por previdência pública ou privada para quem tem 65 anos ou mais. Do resultado, é aplicada a alíquota do Imposto de Renda, sendo subtraída a parcela a deduzir.

A tributação do Imposto de Renda sobre o 13º salário é feita em separado do salário. Assim, não se soma o salário mais o 13º salário, apenas toma-se o último. A tributação é devida exclusivamente na fonte, não sendo compensável quando da declaração de ajuste. Sobre a primeira parcela do 13º salário não incide o IRRF (art. 26 da Lei n. 7.713/88). Apenas quando do pagamento da segunda parcela e pelo total do rendimento creditado é que incidirá o IRRF (art. 5º da Lei n. 7.959/89).

O ideal seria que toda a despesa do empregador doméstico com seu empregado fosse abatida na declaração de Imposto de Renda do primeiro. Isso poderia promover a regularização de contratos de trabalho com registro em carteira por parte do empregador, inclusive anotando a CTPS com o real salário do doméstico e também sendo feito o recolhimento do FGTS.

3. UTILIDADES

É comum o empregador doméstico fornecer ao empregado doméstico alimentação e moradia. É o que ocorre, principalmente, quando o empregado mora na residência de seu patrão.

As utilidades representam um acréscimo no salário do empregado, pois este não precisa desembolsar valores para adquirir a alimentação e pagar aluguel.

A dúvida é se o empregador pode descontar do salário do empregado o fornecimento de alimentação e habitação e de quanto seria esse desconto.

O art. 2º-A da Lei n. 5.859/72 vedava ao empregador doméstico efetuar descontos no salário do doméstico a título de alimentação, vestuário, higiene e habitação.

Entretanto, ao doméstico foi assegurado o salário mínimo (art. 7º, IV, da Constituição). Na composição do salário mínimo há as seguintes utilidades: alimentação, vestuário, higiene, habitação, transporte, lazer, saúde e educação.

A alimentação geralmente é fornecida ao empregado doméstico sem qualquer cobrança por parte do empregador. A lei tem por fundamento que as utilidades continuem a ser fornecidas, mas não haja desconto no salário do empregado. Em contrapartida, a norma estabelece que as utilidades alimentação, vestuário, higiene e habitação fornecidas ao empregado não têm natureza salarial para quaisquer efeitos (§ 3º do art. 18 da Lei Complementar n. 150/2015). Isso significa que não há repercussão em férias e 13º salário, muito menos há incidência de FGTS e contribuição previdenciária, pois não é salário.

A moradia poderá ser descontada do doméstico, desde que não seja na residência onde trabalhe e o desconto seja expressamente acordado. Expressamente acordado pode ser oralmente ou por escrito. É recomendável, porém, que o ajuste seja feito por escrito para serem evitadas dúvidas.

Não se estabelece qual é o porcentual do desconto na Lei Complementar n. 150/2015. Poderia ser o de 25% previsto no § 3º do art. 458 da CLT, pois esta se aplica ao doméstico.

Mesmo que haja desconto no salário do empregado, não tem natureza salarial a utilidade (§ 3º do art. 18 da Lei Complementar n. 150/2015). A utilidade, para ser considerada salário, deve ser fornecida gratuitamente.

É possível, ainda, dizer que a habitação não é fornecida pelo trabalho prestado pelo empregado, mas para que o empregado possa desenvolver o trabalho. Assim, a habitação é uma forma para que o trabalho do empregado doméstico possa ser desenvolvido, facilitando a prestação dos serviços. Um mero quarto de dormir, com banheiro, não pode ser considerado como habitação no caso presente, que compreenderia uma casa completa. Não se pode, portanto, considerar a habitação como salário-utilidade.

A habitação fornecida ao caseiro não é considerada salário *in natura*, mas condição para o exercício do trabalho e para melhor desempenhá-lo. Trata-se de prestação para o trabalho e não pelo trabalho. Pouco importa que na habitação vivam as pessoas da família do empregado, não irá se caracterizar o salário-utilidade. O mesmo ocorre com o zelador de prédios de apartamentos.

Na jurisprudência há acórdão no mesmo sentido:

> Caseiro. Salário *in natura*. Não se caracteriza como utilidade a habitação cedida pelo empregador, ao empregado, por exigência da natureza do trabalho e do local de realização do mesmo (TRT da 4ª Região, RO 13.829/92, 2ª T., j. 18-4-1994, Rel. juiz Sebastião Alves Messias, *LTr* 59-01/71).

O § 3º do art. 18 da Lei Complementar n. 150/2015 não emprega corretamente a palavra *despesa*. Na verdade, a expressão a ser utilizada deveria ser *utilidade fornecida*. Apenas para o empregador representa uma despesa, um custo.

As utilidades alimentação, vestuário, higiene e moradia não terão natureza salarial para "quaisquer efeitos". Assim, não terão natureza salarial para fins trabalhistas, previdenciários, de incidência do FGTS ou do Imposto de Renda.

Outras utilidades, diversas de alimentação, vestuário, higiene ou moradia, terão natureza salarial, pois não há ressalva na lei, salvo, por exemplo, vale-transporte, por força do art. 2º, *a* e *b* da Lei n. 7.418/86. O empregador também poderá fazer descontos no salário das outras utilidades.

A partir da vigência da Lei n. 11.324 (20-7-2006), não podem mais ser feitos os descontos de utilidades no salário do empregado doméstico, ainda que eles estivessem sendo feitos, diante da regra imperativa da lei.

Se o empregador não vinha fazendo o desconto de moradia, não poderá fazê-lo, pois representa alteração do contrato de trabalho e situação prejudicial ao empregado. A regra, nesse ponto, deveria ser observada em relação a contratos de trabalho doméstico novos.

Se o empregador exige uniforme para que o doméstico trabalhe, deve fornecê-lo gratuitamente, sem fazer qualquer desconto no salário do doméstico, pois trata-se de exigência do empregador. Normalmente, os cozinheiros usam toucas brancas, as arrumadeiras usam vestidos de cor escura, o mordomo usa uma roupa preta, o motorista usa uniforme escuro etc. O uniforme também não será considerado salário-utilidade, pois se trata de espécie de vestuário.

4. VALE-TRANSPORTE

O vale-transporte é devido ao empregado doméstico, por força do inciso II do art. 1º do Decreto n. 95.247/87.

O art. 19 da Lei Complementar n. 150/2015 manda aplicar ao doméstico a Lei n. 7.418/85, que trata do vale-transporte.

A obrigação de conceder o vale-transporte poderá ser substituída, a critério do empregador, pela concessão, mediante recibo, dos valores para a aquisição das passagens necessárias ao custeio das despesas decorrentes do deslocamento residência-trabalho e vice-versa (parágrafo único do art. 19 da Lei Complementar n. 150/2015).

O desconto do vale-transporte é decorrente de lei. Esta dispõe que o empregador pode descontar do salário do empregado até 6% de seu salário-base a título do fornecimento do transporte (parágrafo único do art. 4º da Lei n. 7.418/85). O restante do que exceder o referido porcentual é arcado pelo empregador.

Supondo-se que o empregado ganhe $ 200,00. O empregador doméstico poderá descontar do empregado a título de vale-transporte até $ 12,00 por mês. Se o empregado gastar de condução $ 30,00 por mês, o empregador deverá arcar com $ 18,00 da condução do empregado, sem poder fazer desconto no salário do obreiro.

O vale-transporte concedido ao empregado de acordo com as determinações legais não tem natureza salarial, nem se incorpora à remuneração para quaisquer fins, nem há a incidência da contribuição previdenciária (art. 2º, *a*, da Lei n. 7.418/85).

Normalmente, o empregador doméstico paga toda a condução da empregada doméstica, sem fazer qualquer desconto. Todavia, a empregada poderá posteriormente discutir a referida questão argumentando que o fornecimento do transporte gratuito vem a ser salário-utilidade.

5. ADIANTAMENTOS

Os adiantamentos são os vales fornecidos ao empregado no curso do mês. É comum, na prática, o empregado pedir vales ao empregador doméstico. Assim, se o salário foi adiantado, é possível ser feito o desconto no salário do empregado, pois houve antecipação do valor devido ao trabalhador.

O ideal é que o empregador não forneça vales em valor superior ao salário do empregado, pois pode-se considerar que se trata de dívida civil e não trabalhista, pois o salário do empregado foi excedido. O restante pode ser entendido como um empréstimo concedido pelo empregador ao empregado e não como salário.

6. DANOS

Os danos causados pelo empregado podem ser descontados de seu salário. Todavia, é preciso verificar dois requisitos.

Se o dano é decorrente de dolo, de vontade do empregado praticar o ato, o desconto é autorizado, independentemente de haver consentimento do obreiro. Entretanto, o empregador deverá provar qual o prejuízo que o empregado lhe causou. Para evitar qualquer dúvida, é até recomendável que no contrato de trabalho doméstico seja inserida cláusula no sentido de que os danos praticados pelo empregado contra o empregador poderão ser descontados de seu salário, inclusive os decorrentes de dolo.

Sendo o dano decorrente de culpa, isto é, de negligência, imperícia ou imprudência do empregado, o desconto só poderá ser feito se as partes houverem pactuado nesse sentido (§ 1º do art. 462 da CLT). Do contrário, o desconto não poderá ser realizado.

7. FALTAS

O empregador poderá descontar do salário do empregado os dias em que o trabalhador faltar ao serviço.

Se o empregador não desconta a falta, é porque a considerou justificada, não podendo fazê-lo mais adiante.

Entendo também que poderá ser feito o desconto do repouso semanal remunerado, pois a condição deste é que o empregado trabalhe a semana toda e seja pontual. Se faltou um dia na semana, perde também o descanso semanal remunerado. O empregado perde, portanto, a remuneração do repouso, mas este terá de ser concedido pelo empregador, porém sem ter de pagar sua remuneração. Semana será considerada o período de segunda a domingo, anterior àquela em que recair o dia de repouso (§ 4º do art. 11 do Decreto n. 27.048/49).

10
FGTS

1. EVOLUÇÃO LEGISLATIVA

O parágrafo único do art. 7º da Constituição não previa, na sua redação original, a extensão do FGTS ao doméstico.

Existem afirmações no sentido de que a extensão do FGTS aos empregados domésticos seria inconstitucional, em razão de que o doméstico só faz jus aos direitos especificados no parágrafo único do art. 7º da Constituição. É o pensamento de Georgenor de Sousa Franco[1].

Os direitos especificados ao doméstico na Constituição são, porém, direitos mínimos. Sua enumeração não é taxativa (*numerus clausus*), mas exemplificativa, pois não está escrito no parágrafo único do art. 7º da Lei Maior que os direitos dos empregados domésticos são **apenas** ou **somente** os previstos em alguns dos incisos do art. 7º da mesma norma, permitindo que a lei ordinária estabeleça outros direitos ao doméstico.

O *caput* do art. 7º da Lei Magna é expresso ao usar a frase "são direitos dos trabalhadores urbanos e rurais, além de outros que visem à melhoria de sua condição social", indicando que os direitos dos trabalhadores são exemplificativos. São direitos mínimos, possibilitando que a lei ordinária disponha sobre outros direitos. O inciso I do mesmo artigo prevê que lei complementar estabelecerá a proteção da relação de emprego contra a dispensa arbitrária ou sem justa causa, entre outros direitos, indicando também ser exemplificativo. O mesmo ocorre em relação ao parágrafo único do art. 7º, que é uma regra que deve harmonizar-se sistematicamente com a cabeça do mesmo comando constitucional.

O § 3º do art. 13 da Lei n. 7.839, de 12-10-1989, que tratava do FGTS e revogava a lei anterior sobre o assunto (Lei n. 5.107/66), determinou que "os trabalhadores domésticos poderão ter acesso ao regime do FGTS, na forma que vier a ser prevista em lei".

---
1. FRANCO FILHO, Georgenor de Sousa. Impossibilidade de ampliação dos direitos dos empregados domésticos. *Repertório IOB de Jurisprudência* n. 20/96, outubro de 1996, texto 2/11759, p. 349. *Globalização e desemprego*, São Paulo: LTr, 1998, p. 24-28.

O § 3º do art. 15 da Lei n. 8.036, de 11 de maio de 1990, que trata do FGTS, estabeleceu que "os trabalhadores domésticos poderão ter acesso ao regime do FGTS, na forma que vier a ser prevista em lei". Assim, o empregado doméstico poderá ter direito ao FGTS, porém, apenas quando for editada lei própria para esse fim. A Lei n. 8.036/90 não se aplicava, portanto, ao doméstico.

O art. 3º-A da Lei n. 5.859/72 passava a assegurar ao empregado doméstico o direito ao FGTS. Entretanto, foi vetado pelo presidente da República.

As razões do veto foram:

> A alteração do art. 3º-A da Lei n. 5.859, de 1972, torna obrigatória a inclusão do empregado doméstico no sistema da Lei n. 8.036, de 1990. Com isso, tem-se não apenas a obrigatoriedade do FGTS como a da multa rescisória de quarenta por cento sobre os depósitos do FGTS, o que acaba por onerar de forma demasiada o vínculo de trabalho do doméstico, contribuindo para a informalidade e o desemprego, maculando, portanto, a pretensão constitucional de garantia do pleno emprego.

> Neste sentido, é necessário realçar que o caráter de prestação de serviços emitentemente familiar, próprio do trabalho doméstico, não se coaduna com a imposição da multa relativa à despedida sem justa causa. De fato, o empregado doméstico é legalmente conceituado "como aquele que presta serviços de natureza contínua e de finalidade não lucrativa à pessoa ou à família, no âmbito residencial destas" (art. 1º da Lei n. 5.859, de 1972). Desta feita, entende-se que o trabalho doméstico, por sua própria natureza, exige um nível de fidúcia e pessoalidade das partes contratantes muito superior àqueles encerrados nos contratos de trabalho em geral.

> Desta feita, qualquer abalo na confiança e respeito entre as partes contratuais, por mais superficial que pareça, pode tornar insustentável a manutenção do vínculo laboral. Assim, parece que a extensão da multa em tela a tal categoria de trabalhadores acaba por não se coadunar com a natureza jurídica e sociológica do vínculo de trabalho doméstico.

A Lei n. 10.208/2001 estendeu o FGTS e o seguro-desemprego ao empregado doméstico.

A referida norma acrescentou o art. 3º-A à Lei n. 5.859/72, que trata dos direitos do empregado doméstico. O citado dispositivo facultou a inclusão do empregado doméstico no FGTS, mediante requerimento do empregador.

O empregador tem a faculdade de incluir os empregados domésticos no FGTS, inexistindo, portanto, obrigação legal, mas mera faculdade. A matéria foi regulamentada pelo Decreto n. 3.361, de 10 de fevereiro de 2000.

O fato de o FGTS passar a ser facultativo importa dizer que poucos empregadores irão concedê-lo ao doméstico, por inexistir prestação compulsória para o pagamento daquela contribuição social, sendo, portanto, uma obrigação voluntária. Não há inclusive sanção ao empregador doméstico pela não concessão do FGTS ao empregado. Se for aumentado o custo do trabalho doméstico, os empregadores não irão conceder o direito.

Verifica-se, na prática, que muitos empregados domésticos não são sequer registrados. Quando o são, o empregador anota na CTPS do empregado importância inferior a de seu real salário, visando ter um custo menor no recolhimento da contribuição previdenciária. O empregado doméstico poderá passar a exigir – e com razão – o registro de sua remuneração integral, para que possa haver a incidência do FGTS. Para melhores empregados, o empregador doméstico poderá passar a recolher o FGTS, como forma de premiá-los.

O ponto positivo é justamente o fato de que o FGTS irá indenizar o tempo de serviço do empregado doméstico prestado ao empregador doméstico. Caso seja dispensado, terá um valor que poderá ser sacado até mesmo para garantir a subsistência do empregado por alguns meses.

A maioria dos empregadores domésticos não inscreveu o empregado no FGTS, em razão do aumento do custo com o trabalhador. Parece que a norma se tornou letra morta para a maioria dos casos.

O FGTS poderia se tornar um diferencial para a procura por parte da empregada em relação a empregador doméstico que fizesse os referidos depósitos, no período em que o referido direito era facultativo.

Em razão da crise econômica por que passa o país, poucos empregadores irão querer pagar o FGTS, que pode até implicar a suspensão de postos de trabalho na área, caso aquela contribuição se torne obrigatória para o empregador. Talvez fosse melhor a concessão de um incentivo ao empregador, de poder abater todas as despesas com o doméstico em sua declaração de Imposto de Renda. Em troca, o FGTS passaria a ser um direito do trabalhador.

Vinculavam o § 1º do art. 6º-A e o inciso III do art. 6º-B da Lei n. 5.859/72 o pagamento do seguro-desemprego ao fato de o empregador ter recolhido o FGTS. São, porém, direitos distintos, tendo cada um finalidade própria. O FGTS objetiva garantir o tempo de serviço do empregado na empresa, podendo ser sacado nas hipóteses previstas no art. 20 da Lei n. 8.036/90, além de servir para o financiamento do Sistema Financeiro da Habitação.

O seguro-desemprego tem por fundamento garantir temporariamente numerário ao trabalhador que está desempregado, por curto espaço de tempo. Caso o empregador não recolha o FGTS, o doméstico não terá direito ao seguro-desemprego, o que se torna injusto, pois o empregado não deu causa a tal ato, mas seu empregador.

Determina o art. 1º do Regulamento que o empregado doméstico pode ser incluído no regime do FGTS mediante requerimento do empregador, a partir da competência março de 2000.

O empregador deverá apresentar a guia do FGTS, devidamente preenchida e assinada, na Caixa Econômica Federal ou na rede arrecadadora a ela conveniada. Efetivado o primeiro depósito na conta vinculada, o empregado doméstico será automaticamente incluído no FGTS (§ 2º do art. 1º do Regulamento).

A inclusão do empregado doméstico no FGTS é irretratável com relação ao respectivo vínculo contratual e sujeita o empregador às obrigações e penalidades previstas na Lei n. 8.036/90 (art. 2º do Regulamento). Não se pode dizer que a inclusão do empregado doméstico no FGTS é irretratável, pois o depósito do FGTS era facultativo e não obrigatório. Assim, nada impede que o empregador deixe de pagar o FGTS no curso do contrato de trabalho, pois a lei não determina penalidades, que só podem ser fixadas por lei e não por decreto. É a aplicação do princípio da legalidade, contido no inciso II do art. 5º da Constituição.

Nesse ponto, o decreto é ilegal, por dispor além da norma legal. Efetivado o primeiro depósito, o empregador poderá deixar de fazer outros, pois o regime é facultativo e não há penalidade na lei determinando multa por seu descumprimento. A Lei n. 5.859/72 também não fixava multa pelo descumprimento de regras de direito material. Em Direito, uma coisa não pode ser e deixar de ser ao mesmo tempo. Ou é ou não é. Não existe meio-termo. Assim, não pode ser uma faculdade, que fica à opção do empregador, ou uma obrigação compulsória, em que, a partir do primeiro pagamento, o empregador não pode deixar de depositar o FGTS. Se existe uma faculdade, o empregador deposita o FGTS quando bem entender, até pelo fato de inexistir penalidade pelo descumprimento da norma, justamente por se tratar de faculdade.

O parágrafo único do art. 7º da Lei Maior, na redação dada pela Emenda Constitucional n. 72/2013, refere-se ao inciso III (que trata do FGTS) da mesma norma. Isso quer dizer que o empregado doméstico tem direito ao FGTS, quando a matéria for regulamentada.

2. CONCEITO

FGTS é o depósito bancário vinculado, pecuniário, compulsório, realizado pelo empregador em favor do trabalhador, visando formar uma espécie de poupança para este, que poderá ser sacada nas hipóteses previstas em lei[2].

---

2. MARTINS, Sergio Pinto. *Manual do FGTS*. 5. ed. São Paulo: Saraiva, 2017, p. 56.

3. NATUREZA JURÍDICA

O FGTS tem natureza híbrida[3]. Para o empregado, inclusive o doméstico, é um direito assegurado no inciso III do art. 7º da Constituição.

Para o empregador, o FGTS é uma contribuição social, espécie de tributo[4], que tem fundamento no art. 149 da Constituição.

4. APLICABILIDADE DA EMENDA CONSTITUCIONAL N. 72/2013

Passa o parágrafo único do art. 7º da Constituição, com a alteração da Emenda Constitucional n. 72/2013, a fazer referência ao inciso III (que trata do Fundo de Garantia do Tempo de Serviço) da mesma norma. Isso diz respeito ao FGTS do empregado doméstico, que não era previsto na redação anterior do referido parágrafo.

Adotando as lições de José Afonso da Silva, as normas constitucionais podem ser classificadas em três categorias distintas, a saber: "de eficácia plena" (que produzem efeitos desde a entrada em vigor da Constituição, tendo aplicabilidade, portanto, direta, imediata e integral); "de eficácia contida" (de aplicabilidade direta, imediata, mas não integral); e "de eficácia limitada ou reduzida" (que produzem efeitos desde a entrada em vigor da Constituição, porém deixam a tarefa da normatividade ao legislador ordinário ou a outro órgão do Estado)[5].

Acompanhando o mestre, é possível dizer que a norma constitucional prevista no parágrafo único do art. 7º da Constituição é uma norma de eficácia limitada, que deixa ao legislador complementar a tarefa de completá-la, pois não possui todos os elementos necessários para a sua observância. Enquanto não for promulgada lei ordinária para tratar do FGTS do empregado doméstico, o direito do trabalhador não pode ser exigido.

Com a Emenda Constitucional n. 72/2013, haverá necessidade de lei ordinária federal para estender o FGTS ao empregado doméstico, observada a simplificação do cumprimento das obrigações tributárias, principais e acessórias, decorrentes da relação de trabalho e suas peculiaridades.

---

3. MARTINS, Sergio Pinto. *Manual do FGTS*, cit., p. 59.
4. MARTINS, Sergio Pinto. *Manual do FGTS*, cit., p. 87.
5. SILVA, José Afonso da. *Aplicabilidade das normas constitucionais*. São Paulo: Revista dos Tribunais, 1968, p. 76.

5. DEPÓSITOS DO FGTS

A extensão do FGTS ao doméstico traz um ponto positivo, que é justamente o fato de que o FGTS irá indenizar o tempo de serviço do empregado doméstico prestado ao empregador. Caso seja dispensado, terá um valor que poderá ser sacado até mesmo para garantir a subsistência do empregado por alguns meses.

Dispõe o art. 149 da Constituição que:

> Art. 149. Compete exclusivamente à União instituir contribuições sociais, de intervenção no domínio econômico e de interesse das categorias profissionais ou econômicas, como instrumento de sua atuação nas respectivas áreas, observado o disposto nos artigos 146, III, e 150, I e III, e sem prejuízo do previsto no art. 195, § 6º, relativamente às contribuições a que alude o dispositivo.

O FGTS é uma contribuição social de interesse de categoria profissional, que deve observar os incisos I e III do art. 150 da Lei Maior.

A Constituição não pode, portanto, ser interpretada literalmente, mas em conjunto, sistematicamente, com outros dispositivos nela contidos.

Deve ser feita a interpretação sistemática da Constituição. Não se pode interpretar literalmente o dispositivo constitucional, sob pena de ser subvertido o sistema.

Ensina Eros Grau que "não se interpreta a Constituição em tiras, aos pedaços", mas no seu conjunto. Obtempera o mestre que:

> a interpretação de qualquer norma da Constituição impõe ao intérprete, sempre, em qualquer circunstância, o caminhar pelo percurso que se projeta a partir dela – da norma – até a Constituição.
> Uma norma jurídica isolada, destacada, desprendida do sistema jurídico, não expressa significado normativo nenhum[6].

Não se interpreta a norma aos pedaços, mas no seu conjunto.

Assevera Jorge Miranda que deve "assentar-se no postulado de que todas as normas constitucionais são verdadeiras normas jurídicas e desempenham uma função útil no ordenamento. A nenhuma pode dar-se uma interpretação que lhe retire ou diminua a razão de ser"[7].

Caio Mário da Silva Pereira informa que o legislador guarda a presunção de sabedoria, que é incompatível com a existência de expressões ou regras inúteis.

---

6. GRAU, Eros. *A ordem econômica na Constituição de 1988*. 2. ed. São Paulo: Revista dos Tribunais, 1991, p. 181-182.
7. MIRANDA, Jorge. *Teoria do estado e da Constituição*. Rio de Janeiro: Forense, 2003, p. 452.

A obra de hermenêutica não pode fazer abstração de qualquer termo utilizado pelo legislador, mas perquirir o sentido da frase no jogo de todas as suas partes[8].

Adverte Carlos Maximiliano que "já se não admitia em Roma que o juiz decidisse tendo em mira apenas uma parte da lei; cumpria examinar a norma em conjunto: é contra Direito julgar ou emitir parecer, tendo diante dos olhos, ao invés da lei em conjunto, só uma parte dela"[9].

Indica, ainda, Carlos Maximiliano que "não se interpretam as leis por palavras ou frases isoladas e, sim, confrontando os vários dispositivos e procurando conciliá-los"[10].

O FGTS vai ser devido ao doméstico quando houver a regulamentação da Lei Complementar n. 150/2015 pelo regulamento a ser editado pelo Conselho Curador e pelo agente operador do FGTS, inclusive no que tange aos aspectos técnicos dos depósitos, saques, devolução de valores e emissão de extratos (art. 21 da Lei Complementar n. 150/2015).

O empregador doméstico somente passará a ter obrigação de promover a inscrição e de efetuar os recolhimentos referentes a seu empregado após a entrada em vigor do regulamento (parágrafo único do art. 15 da Lei Complementar n. 150/2015).

Entretanto, tem o FGTS natureza tributária. Só poderá passar a ser cobrado dos empregadores domésticos no primeiro dia útil do ano seguinte à publicação da lei, pois terá de ser observada a alínea *b* do inciso III do art. 150 da Constituição, isto é, o princípio da anterioridade da lei. Assim, publicada a norma em 2015, só poderá haver a exigência a partir de 1º de janeiro de 2016. Isso se justifica para o contribuinte não ser pego de surpresa no curso do ano sobre a exigência de um novo ou de determinado tributo.

Dispõe a letra do inciso III do art. 150 da Constituição:

Art. 150. Sem prejuízo de outras garantias asseguradas ao contribuinte, é vedado à União, aos Estados, ao Distrito Federal e aos Municípios:

(...)

III – cobrar tributos:

(...)

c) antes de decorridos noventa dias da data em que haja sido publicada a lei que os instituiu ou aumentou, observado o disposto na alínea *b*.

---

8. PEREIRA, Caio Mário da Silva. *Instituições de direito civil*. Rio de Janeiro: Forense, 1990, p. 138.
9. MAXIMILIANO, Carlos. *Hermenêutica e aplicação do direito*. 8. ed. Rio de Janeiro: Forense, 1965, p. 141.
10. MAXIMILIANO, Carlos. *Comentários à Constituição Brasileira de 1891*. 5. ed. Rio de Janeiro, Freitas Bastos, 1954, p. 105.

A letra *c* do inciso III do art. 150 da Lei Maior determina que o tributo não pode ser exigido antes de decorridos 90 dias da data em que haja sido publicada a lei que os instituiu ou aumentou. Isso significa que a lei que instituir o FGTS para o empregado doméstico deve ser publicada no *Diário Oficial da União* até aproximadamente 2 de outubro de 2015 para valer a partir de 1º de janeiro de 2016, pois deve ser observada a letra *b* do inciso III do art. 150 da Constituição, que trata do princípio da anterioridade tributária. Mostra-se, portanto, inconstitucional a Lei Complementar n. 150/2015 no ponto em que dispõe que o FGTS entrará em vigor em até 120 dias, quando for publicado o regulamento.

O entendimento administrativo é que o FGTS do doméstico diz respeito aos fatos geradores ocorridos a partir de 1º de outubro de 2015, com vencimento a partir de 6 de novembro de 2015.

O FGTS incidirá sobre a remuneração paga ao empregado, nos termos do art. 15 da Lei n. 8.036/90. A alíquota do FGTS de 8% incidirá sobre a remuneração do empregado. O depósito deverá ser feito até o dia 7 do mês seguinte ao vencido.

Caso o empregador doméstico não pague a obrigação no prazo legal, haverá juros e multa de mora.

Não terá direito também o doméstico à indenização do art. 477 da CLT, pois essa indenização se refere a período anterior a 5 de outubro de 1988, ao contrário da previsão da legislação argentina. O legislador constituinte, no Projeto de novembro de 1987, previa o pagamento de indenização ao empregado doméstico, que foi retirado da redação atual do parágrafo único do art. 7º da Constituição.

6. INDENIZAÇÃO

O inciso I do art. 7º da Constituição determina que indenização por dispensa arbitrária ou sem justa causa tem de ser estabelecida por lei complementar. Essa é a razão de a norma do doméstico ser editada por meio de lei complementar.

O empregador doméstico depositará a importância de 3,2% sobre a remuneração devida, no mês anterior, a cada empregado, destinada ao pagamento da indenização compensatória da perda do emprego, sem justa causa ou por culpa do empregador, não se aplicando ao empregado doméstico o disposto nos §§ 1º a 3º do art. 18 da Lei n. 8.036, de 11 de maio de 1990 (art. 22 da Lei Complementar n. 150/2015). O doméstico não tem direito à indenização de 40% sobre os depósitos do FGTS, mas à importância mensal de 3,2%.

Nas hipóteses de dispensa por justa causa ou a pedido, de término do contrato de trabalho por prazo determinado, de aposentadoria e de falecimento do empregado doméstico, os valores previstos no *caput* serão movimentados pelo empregador (§ 1º do art. 22 da Lei Complementar n. 150/2015).

Na hipótese de culpa recíproca para a cessação do contrato de trabalho, metade dos valores previstos no *caput* será movimentada pelo empregado, enquanto a outra metade será movimentada pelo empregador (§ 2º do art. 22 da Lei Complementar n. 150/2015).

Os valores serão depositados na conta vinculada do empregado, em variação distinta daquela em que estiverem os valores oriundos dos depósitos de que trata o inciso IV do art. 34 da Lei Complementar n. 150/2015, e somente poderão ser movimentados por ocasião da rescisão contratual (§ 3º do art. 22 da Lei Complementar n. 150/2015).

À importância monetária de 3,2% aplicam-se as disposições da Lei n. 8.036, de 11 de maio de 1990, e da Lei n. 8.844, de 20 de janeiro de 1994, inclusive quanto a sujeição passiva e equiparações, prazo de recolhimento, administração, fiscalização, lançamento, consulta, cobrança, garantias, processo administrativo de determinação e exigência de créditos tributários federais (§ 4º do art. 22 da Lei Complementar n. 150/2015).

7. CONCLUSÃO

As empresas têm todo um aparato para fazer a folha de pagamento do empregado, recolher o FGTS e a contribuição previdenciária. O empregador doméstico não tem essa condição, nem conhecimentos específicos de Direito do Trabalho, tendo de se socorrer de um contador ou de uma pessoa especializada no assunto, o que implica custo adicional para o recolhimento do FGTS.

A Emenda Constitucional n. 72/2013, ao estabelecer direitos ao empregado doméstico, aumenta o custo do contrato de trabalho doméstico, o que poderá trazer dispensas de empregados domésticos e contratação de diaristas. Nesse ponto, a norma, em vez de proteger, irá prejudicar o empregado. Todo excesso de proteção acaba em falta de proteção ou falta de aplicabilidade da norma.

Os empregadores domésticos já não registram o empregado doméstico ou então registram por salário inferior ao real, geralmente pelo salário mínimo. A instituição de mais um encargo para o empregador doméstico pode não regularizar a situação formal de seus empregados.

Hoje, é comum que o empregado seja registrado por um valor, e o pagamento de salário seja feito em valor superior, somente para pagar importância menor a título de contribuição previdenciária. O empregado doméstico poderá passar a exigir – e com razão – o registro de sua remuneração integral, para que possa haver a incidência do FGTS.

O aumento do custo para o empregador doméstico contratar empregados pode importar a contratação de diaristas, ou mesmo ficar sem a empregada, em decorrência do custo adicional que representa. É o que ocorre nos Estados Unidos, em que só determinadas pessoas têm empregadas domésticas, pois o custo é muito alto.

Na regulamentação do FGTS ao empregado doméstico, deveria ser permitido ao empregador doméstico deduzir integralmente no seu Imposto de Renda todas as verbas trabalhistas pagas ao empregado doméstico, inclusive os depósitos fundiários. Isso, porém, não foi feito pela Lei Complementar n. 150/2015.

11
FALTAS AO SERVIÇO

1. **FALTAS JUSTIFICADAS**

As faltas justificadas são as previstas no art. 473 da CLT, pois a CLT se aplica ao doméstico. A Lei n. 605/49 (repouso semanal remunerado) é observada a esse trabalhador. O § 1º do art. 6º da Lei n. 605/49 faz remissão ao art. 473 da CLT. O empregado, portanto, terá suas faltas justificadas:

(a) até dois dias consecutivos, em caso de falecimento do cônjuge, ascendente, descendente, irmão ou pessoa que, declarada em sua CTPS, viva sob a sua dependência econômica;

(b) até três dias consecutivos, em virtude de casamento;

(c) por um dia, em caso de nascimento de filho, no decorrer da primeira semana;

(d) por um dia, em cada 12 meses de trabalho, em caso de doação voluntária de sangue, devidamente comprovada;

(e) até dois dias consecutivos ou não, para o fim de se alistar eleitor;

(f) no período em que tiver de cumprir as exigências do Serviço Militar, que é apenas o dia do reservista;

(g) nos dias em que tiver de prestar exame vestibular para ensino superior;

(h) as faltas consideradas justificadas;

(i) a paralisação dos serviços nos dias em que, por conveniência do empregador, não tenha havido trabalho;

(j) em caso de doença, devidamente comprovada;

(k) pelo tempo que se fizer necessário, quando tiver de comparecer em juízo;

(l) pelo tempo que se fizer necessário, quando, na qualidade de representante de entidade sindical, estiver participando de reunião oficial de organismo internacional do qual o Brasil seja membro.

2. LICENÇA-PATERNIDADE

A licença-paternidade também foi deferida ao empregado doméstico. O inciso XIX do art. 7º da Constituição trata da licença-paternidade, nos termos fixados em lei. Enquanto não for promulgada a referida lei, o parágrafo único do art. 10 do "Ato das Disposições Constitucionais Transitórias" (ADCT) estabelece que o prazo será de cinco dias. Trata-se de direito devido ao empregado doméstico, isto é, ao empregado do sexo masculino, pois a empregada doméstica tem direito ao salário-maternidade.

A Convenção n. 156 da OIT (não ratificada pelo Brasil) e a Recomendação n. 165 da mesma entidade estabelecem que as responsabilidades familiares devem ser divididas pelos cônjuges, de modo que nenhum deles sofra discriminações no trabalho.

A Lei italiana n. 903, de 9-12-1977, determina que tanto o pai como a mãe podem se ausentar do trabalho para cuidar dos filhos, de maneira alternada. É devida a licença-paternidade também ao pai adotivo, que toma o lugar da mãe ou tem a responsabilidade integral pela criança. A licença é remunerada por três meses após o nascimento ou a adoção, podendo ser estendida por até seis meses dentro do ano subsequente.

Na Finlândia, o pai pode permanecer em casa para cuidar do filho nos 12 primeiros dias após seu nascimento, mediante subsídio previdenciário.

Na França, tanto o pai como a mãe podem ter uma licença para cuidar do filho até dois anos de idade (Lei n. 77.766, de 12-7-1977). Devem ter pelo menos um ano de trabalho na empresa. O pai pode escolher gozar a licença se a mãe não quiser gozá-la ou não tiver direito a ela.

Na Suécia, a licença pode atingir 210 dias, sendo devida em relação ao nascimento ou à adoção a ambos os pais. Devem ter trabalhado na mesma empresa pelo menos seis meses antes da licença ou um total de 12 meses nos dois anos precedentes. Durante o período da licença, os pais recebem um subsídio da Previdência Social.

O texto do Projeto B da Constituição Federal previa a concessão de oito dias de descanso remunerado para efeito da licença-paternidade. Ao final, ficou estabelecido no inciso XIX do art. 7º da Constituição: "licença-paternidade, nos termos fixados em lei". Logo, esse benefício, à primeira vista, não seria autoaplicável, pois dependente de lei. O § 1º do art. 10 do ADCT determinou, porém, que, "até que a lei venha a disciplinar o disposto no art. 7º, XIX, da Lei Maior, o prazo da licença-paternidade a que se refere o inciso é de cinco dias". Verifica-se, portanto, que a licença-paternidade é um direito autoaplicável, pois, enquanto inexistir a lei ordinária sobre o assunto, o prazo da referida licença é de cinco dias.

Discute-se se a licença-paternidade é um direito trabalhista do empregado ou um benefício previdenciário. Ainda, se for um direito trabalhista, questiona-se se a licença-paternidade seria remunerada.

No momento, a licença-paternidade não tem natureza de benefício previdenciário, até porque o citado direito está inserido no Capítulo II (dos "Direitos Sociais") do Título II (dos "Direitos e Garantias Fundamentais") da Constituição, e não no art. 201 da Lei Maior, que versa sobre Previdência Social. Nem mesmo pode ser incluído no inciso II do art. 201 da Norma Ápice, pois este trata da proteção à maternidade, especialmente à gestante, e não de licença-paternidade.

É prevista a licença-paternidade como benefício previdenciário em relação aos servidores públicos, pois o art. 208 da Lei n. 8.112/90 a inclui na Seção V ("Da licença à gestante, à adotante e da licença-paternidade") do Capítulo II ("Dos benefícios") do Título VI, que trata da Seguridade Social do servidor, inclusive determinando o pagamento da licença quando haja adoção de filhos. Em relação à licença-paternidade prevista no inciso XIX do art. 7º da Lei Maior, não há nenhuma determinação legal que estabeleça que tal direito é um benefício previdenciário.

A licença-paternidade, portanto, é um direito trabalhista do obreiro (art. 7º da Constituição).

Arnaldo Süssekind leciona que a licença-paternidade tem natureza salarial[1] e que se a licença não fosse remunerada "seria castigo, e não benefício, ao pai"[2].

A licença, prevista no inciso III do art. 473 da CLT, é remunerada. Dispõe o caput do artigo 473 da ClT que a falta é considerada sem prejuízo do salário. Logo, é remunerada.

O inciso XIX do art. 7º da Lei Magna apenas usa a expressão "licença-paternidade", nos termos fixados em lei.

Pouco importa se o pai é ou não casado, pois o § 3º do art. 226 da Constituição protege a união estável entre o homem e a mulher como entidade familiar, independentemente de casamento, não tendo importância se o filho é ou não da constância do casamento (§ 6º do art. 227 da Lei Maior). O inciso XIX do art. 7º da Norma Ápice não estabelece que o pai deva ser casado. Assim, será devida a licença-paternidade tanto ao pai casado como ao solteiro.

---

1. *Comentários à Constituição*. Rio de Janeiro: Biblioteca Jurídica Freitas Bastos, 1990, v. 1, p. 429.
2. *Comentários à Constituição*, cit., v. 1, p. 430.

E quando a pessoa adota um filho, tem direito à licença-paternidade? Parece que sim, pois é devida pelo fato de ser pai, pouco importa se é pai adotivo ou pai natural, ao contrário da licença-gestante, em que a empregada tem de ter estado na condição de gestação, pois o inciso XVIII do art. 7º da Constituição refere-se à "licença à gestante".

A lei não estabelece, contudo, quando os cinco dias devem ser gozados.

A norma legal deveria ter determinado que no dia do nascimento do filho o pai teria direito de faltar, visando permitir que acompanhasse a mãe ao hospital, dando-lhe, inclusive, apoio; porém, não determinou de forma expressa quando começaria a ser contado o prazo para efeito da licença-paternidade.

Parece que o início da contagem do referido prazo seria a partir do parto, a partir do nascimento da criança, ou da sua adoção, interpretação que melhor se compatibiliza com a ideia do constituinte de fazer com que o pai esteja ao lado da mãe quando do nascimento de seu filho, para ajudá-la nesses primeiros dias. No entanto, o empregado não poderá ser prejudicado quanto ao gozo da licença-paternidade pela razão de estar trabalhando no dia do nascimento de seu filho; daí não se poderá falar que, se o trabalhador tivesse trabalhado pela manhã, ficaria liberado no período da tarde para tal finalidade. O mais correto seria que o prazo começasse a correr a partir do dia seguinte ao parto, para que o empregado não tivesse nenhum prejuízo. Assim, os cinco dias em que o empregado poderia faltar seriam contados a partir do primeiro dia após o nascimento da criança.

Os cinco dias da licença-paternidade a serem gozados pelo empregado serão, porém, contínuos, e não dias úteis, pois nada é determinado na Constituição nesse sentido.

12
DISCRIMINAÇÃO

É proibida a adoção de qualquer prática discriminatória e limitativa para efeito de acesso à relação de emprego, ou sua manutenção, por motivo de sexo, origem, raça, cor, estado civil, situação familiar, deficiência, reabilitação profissional, idade, entre outros, ressalvadas, nesse caso, as hipóteses de proteção à criança e ao adolescente (art. 1º da Lei n. 9.029/95). Constitui crime a exigência de teste, exame, perícia, laudo, atestado, declaração ou qualquer outro procedimento relativo à esterilização ou ao estado de gravidez (art. 2º).

O empregador não poderá exigir o atestado, que implica coação, mas poderá solicitá-lo, ficando a cargo da empregada apresentá-lo ou não. O rompimento da relação de trabalho por ato discriminatório faculta ao empregado optar entre:

(a) a readmissão com ressarcimento integral de todo o período de afastamento, mediante pagamento das remunerações devidas, corrigidas monetariamente, acrescidas dos juros legais;

(b) a percepção, em dobro, da remuneração do período de afastamento, corrigida monetariamente e acrescida dos juros legais.

A referida norma trata de empregado num sentido genérico, incluindo qualquer empregado, inclusive o doméstico, que também não poderá ser discriminado.

É proibida a diferença de salários, de exercício de funções e de critério de admissão por motivo de sexo, idade, cor ou estado civil (art. 7º, XXX, da Constituição). O empregado doméstico não poderá ser discriminado pelo fato de ser homem ou mulher (sexo), por idade, cor (branca, negra, parda, amarela etc.) ou por ser casado ou solteiro. Não costuma existir discriminação da contratação do empregado doméstico para se falar em violação ao inciso XXX do art. 7º da Constituição. Geralmente a mulher é contratada, independentemente da idade, da sua cor ou do seu estado civil. Não poderá, portanto, haver discriminação na admissão por motivo de sexo, idade, cor ou estado civil.

É vedada qualquer discriminação no tocante a salário e critérios de admissão do trabalhador doméstico portador de deficiência (art. 7º, XXXI, da Constituição). Se o empregador doméstico tiver empregado um deficiente, não poderá discriminá-lo quanto a salário e na sua admissão. Não existe regra de cotas para contratação de empregados domésticos portadores de deficiência, não sendo aplicável o art. 93 da Lei n. 8.213/91, pois o empregador doméstico não é empresa.

13
JORNADA DE TRABALHO

1. CONCEITOS

Jornada de trabalho é a quantidade de trabalho diário do empregado[1]. Exemplo: 6 horas, 8 horas etc.

Horário de trabalho é o espaço de tempo em que o empregado presta serviços ao empregador, contado do momento em que se inicia até seu término, não se computando, porém, o tempo de intervalo. Exemplo de horário de trabalho: das 9 às 12 horas e das 13 às 18 horas.

A duração do trabalho tem aspecto mais amplo, que pode compreender as férias e o descanso semanal remunerado.

2. HORAS EXTRAS

Horas extras são as prestadas além do horário contratual, legal ou normativo, que devem ser remuneradas com o adicional respectivo.

O parágrafo único do art. 7º da Constituição, na redação dada pela Emenda Constitucional n. 72/2013, é autoaplicável no ponto em que remete aos incisos XIII e XVI do mesmo artigo da Lei Maior. Nesse ponto, não precisam ser regulamentados por lei.

O inciso XIII do art. 7º da Constituição dispõe que a duração do trabalho é de 8 horas diárias e 44 semanais.

O empregado poderá trabalhar das 8 às 16 horas, de segunda a sexta-feira, e das 8 às 12 horas, no sábado. Fará 8 horas de trabalho por dia e 44 horas na semana. Não terá direito a horas extras.

Se o doméstico trabalhar mais de oito horas diárias e 44 semanais, tem direito ao adicional, previsto no inciso XVI (parágrafo único do art. 7º da Lei Maior), de, no mínimo, 50% sobre a hora normal (§ 1º do art. 2º da Lei Complementar

---

1. MARTINS, Sergio Pinto. *Direito do trabalho*. 40. ed. São Paulo: Saraiva, 2024, p. 626.

n. 150/2015). Terá direito ao repouso semanal remunerado, de preferência aos domingos, que, se não for concedido, ainda que em outro dia, deverá ser pago em dobro.

O salário-hora normal, em caso de empregado mensalista, será obtido dividindo-se o salário mensal por 220 horas, salvo se o contrato estipular jornada mensal inferior que resulte em divisor diverso (§ 2º do art. 2º da Lei Complementar n. 150/2015).

O inciso XIII do art. 7º da Constituição dispõe que a jornada é de 8 horas e o módulo semanal de 44 horas. 48 horas correspondiam a 240 horas no mês (30 dias x 8 horas diárias). Com 44 horas temos x = $\frac{44 \times 240}{48}$ = 220.

Para quem trabalha 30 dias por mês o divisor é 220, a partir da vigência da Constituição de 1988. O § 1º do art. 6º da Lei n. 8.542/92 define o divisor do salário mínimo diário como 1/30 do salário mínimo mensal, e o salário mínimo horário, 1/220 do salário mínimo, mostrando que o legislador ordinário adotou o novo divisor 220. No mesmo sentido, a Súmula 343 do TST em relação a bancários.

Para fazer o cálculo das horas extras, divide-se o salário do empregado doméstico por 220. Com isso, estabelece-se quanto o empregado ganha por hora. Em seguida, multiplica-se o salário-hora por número de horas extras e por 50%.

A duração normal do trabalho do empregado em regime de tempo parcial poderá ser acrescida de horas suplementares, em número não excedente a uma hora diária, mediante acordo escrito entre empregador e empregado (§ 1º do art. 3º da Lei Complementar n. 150/2015). O acordo será escrito, não podendo ser verbal ou tácito.

3. COMPENSAÇÃO

Acordo de compensação de horas serve para o empregado trabalhar mais horas num dia para não trabalhar, por exemplo, no sábado.

O inciso XIII do art. 7º da Constituição, que é observado em relação ao empregado doméstico, mostra a possibilidade de fazer compensação e redução da jornada de trabalho por meio de acordo ou convenção coletiva de trabalho.

O TST admite que a compensação pode ser feita por acordo individual, mas precisa ser escrito e não pode, portanto, ser tácito (Súmula 85, I, do TST). Não precisa o acordo de compensação ser feito necessariamente por convenção ou acordo coletivo de trabalho.

Poderá ser dispensado o acréscimo de salário e instituído regime de compensação de horas, mediante acordo escrito entre empregador e empregado, se o excesso de horas de um dia for compensado em outro dia (§ 4º do art. 2º da Lei Complementar n. 150/2015). O acordo de compensação será feito por escrito. Não pode, portanto, ser tácito ou verbal. Não precisa ser feito com a participação do Sindicato dos Empregados Domésticos. O acordo de compensação pode ser feito no próprio contrato de trabalho, pois o TST exige apenas que o acordo de compensação seja feito por escrito.

No regime de compensação:

I – será devido o pagamento, como horas extraordinárias, com acréscimo de 50%, das primeiras 40 horas mensais excedentes ao horário normal de trabalho (§ 5º do art. 2º da Lei Complementar n. 150/2015);

II – das 40 horas, poderão ser deduzidas, sem o correspondente pagamento, as horas não trabalhadas, em razão de redução do horário normal de trabalho ou de dia útil não trabalhado, durante o mês;

III – o saldo de horas que exceder as 40 primeiras horas mensais de que trata o inciso I, com a dedução prevista no inciso II, quando for o caso, será compensado no período máximo de um ano.

Na hipótese de rescisão do contrato de trabalho sem que tenha havido a compensação integral da jornada extraordinária, o empregado fará jus ao pagamento das horas extras não compensadas, calculadas sobre o valor da remuneração na data de rescisão (§ 6º do art. 2º da Lei Complementar n. 150/2015).

Será possível a compensação de horas no trabalho parcial, aplicando-se-lhe, ainda, o disposto nos §§ 2º e 3º do art. 2º da Lei Complementar n. 150/2015, com o limite máximo de 6 horas diárias (§ 1º do art. 3º da Lei Complementar n. 150/2015).

Os intervalos previstos na Lei Complementar n. 150/2015, o tempo de repouso, as horas não trabalhadas, os feriados e os domingos livres em que o empregado que mora no local de trabalho nele permaneça não serão computados como horário de trabalho (§ 7º do art. 2º da Lei Complementar n. 150/2015).

Muitas vezes o empregado doméstico não tem horário para trabalhar, tanto podendo trabalhar muito como trabalhar pouco, dependendo da realização do serviço que fará. Outras vezes o empregador nem sequer está na residência e, dada a confiança existente entre as partes, o empregado doméstico desenvolve sua atividade como quer. É comum as pessoas da casa saírem cedo e voltarem mais tarde, e o empregado chega e sai a hora que quer. O empregador não vê que horas a empregada doméstica chega ou sai. Na minha casa ocorre muito isso. Em muitos casos, o empregado doméstico reside no próprio local de trabalho, na residência do empregador, podendo trabalhar a qualquer hora.

O parágrafo único do art. 7º da Constituição faz referência a peculiaridades do trabalho doméstico. Peculiaridade é o próprio de cada um, particularidade da situação. Há períodos em que o empregado doméstico está na casa, mas não está trabalhando. Pode estar descansando, vendo televisão, vendo novela etc. Tais períodos não podem ser considerados como tempo à disposição do empregador e ser pagos como horas extras.

É comum a empregada que dorme no emprego, depois do jantar, ver novela. Ocorre também depois de certo horário a empregada ficar no seu quarto vendo televisão. Há peculiaridade da jornada para babás, cuidadoras de idosos, que podem ou não trabalhar durante a madrugada, dependendo da necessidade de crianças ou de idosos. A cozinheira pode não trabalhar entre 14 e 18 horas. Tais períodos não podem ser considerados como tempo à disposição do empregador e ser pagos como horas extras, pois o empregado não está trabalhando ou está à disposição do empregador.

Em relação ao empregado responsável por acompanhar o empregador prestando serviços em viagem, serão consideradas apenas as horas efetivamente trabalhadas no período, podendo ser compensadas as horas extraordinárias em outro dia, observado o art. 2º da Lei Complementar n. 150/2015 (art. 11 da Lei Complementar n. 150/2015). Viagem é o transporte de um lugar para outro, como de um Município para outro. Pode ser a viagem para a casa de praia, de campo, para o exterior etc.

O acompanhamento do empregador pelo empregado em viagem será condicionado à prévia existência de acordo escrito entre as partes (§ 1º do art. 11 da Lei Complementar n. 150/2015). Não poderá o acordo ser feito verbal ou tacitamente.

A remuneração-hora do serviço em viagem será, no mínimo, 25% (vinte e cinco por cento) superior ao valor do salário-hora normal (§ 2º do art. 11 da Lei Complementar n. 150/2015).

A situação do parágrafo anterior poderá ser, mediante acordo, convertida em acréscimo no banco de horas, a ser utilizado a critério do empregado (§ 3º do art. 11 da Lei Complementar n. 150/2015). Não poderá o acordo ser verbal ou tácito. O critério é do empregado e não do empregador.

Havendo prestação de horas extras habituais, elas terão reflexos em férias (§ 5º do art. 142 da CLT), aviso prévio indenizado (§ 5º do art. 487 da CLT), 13º salário (Súmula 45 do TST), DSRS (art. 7º da Lei n. 605/49 e Súmula 172 do TST).

O acordo de compensação permite que o empregado trabalhe mais horas num dia e não trabalhe em outro dia ou trabalhe menos horas. O empregado poderá trabalhar das 8 às 17 horas, de segunda a quinta-feira, e das 8 às 16 horas, na sexta-feira. Não irá trabalhar no sábado. No referido horário, trabalhará 44 horas por semana.

4. SOBREAVISO

A regra do sobreaviso foi estabelecida para os ferroviários:

> Considera-se de "sobreaviso" o empregado efetivo, que permanecer em sua própria casa, aguardando a qualquer momento o chamado para o serviço. Cada escala de sobreaviso será, no máximo, de 24 horas. As horas de "sobreaviso", para todos os efeitos, serão contadas à razão de 1/3 do salário normal (§ 2º do art. 244 da CLT).

Anteriormente o ferroviário era convocado pelo telégrafo e depois por telefone, pois estava na sua casa. Morava nas casas no curso da ferrovia para poder atender aos chamados urgentes.

O ferroviário está fora do local de trabalho e não está em serviço. A mobilidade do empregado fica restringida. Ele tem sua liberdade de ir e vir ou de fazer o que quiser restringida. Não pode dispor totalmente de sua folga, embora possa se locomover em pequenas áreas.

Não se pode falar em sobreaviso para o empregado doméstico que trabalha à noite, pois neste caso o empregado não fica na sua casa aguardando a qualquer momento ser chamado pelo empregador, mas está na residência do empregador. A Lei Complementar n. 150/2015 não estabeleceu horário diferenciado para sobreaviso.

Não é possível presumir o regime de prontidão. Ele deve ser provado.

5. REGIME 12 X 36

É facultado às partes, mediante acordo escrito entre essas, estabelecer horário de trabalho de 12 horas seguidas por 36 horas ininterruptas de descanso, observados ou indenizados os intervalos para repouso e alimentação (art. 10 da Lei Complementar n. 150/2015). Se o empregado doméstico vai trabalhar no sistema 12 x 36, haverá necessidade de acordo escrito. Não se exige convenção ou acordo coletivo. O acordo não pode ser verbal ou tácito. O sistema 12 x 36 é usado por enfermeiros e cuidadores, que preferem esse sistema, pois podem trabalhar em outros locais.

A remuneração mensal pactuada pelo horário em discussão abrange os pagamentos devidos pelo descanso semanal remunerado e pelo descanso em feriados, e serão considerados compensados os feriados e as prorrogações de trabalho noturno, quando houver, de que tratam o art. 70 e o § 5º do art. 73 da CLT, e o art. 9º da Lei n. 605, de 5 de janeiro de 1949 (§ 1º do art. 10 da Lei Complementar n. 150/2015). As partes deverão estabelecer remuneração maior para compensar o trabalho no sistema 12 x 36.

6. INTERVALOS

É obrigatória a concessão de intervalo para repouso ou alimentação pelo período de, no mínimo, uma hora e, no máximo, duas horas, admitindo-se, mediante prévio acordo escrito entre empregador e empregado, sua redução a 30 minutos (art. 13 da Lei Complementar n. 150/2015). Para que o intervalo possa ser reduzido para 30 minutos, há necessidade de que seja feito acordo escrito entre empregado e empregador doméstico. Não pode o acordo ser verbal ou tácito.

Caso o empregado resida no local de trabalho, o período de intervalo poderá ser desmembrado em dois períodos, desde que cada um deles tenha, no mínimo, uma hora, até o limite de quatro horas ao dia (§ 1º do art. 13 da Lei Complementar n. 150/2015).

Em caso de modificação do intervalo, na forma do parágrafo anterior, é obrigatória a sua anotação no registro diário de horário, vedada sua prenotação (§ 2º do art. 13 da Lei Complementar n. 150/2015). O intervalo tem de ser efetivamente marcado pelo empregado no horário que efetivamente goza dele. Não pode haver pré-assinalação.

A não concessão ou a concessão parcial do intervalo intrajornada mínimo, para repouso e alimentação, a empregados urbanos e rurais, implica o pagamento, de natureza indenizatória, apenas do período suprimido, com acréscimo de 50% sobre o valor da remuneração da hora normal de trabalho (§ 4º do art. 71 da CLT). Não será pago todo o intervalo, mas apenas o que não foi concedido. O pagamento terá natureza de indenização e não refletirá em outras verbas.

Entre duas jornadas de trabalho deve haver período mínimo de 11 horas consecutivas para descanso (art. 15 da Lei Complementar n. 150/2015). É o que se chama de intervalo entre jornadas de trabalho. Terminado o trabalho às 17 horas de um dia, somente 11 horas depois é que pode ser retomado o trabalho.

7. CONTROLE DE PONTO

É obrigatório o registro do horário de trabalho do empregado doméstico por qualquer meio manual, mecânico ou eletrônico, desde que idôneo (art. 12 da Lei Complementar n. 150/2015). O controle de ponto é, portanto, obrigatório para o empregado doméstico. A lei não faz distinção se o empregador doméstico tem mais ou menos de 10 empregados, mas pode ser para quem tenha apenas um empregado.

Julgados obrigando o empregador a ter controle de horário, sob pena de pagar hora extra (23ª R, RO 0000470-48.2017.5.23.0041, 2ª T., Rel. Des. Roberto Benatar; TRT 23 2.461/18, 24.4.18, p. 271).

8. ADICIONAL NOTURNO

Dispõe o inciso IX do art. 7º da Constituição que o trabalho noturno deve ter remuneração superior à do diurno. O parágrafo único do art. 7º da Constituição manda aplicar o referido inciso para o doméstico.

O horário noturno do empregado doméstico é considerado o que for realizado entre as 22 e as 5 horas do dia seguinte (art. 14 da Lei Complementar n. 150/2015).

A hora noturna é considerada de 52 minutos e 30 segundos (§ 1º do art. 14 da Lei Complementar n. 150/2015).

O trabalho noturno é pago com o adicional de, pelo menos, 20% sobre a hora diurna (§ 2º do art. 14 da Lei Complementar n. 150/2015).

Nos horários mistos, assim entendidos os que abrangem períodos diurnos e noturnos, aplica-se às horas de trabalho noturno o disposto neste artigo e seus parágrafos (§ 4º do art. 14 da Lei Complementar n. 150/2015).

É sabido que certos empregados domésticos trabalham depois das 22 horas, como enfermeiros, *baby-sitters* e outros. Normalmente, vinha sendo ajustado um valor maior pelo trabalho noturno em relação ao diurno.

Em caso de contratação, pelo empregador, de empregado exclusivamente para desempenhar trabalho noturno, o acréscimo será calculado sobre o salário anotado na Carteira de Trabalho e Previdência Social (§ 3º do art. 14 da Lei Complementar n. 150/2015).

9. ÔNUS DA PROVA DE HORAS EXTRAS

Chamam-se provas os meios que servem para dar conhecimento de um fato, e por isso fornecer a demonstração e formar a convicção da verdade do próprio fato. Instrução probatória é fase do processo dirigida a formar e colher as provas necessárias para essa finalidade[2].

---

2. LIEBMAN, Enrico Túlio. *Manual de direito processual civil*. Tocantins: Intelectus, 2003, v. 2, p. 80.

A prova "é todo meio retórico, regulado pela lei, dirigido a, dentro dos parâmetros fixados pelo direito e de critérios racionais, convencer o Estado-juiz da validade das proposições, objeto de impugnação, feitas no processo"[3].

A palavra *ônus* vem do latim *onus*, que tem significado de carga, fardo, peso.

Onus probandi é o dever de a parte provar em juízo suas alegações para o convencimento do juiz.

Não basta serem feitas meras alegações (*allegatio et non probatio quasi non allegatio*). Deve ser feita prova das alegações.

No *Digesto* já se verificava que "a prova é ônus de quem afirma e não de quem nega a existência de um fato" (XXII, 3, 2).

Como afirma Mascardus, "quem não pode provar é como quem nada tem; aquilo que não é provado é como se não existisse; não poder ser provado, ou não ser é a mesma coisa"[4].

O ônus da prova subjetivo consiste em verificar quem entre os sujeitos do processo deve fazer a prova[5].

Diz respeito o ônus da prova objetivo ao magistrado, que irá verificar a prova constante dos autos, independentemente de quem tenha o ônus da prova. Apresentada a prova nos autos, o juiz deverá levá-la em consideração, independentemente do ônus da prova de cada parte.

Ônus da prova estático é o atribuído pela lei às partes. Ônus da prova dinâmico é aquele que decorre do princípio da maior aptidão para a prova. Alexandre de Freitas Câmara alega que a:

> doutrina tem afirmado a possibilidade de uma distribuição dinâmica do ônus da prova, por decisão judicial, cabendo ao magistrado atribuir ônus da prova à parte que, no caso concreto, revele ter melhores condições de a produzir. Busca-se, com isso, permitir que o juiz modifique a distribuição do ônus da prova quando verifique que este impõe a uma das partes o ônus da prova "diabólica" (isto é, a prova de impossível produção)[6].

Leciona Leonardo Greco que o:

> juiz deve sair da inércia para suprir as deficiências de iniciativa probatória das partes, aplicando fundamentalmente a regra da chamada carga dinâmica das provas, ou buscando,

---

3. MARINONI, Luiz Guilherme; ARENHART, Sérgio Cruz. *Processo de conhecimento*. 7. ed. São Paulo: Revista dos Tribunais, 2008, p. 264.
4. Apud ALMEIDA JR., João Mendes de. *Direito judiciário brasileiro*. São Paulo: Saraiva, 1960, p. 172.
5. MARTINS, Sergio Pinto. *Direito processual do trabalho*. 46. ed. São Paulo: Saraiva, 2024, p. 336.
6. CÂMARA, Alexandre de Freitas. *Lições de direito processual civil*. 25. ed. São Paulo: Atlas, 2014, v. 1, p. 439.

ele próprio, as provas, de modo que se certifique de que foram esgotados todos os meios legítimos e acessíveis de busca da verdade[7].

Assevera Elpídio Donizetti que se aplica a:

> distribuição dinâmica do ônus da prova para as hipóteses em que o magistrado, considerando o caso concreto, distribui ele mesmo o ônus probatório, atribuindo-o à parte que tenha melhores condições de suportá-lo. Desse modo de acordo com a teoria da distribuição dinâmica do ônus da prova, o encargo probatório deve ser atribuído casuisticamente, de modo dinâmico, concedendo-se ao juiz, como gestor das provas, poderes para avaliar qual das partes terá maiores facilidades na sua produção[8].

O ônus da prova incumbirá àquele que fizer alegações em juízo, a respeito da existência ou inexistência de determinado fato.

Determina o art. 818 da CLT que:

O ônus da prova incumbe:

a) ao autor, quanto ao fato constitutivo do seu direito;

b) ao réu, quanto à existência de fato impeditivo, modificativo ou extintivo do direito do autor.

O ônus da prova das horas extras é do empregado, por se tratar de fato constitutivo do seu direito (art. 818, I, do CPC).

Se o empregado alega que faz horas extras, deve prová-las.

O ordinário se presume, e o extraordinário deve ser provado. É a orientação de Nicola Framarino del Malatesta, que também se aplica ao processo do trabalho. Afirma o autor que:

> a experiência nos diz que são muito numerosos os direitos gozados legitimamente, que os ilegitimamente; mostra-nos, em outros termos, que, no maior número de casos, os direitos gozados por uma pessoa o são legitimamente. Por isso é ordinário que se goze um direito que nos pertence, assim como também é extraordinário que se goze um direito que não nos pertence. A experiência nos mostra que é maior o número das obrigações reconhecidas e cumpridas extrajudicialmente que as reconhecidas e cumpridas judicialmente; em outros termos, no maior número de casos as obrigações são reconhecidas e cumpridas sem ser preciso recorrer à Justiça. Por isso, o reconhecimento das obrigações sem debate judicial é ordinário e o não reconhecimento, extraordinário. Deriva daí que o autor que impugna um direito gozado pelo demandado, pede judicialmente o reconhecimento ou cumprimento de uma obrigação, não faz mais que afirmar um estado de coisas contrário ao que está no curso ordinário, um estado extraordinário. Por isso, cabe-lhe a prova, pois a presunção de ter razão

---

7. GRECO, Leonardo. *Instituições de processo civil*: processo de conhecimento. 2. ed. Rio de Janeiro: Forense, 2011, p. 109.
8. DONIZETTI, Elpídio. *Curso didático de direito processual civil*. 18. ed. São Paulo: Atlas, 2014, p. 602.

assiste ao demandado. Este ponto de vista me parece claro e determinado para entender e admitir a máxima romana: *onus probandi incumbit actori*[9].

Portanto, o ônus da prova incumbe ao autor, que geralmente é o empregado.

O ordinário, o normal, se presume, que é trabalhar 8 horas diárias e 44 semanais. O extraordinário, o anormal, que é trabalhar além de 8 horas diárias e 44 semanais, deve ser provado pelo empregado.

O novo CPC adota o ônus da prova dinâmico, afirmando que:

nos casos previstos em lei ou diante de peculiaridades da causa relacionadas à impossibilidade ou à excessiva dificuldade de cumprir o encargo nos termos do *caput* ou à maior facilidade de obtenção da prova do fato contrário, poderá o juiz atribuir o ônus da prova de modo diverso, desde que o faça por decisão fundamentada, caso em que deverá dar à parte a oportunidade de se desincumbir do ônus que lhe foi atribuído (§ 1º do art. 373 do CPC).

A lei não dispõe que a prova é do empregador doméstico, mas o juiz pode atribuir a prova ao empregador doméstico, em razão da peculiaridade da relação de trabalho doméstico. Assim, a solução é o empregador ter o livro de ponto e juntar aos autos o livro de ponto para provar a jornada de trabalho do empregado.

Dispõe o inciso VIII do art. 6º do Código de Defesa do Consumidor que são direitos básicos do consumidor:

VIII – a facilitação da defesa de seus direitos, inclusive com a inversão do ônus da prova, a seu favor, no processo civil, quando, a critério do juiz, for verossímil a alegação ou quando for ele hipossuficiente, segundo as regras ordinárias de experiências.

O empregado seria hipossuficiente.

Menciona Carlos Alberto Reis de Paula que a:

inversão do ônus da prova está consagrada legalmente, sendo explicitado o critério para a sua aplicação. O interesse para o direito processual do trabalho está em que tem-se uma previsão legal, que pode ser invocada em subsidiariedade pelo juiz, valendo a orientação seguida pelo legislador como uma referência relevante, a indicar o critério para a sua invocação, o que é perfeitamente factível se considerarmos, como sublinhado, a situação próxima entre o consumidor e o trabalhador[10].

Entretanto, a relação de emprego não é de consumo. Não há norma legal expressa de direito processual do trabalho para se aplicar a inversão do ônus da

---

9. MALATESTA, Nicola Framarino del. *A lógica das provas em matéria criminal*. Campinas: Conan, 1995, p. 148-149.
10. PAULA, Carlos Alberto Reis de. *A especificidade do ônus da prova no processo do trabalho*. 2. ed. São Paulo: LTr, 2010, p. 130.

prova. O Código de Defesa do Consumidor (art. 6º, VIII) é norma especial e não comum. Logo, não pode ser aplicado.

Adotada a teoria do ônus da prova dinâmico pelo juiz, o empregador terá de fazer prova do horário de trabalho do empregado doméstico. Se não juntar os controles de ponto aos autos, será aplicada a Súmula 338, I, do TST, presumindo verdadeira a jornada de trabalho alegada pelo empregado na petição inicial.

O empregador doméstico tem um grau maior de confiança na empregada doméstica, pois ela trabalha dentro da residência. Entretanto, não se pode dizer que ela exerce um cargo de confiança e não seriam devidas horas extras, mas apenas que há uma confiança maior no trabalhador pelo fato de o trabalho ser feito dentro da residência do empregador. A confiança é inerente a qualquer contrato de trabalho.

As partes terão dificuldades em provar o trabalho extraordinário do doméstico, pois o trabalho se dá no âmbito residencial, no qual estão presentes normalmente apenas empregado e empregador. Porteiro de edifício pode provar que hora o empregado doméstico chega ou sai, mas não pode dizer se o empregado estava efetivamente trabalhando. Pessoas que passam na rua ou trabalham no local podem mostrar que o empregado vai à residência, mas não podem dizer qual o horário efetivo em que o empregado trabalha.

14
REPOUSO SEMANAL REMUNERADO

1. CONCEITO

O repouso semanal remunerado é o período em que o empregado deixa de prestar serviços uma vez por semana ao empregador, de preferência aos domingos, e nos feriados, mas percebendo remuneração. Compreende um período de 24 horas consecutivas.

Deve ser remunerado o repouso semanal, tendo natureza salarial.

O empregado deve poder descansar uma vez por semana, justamente para poder recuperar as energias gastas durante a semana de trabalho.

Deve o empregado também ter a possibilidade de convivência com a família, a sociedade e até ter seu lazer.

A não concessão do repouso pode importar diminuição do rendimento no trabalho.

2. REPOUSO

A alínea *a* do art. 5º da Lei n. 605/49, que trata do repouso semanal remunerado, era expressa no sentido de excluir o empregado doméstico de suas determinações. Assim, o empregado doméstico não fazia jus ao repouso semanal remunerado.

A Constituição de 1988 corrigiu essa anomalia, determinando o "repouso semanal remunerado, preferencialmente aos domingos" (art. 7º, XV, c/c o parágrafo único do mesmo artigo). Passa, portanto, o empregado doméstico a fazer jus ao repouso semanal remunerado.

É possível, assim, dizer que a alínea *a* do art. 5º da Lei n. 605/49 foi derrogada pela Constituição de 1988, pois o doméstico passou a ter direito ao repouso semanal remunerado. Caso não se aplique a Lei n. 605/49 ao doméstico, não há como operacionalizar o direito ao repouso semanal.

Menciona expressamente a Constituição que o repouso semanal será remunerado. O empregado doméstico terá direito, também, a essa remuneração, mesmo não trabalhando. Ocorre que, para o doméstico ter direito ao repouso semanal, não poderá ter tido nenhuma falta durante a semana, nem ter chegado atrasado.

Com a revogação da alínea *a* do art. 5º da Lei n. 605/49 pela Lei n. 11.324/2006, a Lei n. 605/49 é aplicável ao doméstico. A referida lei passa a ser observada integralmente ao doméstico, tanto em relação ao repouso semanal remunerado, como já era a partir da vigência da Constituição de 1988 (art. 7º, XV), quanto ao trabalho nos domingos e feriados ser devido em dobro, sem prejuízo da remuneração relativa ao repouso semanal (§ 8º do art. 2º da Lei Complementar n. 150/2015), se não houver folga compensatória.

A própria Constituição explicita que o repouso semanal será de preferência aos domingos. Isso quer dizer que o repouso pode ser concedido em outro dia, na hipótese de o empregado trabalhar no domingo. Caso o empregado doméstico trabalhe no domingo, terá direito ao pagamento em dobro, se não tiver folga compensatória. A jurisprudência entende da mesma forma:

> Os empregados domésticos devem receber, em dobro, pelo trabalho realizado aos domingos, em feriados e dias santificados, embora a Carta de 1988 não se refira de modo expresso a estes últimos. O objetivo do legislador constituinte foi estender-lhes também o descanso em feriados (TRT 3ª Região, RO 3.159/95, Ac. 2ª T, j. 18-4-1995, Rel. Juíza Alice Monteiro de Barros, *LTr* 59-08/1067).

O repouso tem que ser a cada sete dias, pois é repouso semanal (art. 7., XV, da Constituição).

O art. 16 da Lei Complementar n. 150/2015 determinou que é devido ao empregado doméstico descanso semanal remunerado de, no mínimo, 24 horas consecutivas, preferencialmente aos domingos, além de descanso remunerado em feriados. O descanso pode ser concedido em outro dia da semana.

O descanso em feriados também será remunerado.

Recebendo o doméstico por mês ou quinzena, já tem o repouso semanal incorporado a sua remuneração, conforme se depreende do § 2º do art. 7º da Lei n. 605/49.

Caso o doméstico ganhe por dia ou por semana, deve haver o pagamento destacado do repouso semanal remunerado.

O repouso semanal do doméstico que não trabalha todos os dias da semana será calculado proporcionalmente aos dias trabalhados. Os que trabalham por hora terão o repouso calculado à razão de sua jornada normal de trabalho (art. 7º, *b*, da Lei n. 605/49).

Para que o doméstico tenha direito ao repouso semanal remunerado, deverá ter:

(a) pontualidade durante os dias imediatamente anteriores ao repouso. Logo, não pode ter chegado atrasado em nenhum dia da semana;

(b) assiduidade: não poderá, portanto, ter faltado em nenhum dia da semana.

Caso os requisitos anteriores não sejam observados, o empregado terá direito ao repouso semanal, mas ele não será remunerado pelo empregador.

O empregado doméstico passa a ter direito a remuneração dos feriados religiosos. Se ganha por mês, os feriados já estão compreendidos no pagamento, assim como os domingos (§ 2º do art. 7º da Lei n. 605/49).

O trabalho prestado em domingos e feriados, não compensado, deve ser pago em dobro, sem prejuízo da remuneração relativa ao repouso semanal (Súmula 146 do TST).

15
FÉRIAS

1. CONCEITO

Férias vem do latim *feria*, de *dias feriales*. Eram dias em que havia a suspensão do trabalho. Para os romanos, férias são seus dias de festas.

Férias são o período do contrato de trabalho em que o empregado não presta serviços, mas aufere remuneração do empregador, após ter adquirido o direito no decurso de 12 meses. Visam, portanto, as férias à restauração do organismo após um período em que foram despendidas energias no trabalho.

2. FÉRIAS

O art. 2º da Lei n. 5.859/72 já previa que o empregado doméstico teria direito a férias anuais remuneradas de 20 dias úteis após cada período de 12 meses de trabalho prestado à mesma pessoa ou família.

O inciso XVII do art. 7º da Constituição, c/c o parágrafo único do mesmo artigo, assegurou também ao doméstico "gozo de férias anuais remuneradas com, pelo menos, 1/3 a mais do que o salário normal".

Inexiste dúvida, porém, de que o empregado doméstico tem direito ao terço constitucional de férias, pois o inciso XVII do art. 7º da Lei Magna é expresso nesse sentido. Assim, tendo o doméstico direito a férias, fará jus ao acréscimo de 1/3. A Súmula 328 do TST estabeleceu que o pagamento das férias, gozadas ou não, na vigência da Constituição da República de 1988, sujeita-se ao acréscimo do terço previsto no inciso XVII do art. 7º.

Quanto ao número de dias de férias a que faz jus o doméstico é que a questão era polêmica. Na jurisprudência havia orientações em dois sentidos:

> Domésticos – Férias. A Constituição promulgada em 1988 equiparou os domésticos aos demais empregados relativamente ao direito de férias, assegurando-lhes, pois, a partir de sua vigência, férias anuais de 30 dias, possibilitando a dobra e a proporcionalidade das mesmas (ac. un. da 1ª T. do TRT 9ª Região, RO 3.989/89, Rel. Juiz Matias Alenor Martins, j. 24-7-1990, *DJPR*, 31-8-1990, p. 150).

Empregada doméstica – Férias proporcionais – A empregada doméstica tem direito tão somente a 20 dias de férias anuais, não lhe sendo devidas férias proporcionais – Interpretação do art. 3º da Lei n. 5.859/72 e Decreto n. 71.885/73 – Recurso a que se nega provimento (ac. un. da 2ª T. do TRT 4ª Região, RO 43/89, Rel. Juiz Vitorino Antônio Cava, j. 8-3-1990, *Repertório IOB de Jurisprudência* 20/90, ementa 2/4.299, p. 320).

O inciso XVII do art. 7º da Constituição não fixa o número de dias das férias, apenas prevê o pagamento do terço constitucional, sendo que tal número fica a cargo da legislação ordinária. O art. 3º da Lei n. 5.859/72 estabelecia o direito a férias anuais remuneradas de 20 dias úteis.

O Decreto-lei n. 1.535, de 13-4-1977, deu nova redação a todo o capítulo da CLT que trata de férias, alterando inclusive o número de dias de férias de 20 dias úteis para 30 dias corridos (art. 130 da CLT). Contudo, não houve alteração da Lei n. 5.859/72 quanto a tal aspecto, que continuava prevendo 20 dias úteis de férias aos domésticos, e dessa forma deviam ser pagas as férias destes. Mesmo após a vigência da atual Constituição, o empregado doméstico fazia jus a 20 dias úteis de férias porque a Lei Maior não fixa o número de dias de férias, e a Lei n. 5.859/72 determina que são 20 dias úteis, não sendo o caso de aplicar a CLT. O art. 6º do Decreto n. 71.885 também dispõe que as férias do doméstico serão de 20 dias úteis.

O doméstico passou a ter direito a férias de 30 dias corridos (art. 3º da Lei n. 5.859/72, com a redação da Lei n. 11.324/2006), com o acréscimo de um terço.

O período aquisitivo de férias de 30 dias corridos passa a ser contado a partir da data da publicação da Lei n. 11.324, ou seja, 20 de julho de 2006. A lei não poderia ter efeito retroativo.

Na prática, muitos empregadores domésticos já concediam férias de 30 dias corridos ao doméstico, justamente para serem evitadas dúvidas.

Fica derrogado o art. 3.3 da Convenção n. 132 da OIT no ponto em que se faz referência ao fato de que as férias do empregado serão de pelo menos 21 dias, pois a alteração no art. 3º da Lei n. 5.859/72 é mais favorável ao doméstico. A lei posterior modifica a anterior, que dispunha em sentido contrário.

O empregado doméstico terá direito a férias anuais remuneradas de 30 dias, salvo em caso de trabalho parcial, com acréscimo de, pelo menos, um terço do salário normal, após cada período de 12 meses de trabalho prestado à mesma pessoa ou família (art. 17 da Lei Complementar n. 150/2015).

As férias serão concedidas pelo empregador nos 12 meses subsequentes à data em que o empregado tiver adquirido o direito (§ 6º do art. 17 da Lei Complementar n. 150/2015). O art. 17 da Lei Complementar n. 150/2015 é expresso no sentido de que o empregado doméstico terá direito a férias anuais remuneradas após o período de 12 meses de trabalho. Se o empregado começou a trabalhar em 1º-1-2014, o período aquisitivo termina em 31-12-2014. As férias deverão ser concedidas no período de 1º-1-2015 a 31-12-2015.

É lícito ao empregado que reside no local de trabalho nele permanecer durante as férias (§ 5º do art. 17 da Lei Complementar n. 150/2015).

As férias serão gozadas em dias corridos. O terço constitucional será calculado sobre a remuneração dos 30 dias.

Os dias de férias são corridos, de acordo com a tabela prevista no art. 130 da CLT:

Número de faltas injustificadas no período aquisitivo	Período de gozo de férias
Até 5	30 dias corridos
De 6 a 14	24 dias corridos
De 15 a 23	18 dias corridos
De 24 a 32	12 dias corridos

Acima de 32 faltas o empregado não tem direito a férias.

A proporcionalidade das férias pode ser estabelecida à razão de 1/12 de 30, 24, 18 ou 12 dias, por mês de serviço ou fração superior a 14 dias, de acordo com a seguinte tabela:

Proporcionalidade em número de avos	Base para apuração da proporcionalidade			
	30 dias até 5 faltas	24 dias de 6 a 14 faltas	18 dias de 15 a 23 faltas	12 dias de 24 a 32 faltas
1/12	2,5 dias	2 dias	1,5 dia	1 dia
2/12	5 dias	4 dias	3 dias	2 dias
3/12	7,5 dias	6 dias	4,5 dias	3 dias
4/12	10 dias	8 dias	6 dias	4 dias
5/12	12,5 dias	10 dias	7,5 dias	5 dias
6/12	15 dias	12 dias	9 dias	6 dias
7/12	17,5 dias	14 dias	10,5 dias	7 dias
8/12	20 dias	16 dias	12 dias	8 dias
9/12	22,5 dias	18 dias	13,5 dias	9 dias
10/12	25 dias	20 dias	15 dias	10 dias
11/12	27,5 dias	22 dias	16,5 dias	11 dias
12/12	30 dias	24 dias	18 dias	12 dias

Na modalidade do regime de tempo parcial, de 25 horas por semana, após cada período de 12 meses de vigência do contrato de trabalho, o empregado terá direito a férias, na seguinte proporção:

I – 18 dias, para a duração do trabalho semanal superior a 22 horas, até 25 horas;

II – 16 dias, para a duração do trabalho semanal superior a 20 horas, até 22 horas;

III – 14 dias, para a duração do trabalho semanal superior a 15 horas, até 20 horas;

IV – 12 dias, para a duração do trabalho semanal superior a 10 horas, até 15 horas;

V – 10 dias, para a duração do trabalho semanal superior a 5 horas, até 10 horas;

VI – 8 dias, para a duração do trabalho semanal igual ou inferior a 5 horas (§ 3º do art. 3º da Lei Complementar n. 150/2015).

Considera-se mês o período igual ou superior a 15 dias. Até 14 dias de trabalho durante o mês não se considera mês.

O empregador doméstico não terá de pagar os domingos intercorrentes do período de férias, pois, concede 30 dias, paga apenas os dias de segunda a sexta-feira, sem remunerar o domingo. Se os feriados caírem durante as férias, já estarão compreendidos nos dias úteis de férias concedidos. Conceder 30 dias corridos de férias compreende os domingos e feriados, não havendo necessidade de remunerar à parte estes últimos.

A empregada doméstica que trabalha mais de três dias por semana, mas não trabalha todos os dias da semana, tem também direito a férias de 30 dias. Mesmo não trabalhando todos os dias da semana, fará jus às referidas férias. Deveria a lei especificar as férias proporcionalmente aos dias trabalhados, como ocorre com o trabalho a tempo parcial. Concedidos os 30 dias, o empregado doméstico não irá provavelmente trabalhar uns dias em cada semana do mês de férias, que corresponderia aos 30 dias de férias.

Concedidas as férias, deve o empregador anotar o período correspondente na CTPS do empregado.

O TST vinha entendendo ser devidas férias proporcionais ao doméstico:

O empregado doméstico faz jus às férias proporcionais. Embora os direitos trabalhistas da categoria estejam taxativamente contemplados na Lei n. 5.859/72 e na Constituição Federal, aplica-se o art. 147 da CLT, por analogia, no particular, porquanto se a lei e a Constituição asseguram o mais – férias anuais integrais –, com muito maior razão asseguram também o menos: férias proporcionais. Há que dar prevalência ao princípio da razoabilidade e da consideração de que a generalidade da lei não consegue abarcar a riquíssima e vasta gama de situações que emergem da sociedade. Ademais, a vedação de aplicação da CLT aos domésticos há de ser entendida em termos, sob pena de chegar-se ao extremo de os integrantes da categoria não se sujeitarem também à justa causa ou à prescrição. Recurso de revista da Reclamada de que se conhece e a que se nega provimento, no particular (TST, 1ª T., RR 462.641/98.5, j. 4-2-2004, Red. Design. Min. João Oreste Dalazen. *LTr* 68-5/608).

O § 1º do art. 17 da Lei Complementar n. 150/2015 passou a prever expressamente que:

> Na cessação do contrato de trabalho, o empregado, desde que não tenha sido demitido por justa causa, terá direito à remuneração relativa ao período incompleto de férias, na proporção de um doze avos por mês de serviço ou fração superior a 14 (quatorze) dias.

Tendo o doméstico menos de 12 meses de emprego e pedindo demissão, tem direito às férias proporcionais (Súmula 261 do TST). Havendo dispensa com justa causa, o empregado perde o direito às férias proporcionais, pois a Lei Complementar faz referência a que o doméstico não tenha sido demitido por justa causa (§ 1º do art. 17 da Lei Complementar n. 150/2015).

O art. 11 da Convenção n. 132 da OIT fica derrogado pela Lei n. 11.324 e pela Lei Complementar n. 150/2015, pois previa o direito às férias proporcionais, inclusive indenizadas em relação a período não gozado, mesmo que o empregado pedisse demissão e tivesse menos de um ano de casa ou fosse dispensado com justa causa. A Lei n. 11.324, por ser mais recente, revoga a legislação anterior que lhe for incompatível.

Em caso de culpa recíproca para a rescisão do contrato de trabalho, o TST entende que o empregado tem direito à metade do valor das férias (Súmula 14).

Outra questão é a pertinente às férias em dobro, isto é, pagamento em dobro caso as férias não sejam concedidas dentro do período concessivo (art. 137 da CLT). A jurisprudência do TST vinha entendendo que eram devidas as férias em dobro, caso o período concessivo tivesse sido excedido (ERR 7375/2001-034-12-00.1, Rel. Min. Guilherme Augusto Caputo Bastos, *DJ* 26-9-2008).

Faz jus o doméstico a férias em dobro se elas forem concedidas fora do período concessivo, pois o art. 137 da CLT, que trata do pagamento em dobro, é observado subsidiariamente em relação ao doméstico (art. 19 da Lei Complementar n. 150/2015).

É facultado ao empregado doméstico converter um terço do período de férias a que tiver direito em abono pecuniário, no valor da remuneração que lhe seria devida nos dias correspondentes (§ 3º do art. 17 da Lei Complementar n. 150/2015). O abono de férias deverá ser requerido até 30 dias antes do término do período aquisitivo (§ 4º do art. 17 da Lei Complementar n. 150/2015).

O empregador é que irá fixar a época da concessão das férias.

O doméstico deve ser avisado com 30 dias de antecedência da concessão de suas férias. É razoável que o doméstico seja pré-avisado da concessão da época de suas férias para que possa programá-las.

O período de férias poderá, a critério do empregador, ser fracionado em até dois períodos, sendo um deles de, no mínimo, 14 dias corridos (§ 2º do art. 17 da Lei Complementar n. 150/2015). Não poderá haver a divisão de período inferior a 14 dias, como de 10 dias. Poderá ser feita a concessão de dois períodos de 15 dias, como 15 dias em janeiro e 15 dias em julho, como muitos já faziam.

Como o § 2º do art. 17 da Lei Complementar é claro no sentido de que é possível o fracionamento das férias em dois períodos, não se aplica a regra do § 2º do art. 134 da CLT, que afirma que aos maiores de 50 anos as férias não poderão ser concedidas em mais de um período. Assim, mesmo em se tratando de maiores de 50 anos, as férias podem ser fracionadas em dois períodos, pois a Lei Complementar n. 150/2015 não estabeleceu qualquer exceção. Se a lei não distingue, não cabe ao intérprete fazê-lo.

Os membros de uma mesma família que trabalhem como empregados domésticos não terão direito de gozar suas férias num mesmo período (§ 1º do art. 136 da CLT), como ocorreria se marido e mulher trabalham na casa ou no sítio doméstico. O § 2º do art. 17 da Lei Complementar n. 150/2015 não estabelece exceção para se aplicar a CLT. Logo, também é possível o fracionamento em dois períodos de férias para os membros de uma mesma família que trabalhem para o empregador doméstico.

Ao empregado doméstico não serão aplicáveis as férias coletivas, pois o empregador doméstico não é empresa.

A doméstica terá direito a férias, mesmo que faça jus à licença-maternidade. Havendo coincidência entre a licença-maternidade e o término do período concessivo de férias, estas deverão ser concedidas à empregada doméstica logo após a volta da licença.

As férias são pagas até dois dias antes do início do período concessivo (art. 145 da CLT). É razoável, porém, utilizar-se do prazo de dois dias contido na CLT, de modo que o doméstico possa sair em férias com o dinheiro necessário para esse fim.

3. CONVENÇÃO N. 132 DA OIT E AS FÉRIAS DO DOMÉSTICO

A Convenção n. 132 da OIT foi aprovada pelo Decreto Legislativo n. 47, de 23-9-1981, e promulgada pelo Decreto n. 3.197, de 5-10-1999. Tem natureza de lei ordinária federal, revogando disposições em sentido contrário.

Aplica-se a Convenção n. 132 a todas as pessoas empregadas, à exceção dos marítimos (art. 2º).

Determina o art. 2.2 da Convenção n. 132 que o país poderá optar pela exclusão de determinadas categorias profissionais. A parte final do art. 1º do Decreto n. 3.197/99 não excluiu qualquer categoria de trabalhadores da aplicação da Convenção n. 132, pois determinou que a norma internacional será executada inteiramente de acordo com seus preceitos. Assim, a referida norma internacional aplica-se a empregados urbanos, rurais e domésticos.

Prescreve o art. 5.1 da Convenção n. 132 que um período mínimo de serviço poderá ser exigido para a obtenção de direito a um período de férias remuneradas anuais. Cabe à autoridade competente e ao órgão apropriado do país interessado fixar a duração mínima de tal período de serviço, que não deverá em caso algum ultrapassar seis meses (art. 5.2).

Determina o inciso XVII do art. 7º dessa norma o gozo de férias anuais remuneradas. A Lei Maior não fixa o período aquisitivo, mas estabelece que as férias serão concedidas a cada ano. Cabe à lei ordinária, portanto, definir o que é o período aquisitivo para efeito de férias.

Em diversas passagens dos artigos da Convenção n. 132, nota-se que a norma internacional faz referência a várias expressões e não que o período aquisitivo seria de seis meses.

Emprega o art. 3.3 a expressão *por um ano de serviço*.

Utiliza o art. 4.1 da norma internacional a expressão *no curso de um ano determinado*. Ainda é empregada a expressão *nesse ano*. Para os fins do art. 4º, a palavra *ano* significa ano civil ou qualquer outro período de igual duração fixado pela autoridade ou órgão apropriado do país interessado (art. 4.2).

O art. 5.1 refere-se a *período mínimo* e não máximo para férias remuneradas anuais. Menciona, ainda, a expressão *férias remuneradas anuais*. Seria possível afirmar que o período mínimo é de seis meses e o máximo é de um ano?

Estabelece o art. 9.1 que as férias devem ser gozadas dentro de *no máximo um ano*. Usa, ainda, a expressão *férias anuais remuneradas*.

Determina o art. 11 da norma internacional um *período mínimo* de serviços que *pode* ser exigido. Não se usa o verbo *dever*, no imperativo, ou seja, deve um período mínimo ser exigido. Isso indica que cada país pode estabelecer um período aquisitivo de férias diferenciado, que não será necessariamente de seis meses, mas de um ano, como ocorre com o nosso sistema.

Com base no art. 5.2, pode-se asseverar caber à autoridade competente e ao órgão apropriado do país fixar a duração mínima. No Brasil, ela é de um ano.

Entretanto, em caso algum poderá ultrapassar seis meses, segundo a norma internacional. O dispositivo ainda é imperativo, no sentido de que não *deverá* em caso algum ultrapassar seis meses. Se a norma internacional assim não entendesse, deveria expressar que a norma interna de cada país poderia empregar outro período, porém não o fez.

Os dispositivos mencionados são contraditórios, pois ora se afirma *férias anuais remuneradas, um ano* e *em caso algum deverá ultrapassar seis meses*.

A melhor solução não pode ser a interpretação literal, mas a sistemática.

É absurdo falar em férias anuais e período aquisitivo de seis meses. A referência a seis meses como período aquisitivo indica que a expressão empregada na norma internacional é imprópria, inadequada. Assim, é preferível a interpretação que resulte válida a norma no seu conjunto, sem que existam antagonismos.

Impossível também falar que as férias serão concedidas a cada período de seis meses, se elas são anuais, como mostram vários dispositivos da Convenção n. 132 da OIT. Se elas são anuais, concedidas a cada ano de serviço, não podem ter período aquisitivo de seis meses. O próprio inciso XVII do art. 7º da Constituição menciona que as férias são anuais. Logo, o período aquisitivo não pode ser de seis meses.

A maneira de compatibilizar a interpretação da norma internacional é no sentido de que cada país pode fixar o período aquisitivo, que no caso do Brasil é de um ano. Em relação à cessação do contrato de trabalho, o empregado terá direito a férias proporcionais indenizadas desde que tenha mais de seis meses de emprego (art. 5.2). Não se pode dizer, porém, que o período aquisitivo é de seis meses. É o resultado da interpretação sistemática da Convenção n. 132 da OIT, especialmente da combinação do art. 5.2 com o art. 11 da norma internacional.

Prevê o art. 5.4 da Convenção n. 132 que as faltas ao trabalho por motivos independentes da vontade individual da pessoa empregada interessada, tais como faltas devidas a doenças, a acidente, ou a licença para gestantes, não poderão ser computadas como parte das férias remuneradas anuais mínimas. A referência do dispositivo é exemplificativa e não taxativa, pois usa a expressão *tais como*, indicando apenas doenças, acidente e licença da gestante, mas não impede que a legislação estabeleça outras.

O tempo em que o empregado está afastado por doença ou acidente não pode ser considerado férias, pois não proporciona descanso e lazer ao empregado.

Determina o art. 6.1 da Convenção n. 132 da OIT que os dias feriados oficiais ou costumeiros, quer se situem ou não dentro do período de férias anuais, não serão computados como parte do período de férias anuais de no mínimo três semanas.

Assim, os feriados que incidirem no curso das férias serão excluídos do respectivo período de três semanas. Não são, portanto, considerados dias de férias.

Os feriados oficiais são 1º de janeiro, 21 de abril, 1º de maio, 7 de setembro, 12 de outubro, 2 de novembro, 15 de novembro, 20 de novembro (Lei 14.759/23, Consciência Negra) 25 de dezembro e o dia das eleições. Feriado estadual é a data magna do Estado fixada em lei estadual. Os feriados municipais são a sexta-feira da Paixão (antes do domingo de Páscoa), *Corpus Christi* e dia da fundação do Município. Passam também a ser considerados os feriados costumeiros, que não são previstos em lei, mas gozados na prática, como a terça-feira de Carnaval.

Em princípio, pela redação do art. 6.1 da norma internacional, seria possível pensar que apenas os feriados previstos no período de três semanas é que não seriam computados nas férias. Se o país concede período de férias além de três semanas, como no caso brasileiro, de 30 dias, deveriam os feriados intercorrentes no período ser acrescidos ao final das férias. Entretanto, nossa legislação trabalhista não trata do tema. A interpretação sistemática da Convenção n. 132 da OIT leva o intérprete a considerar que apenas em relação ao período mínimo de férias anuais de três semanas é que haverá a exclusão dos feriados oficiais ou costumeiros.

Os domésticos também passam a ter direito a não computar os feriados em suas férias, pois a Convenção n. 132 da OIT não faz qualquer ressalva nesse sentido. A Convenção n. 132 é posterior às Leis n. 605/49. Prevalece, portanto, a legislação posterior sobre a anterior, quando a primeira não faz distinção quanto a qualquer tipo de trabalhador, a não ser o marítimo. A exceção diz respeito ao repouso semanal remunerado, que é assegurado no inciso XV do art. 7º da Constituição.

Os períodos de incapacidade, decorrentes de doença ou acidente do empregado, não serão considerados para efeito das férias. Se as férias tiverem início e o empregado ficar doente ou sofrer acidente, serão elas suspensas, pois o empregado não poderá repousar ou se divertir. Não podem, portanto, os referidos dias ser computados para efeito de férias. Mostra-se, com isso, derrogado o art. 130 da CLT, quando faz referência a dias corridos.

A ocasião em que as férias serão gozadas será determinada pelo empregador após consulta à pessoa empregada interessada em questão ou seus representantes, a menos que seja fixada por regulamento, acordo coletivo, sentença arbitral ou qualquer outra maneira conforme a prática nacional (art. 10.1 da Convenção n.

132). Para fixar a ocasião do período de gozo de férias, serão levadas em conta as necessidades de trabalho e as possibilidades de repouso e diversão ao alcance da pessoa empregada (art. 10.2).

Com base nos arts. 10.1 e 10.2 da norma internacional, passam a ser requisitos para a determinação da época das férias:

(a) necessidade de trabalho, o que depende do interesse do empregador;

(b) consulta prévia ao empregado, feita pelo empregador, salvo se existir regulamento, acordo coletivo, sentença arbitral ou qualquer outra forma, de acordo com a prática nacional;

(c) possibilidade de repouso e diversão para o empregado.

Deverão ser conjugados os três fatores mencionados para que o empregador possa determinar a época das férias. O empregado também deverá ter possibilidade de repouso e diversão, porque, do contrário, as férias não deverão ser concedidas.

O fracionamento do período de férias anuais remuneradas pode ser autorizado pela autoridade competente ou pelo órgão apropriado de cada país (art. 8.1 da Convenção n. 132 da OIT).

Salvo estipulação em contrário contida em acordo que vincule o empregador e a pessoa empregada em questão, e desde que a duração do serviço desta pessoa lhe dê direito a tal período de férias, uma das frações do referido período deverá corresponder pelo menos a duas semanas de trabalho ininterruptas (art. 8.2 da Convenção n. 132 da OIT).

Dessa forma, o fracionamento das férias deverá conter pelo menos duas semanas de trabalho (art. 8.2 da Convenção n. 132) ou 14 dias. Agora, o fracionamento será de pelo menos 14 dias, inclusive para o doméstico.

A parte ininterrupta do período de férias anuais remuneradas mencionada no art. 8.2 deverá ser outorgada e gozada dentro de no máximo um ano, e o restante do período de férias anuais remuneradas, dentro dos próximos 18 meses, no máximo, a contar do término do ano em que foi adquirido o direito de gozo das férias (art. 9), salvo previsão em convenção ou acordo coletivo. O restante das férias fracionadas não será outorgado e gozado dentro do período concessivo de 12 meses, segundo a norma internacional. O período concessivo pode ser estendido para 18 meses em relação a férias incompletas após 12 meses. Essa determinação da norma internacional modifica nossa legislação ordinária, permitindo que as férias fracionadas sejam gozadas até 18 meses a contar do término do ano em que foi adquirido o direito de gozo das férias.

No art. 7 da Convenção foi determinado que o empregador deve computar o salário-utilidade nas férias, que é a "quantia equivalente a qualquer parte dessa remuneração em espécie".

O mesmo art. 7 da Convenção exige o pagamento antecipado antes de o empregado sair em férias. As férias deverão ser pagas ao empregado dois dias antes do período de descanso.

O empregador deverá pagar as férias com o acréscimo de 1/3, conforme a previsão do inciso XVII do art. 7º da Lei Maior.

A Convenção n. 132 da OIT não faz distinção quanto ao modo de cessação do contrato de trabalho, se decorreu de justa causa ou de pedido de demissão do empregado. O art. 11 da norma internacional prevê o direito às férias proporcionais, inclusive indenizadas em relação a período não gozado, bastando apenas que cumpra o período aquisitivo de seis meses. Assim, mesmo que o empregado peça demissão e tenha menos de um ano de casa ou seja dispensado com justa causa terá direito a férias proporcionais indenizadas. O único requisito será ter cumprido o período mínimo de seis meses. Decorridos seis meses de serviço, o empregado terá direito a férias indenizadas, quando da cessação do pacto laboral.

A causa da cessação do contrato de trabalho para efeito do pagamento das férias indenizadas não é importante, mas o cansaço do trabalhador, durante certo tempo de serviço, depois de ter trabalhado alguns meses e não ter direito às férias. O trabalhador vinha adquirindo direito às férias proporcionais mês a mês, por ter trabalhado mais de 14 dias.

Dessa forma, independentemente da forma de cessação do contrato de trabalho (com justa causa, sem justa causa, pedido de demissão, aposentadoria espontânea), o trabalhador passa a ter direito às férias proporcionais desde que tenha cumprido um período de seis meses, que é exigido pelo art. 5.2 da norma internacional. É a interpretação sistemática da norma internacional que exige o período mínimo de seis meses.

Se o contrato de trabalho for igual ou inferior a seis meses e o empregado for dispensado com justa causa, pedir demissão ou se aposentar no período, perde o direito às férias proporcionais.

Esclarece a Súmula 171 do TST que, salvo na hipótese de dispensa do empregado por justa causa, a extinção do contrato de trabalho sujeita o empregador ao pagamento da remuneração das férias proporcionais, ainda que incompleto o período aquisitivo de 12 meses. A Súmula 261 mostra que o empregado que se demite antes de completar 12 meses de serviço tem direito a férias proporcionais.

A forma de cálculo será de 1/12 avos para cada período superior a 14 dias.

As férias têm um aspecto de direito irrenunciável para o empregado, de que este não pode abrir mão. O Estado, por outro lado, também tem o interesse de verificar a concessão das férias, assegurando a saúde física e mental do trabalhador. Têm, ainda, as férias caráter social, em que o operário irá ter convívio com sua família e com a sociedade.

Dispõe o art. 12 da Convenção n. 132 que todo acordo relativo ao abandono do direito ao período mínimo de férias anuais remuneradas de três semanas por ano de serviço ou relativo à renúncia ao gozo das férias mediante indenização ou de qualquer forma será, dependendo das condições nacionais, nulo. Isso mostra que o direito de férias ou seu gozo são irrenunciáveis pelo empregado.

16
SEGURANÇA E MEDICINA DO TRABALHO

1. HIGIENE E SEGURANÇA DO TRABALHO

O inciso XXII do art. 7º da Constituição menciona que os trabalhadores têm direito à redução dos riscos inerentes ao trabalho, por meio de normas de saúde, higiene e segurança.

O parágrafo único do art. 7º da Lei Magna faz menção ao inciso XXII do art. 7º da Lei Maior. Isso quer dizer que o empregado doméstico está protegido por normas de saúde, higiene e segurança.

Entretanto, o empregador doméstico não terá de constituir Comissão Interna de Prevenção de Acidentes (CIPA).

Todo trabalhador doméstico tem direito a um ambiente de trabalho seguro e saudável. Todo Membro, em conformidade com a legislação e a prática nacionais, deverá adotar medidas eficazes, com devida atenção às características específicas do trabalho doméstico, a fim de assegurar a segurança e saúde no trabalho dos trabalhadores domésticos (art. 13,1, da Convenção 189 da OIT).

2. ADICIONAL DE PERICULOSIDADE E DE INSALUBRIDADE

O inciso XXIII do art. 7º da Constituição, que trata de adicional de remuneração para as atividades penosas, insalubres ou perigosas, não se aplica ao doméstico, pois o parágrafo único do mesmo artigo não faz remissão ao citado inciso.

Não tem direito a receber adicional de penosidade, insalubridade ou periculosidade, ainda que trabalhe em condições gravosas à saúde.

Assim, mesmo que o empregado doméstico trabalhe em local insalubre ou perigoso ou faça serviços penosos, não terá direito a qualquer adicional pelo trabalho prestado em condições mais gravosas a sua saúde. Ressalte-se que não existe no momento lei que trate de adicional para serviços penosos para qualquer empregado.

De modo geral, o local de trabalho do doméstico não é exatamente insalubre ou perigoso, pois o próprio empregador não iria querer morar num local insalubre ou perigoso. Não há direito a pagamento de adicional de insalubridade ou de periculosidade.

O menor de 18 anos não pode trabalhar no período considerado noturno, exercer atividade perigosa ou insalubre (art. 7º, XXXIII, da Constituição).

3. FISCALIZAÇÃO TRABALHISTA

É de responsabilidade do empregador o arquivamento de documentos comprobatórios do cumprimento das obrigações fiscais, trabalhistas e previdenciárias, enquanto essas não prescreverem (art. 42 da Lei Complementar n. 150/2015). O prazo de prescrição trabalhista é de dois anos a contar do término do contrato de trabalho, podendo o empregado doméstico reclamar os últimos cinco anos (art. 43 da Lei Complementar n. 150/2015).

O Decreto-lei n. 3.078/41 previa reclamação do doméstico no Ministério do Trabalho e "multa de 20$000 (vinte mil réis) a 200$000 (duzentos mil réis) para os servidores que não tenham punição especificada na presente lei, de acordo com o regulamento a ser expedido" (art. 9º). A mesma norma estabelecia a inspeção de saúde em relação ao doméstico (art. 2º, § 2º).

Em razão da aplicação subsidiária da CLT ao doméstico (art. 19 da Lei Complementar n. 150/2015), são devidas as multas trabalhistas nela previstas pela transgressão de direitos nela estabelecidos. A Lei Complementar não fixa multas administrativas pelo descumprimento das suas regras.

A casa é o asilo inviolável do indivíduo, ninguém nela podendo penetrar sem consentimento do morador, salvo em caso de flagrante delito ou desastre, ou para prestar socorro, ou, durante o dia, por determinação judicial (art. 5º, XI, da Constituição). Isso significa que nem mediante autorização judicial é possível entrar à noite na casa do empregador doméstico. Durante o dia, será possível a fiscalização entrar na casa do empregador doméstico, mas mediante mandado judicial. Flagrante delito poderia ser em caso de trabalho escravo.

Na prática, o Ministério do Trabalho e Emprego vai mandar intimação para o empregador esclarecer direitos do doméstico, apresentar defesa ou documentos (IN n. 110/2014).

A verificação, pelo Auditor-Fiscal do Trabalho, do cumprimento das normas que regem o trabalho do empregado doméstico, no âmbito do domicílio do empregador, dependerá de agendamento e de entendimento prévios entre a fiscalização e o empregador (art. 11-A da Lei n. 10.593/2002).

A fiscalização deverá ter natureza prioritariamente orientadora (§ 1º do art. 11-A da Lei n. 10.593/2002).

Será observado o critério de dupla visita para lavratura de auto de infração, salvo quando for constatada infração por falta de anotação na Carteira de Trabalho e Previdência Social ou, ainda, na ocorrência de reincidência, fraude, resistência ou embaraço à fiscalização.

Durante a inspeção do trabalho, o Auditor-Fiscal do Trabalho far-se-á acompanhar pelo empregador ou por alguém de sua família por este designado (§ 3º do art. 11-A da Lei n. 10.593/2002).

A Instrução Normativa n. 110/2014 mostra que haverá fiscalização indireta para o doméstico. O empregador doméstico deverá ser intimado a comparecer no Ministério do Trabalho para apresentar documentos.

17
DIREITO COLETIVO DO TRABALHO

1. CONCEITO

Direito Coletivo do Trabalho é a parte do Direito do Trabalho que visa estudar as relações do sindicato, sua organização, as normas coletivas etc.

2. ORGANIZAÇÃO SINDICAL

Os empregados domésticos são considerados categoria, pois o parágrafo único do art. 7º da Constituição faz referência à palavra *categoria*. Logo, eles podem reunir-se e fundar sindicatos dos trabalhadores domésticos.

Haverá necessidade de que exista um único sindicato em dada base territorial, que não poderá ser inferior à área de um município (art. 8º, II, da Constituição).

Os empregadores domésticos não são exatamente categoria econômica, pois não têm por objetivo exercer atividade econômica. Logo, não podem ser reconhecidos os sindicatos dos empregadores domésticos para efeito de representação.

3. NORMA COLETIVA

Pergunta-se se o empregado doméstico faz jus às regras do Direito Coletivo do Trabalho.

O inciso XXVI do art. 7º da Constituição estabelece o "reconhecimento das convenções e acordos coletivos de trabalho". A convenção coletiva de trabalho é o negócio jurídico celebrado entre sindicato de empregados e empregador a respeito de condições de trabalho (art. 611 da CLT).

O acordo coletivo é o negócio jurídico pactuado entre sindicato de empregados e empresa ou empresas, sobre condições de trabalho (§ 1º do art. 611 da CLT). O parágrafo único do art. 7º da Lei Maior menciona que os empregados domésticos têm direito à aplicação do inciso XXVI do art. 7º da Lei Magna. O problema é que o empregador doméstico não é considerado categoria econômica, pois não visa a lucro. Assim, pode-se dizer que o empregador doméstico não tem de observar convenções coletivas estabelecidas em relação ao empregado doméstico.

A Constituição usa a expressão "categoria dos trabalhadores domésticos" (art. 7º, parágrafo único), mostrando que os empregados domésticos formam uma categoria e podem, portanto, se sindicalizar.

A categoria profissional é justamente a reunião de pessoas que têm condições de vida similares, oriundas do exercício da profissão (art. 511, § 2º, da CLT). Não há como negar que os empregados domésticos constituem uma categoria profissional, diante até mesmo do fato de que a própria Constituição usa a expressão "categoria" para doméstico.

No entanto, o empregador doméstico não está submetido a uma categoria econômica porque, por definição, não exerce atividade econômica. O enquadramento do empregado é feito pela atividade do empregador. Na verdade, é feito pelo que não faz o empregador, não exercer atividade econômica com fito de lucro.

Isso impede, portanto, a possibilidade de serem estabelecidos direitos trabalhistas aos domésticos, justamente porque na convenção coletiva se necessita de sindicatos de empregadores domésticos, e estes não exercem atividade econômica, além de o acordo coletivo ser celebrado com empresa, e o empregador doméstico não é uma empresa, que é considerada a atividade organizada para a produção de bens e serviços para o mercado, com fito de lucro.

Até hoje não houve a inclusão dos empregados domésticos no enquadramento sindical a que se refere o quadro anexo ao art. 577 da CLT, mesmo antes da Constituição de 1988. De outro lado, não se verifica que a classe de empregados domésticos seja reivindicadora ou que faça greves, principalmente por ser desorganizada, e até mesmo certas pessoas desconhecem a existência de sindicatos de empregados domésticos e de empregadores domésticos.

Não terá também o empregado doméstico direito de postular em dissídio coletivo novas condições de trabalho, pois o empregador doméstico não representa categoria econômica, como já decidiram os tribunais:

> Aos empregados domésticos, embora a Constituição Federal de 1988 tenha-lhes conferido vários direitos previdenciários e trabalhistas, não os equiparou ao trabalhador comum, prevalecendo, em nosso sistema, a diferenciação jurídica. Tampouco houve reconhecimento dos títulos normativos referentes aos mesmos. E, dadas as peculiaridades da atividade do

doméstico, não há como contrapor-lhe uma atividade "econômica" ou "empresarial" que pudesse discutir reivindicações, devendo merecer do Estado apenas uma proteção mínima, como o faz a atual Constituição Federal. Considera-se extinto o processo, sem julgamento de mérito (ac. do TRT 15ª Região, n. 1.020/93-4, DC 044/93-A, Rel. Juiz Carlos Alberto Moreira Xavier, *LTr* 58-09/1.122).

Impossibilidade jurídica do pedido – Dissídio de domésticos contra sindicato patronal – Impossibilidade porque não se aplica aos domésticos o instituto do dissídio coletivo – Empregador doméstico não é categoria econômica (TST, SDC RO-DC 33.588/91-3, ac. SDC 589/92, Rel. Min. Marcelo Pimentel, j. 20-10-1992, *DJU*, 11-12-1992, p. 23.782).

Dissídio Coletivo – Sindicato de Trabalhadores Domésticos – Impossibilidade Jurídica. A categoria dos trabalhadores domésticos é, ainda, uma categoria limitada no que tange a direitos coletivos e individuais, não lhe tendo sido assegurado, no que tange àqueles, o reconhecimento dos acordos e convenções coletivas (art. 7º, parágrafo único, da Carta Magna), o que se afasta, por incompatibilidade lógica, a possibilidade de negociação coletiva e, finalmente, de chegar-se ao estágio final do ajuizamento da ação coletiva (art. 114, § 2º). Recurso ordinário desprovido (TST RO-DC-112.868/94-7, Ac. SDC 1.271/94, j. 17-10-1994, Rel. Min. Manoel Mendes de Freitas, *LTr* 59-01/51).

O auxiliar de enfermagem que presta serviços para o âmbito residencial da pessoa necessitada é doméstico. Não tem direito, porém, a piso salarial ou salário profissional, pois não se considera categoria diferenciada, nem se deve observar qualquer norma coletiva. Assim, terá direito apenas ao que for combinado a título de salário.

Não terá também o empregado doméstico direito a reajustes salariais decorrentes de norma coletiva, mas apenas aos reajustes do salário mínimo ou, se existirem, aos reajustes determinados pela política salarial.

O empregado doméstico, se o desejar, poderá se sindicalizar, pois a sindicalização é livre (art. 8º, V, da Constituição).

4. CONTRIBUIÇÃO SINDICAL

Nem o empregado doméstico nem o empregador doméstico têm de pagar contribuição sindical.

O empregador doméstico, como já foi dito, não exerce atividade econômica, por definição do art. 1º da Lei Complementar n. 150/2015, não pertencendo, portanto, à categoria econômica.

A contribuição sindical é inclusive facultativa e não obrigatória, dependendo de autorização do empregado para ser descontada no seu salário (art. 545 da CLT).

5. CONTRIBUIÇÃO CONFEDERATIVA

O empregado doméstico associado ao sindicato está sujeito ao pagamento da contribuição confederativa. O não associado não está, porque não há lei dispondo nesse sentido e não é filiado ao sindicato, podendo se opor à cobrança dessa contribuição.

O inciso IV do art. 8º da Constituição deve ser examinado de forma sistemática com o inciso V do mesmo comando legal, que prevê que a pessoa é livre para entrar ou sair do sindicato, como indica a Convenção n. 87 da OIT. Entender de forma contrária implicaria filiação forçada ao sindicato, em razão da necessidade do pagamento da contribuição.

Estabelecendo-se contribuição indistintamente para todas as pessoas, é ferido o princípio da livre adesão ao sindicato, como anteriormente mencionado.

No mesmo sentido, o Precedente n. 119 da E. SDC do TST.

A contribuição confederativa de que trata o inciso IV do art. 8º da Constituição só é exigível dos filiados ao sindicato respectivo (Súmula 666 do STF).

O § 1º do art. 159 da Constituição de 1967 estabeleceu:

> entre as funções delegadas a que se refere este artigo, compreende-se a de arrecadar, na forma da lei, contribuições para o custeio de atividade dos órgãos sindicais e profissionais e para a execução de programas de interesse das categorias por eles representadas.

A primeira modificação verificada no texto constitucional consiste no fato de o sindicato passar a arrecadar as contribuições previstas em lei, deixando de impor contribuições. Desse modo, ainda havia necessidade de lei determinando as contribuições sindicais, para que o sindicato pudesse arrecadá-las. O § 1º do art. 166, da Emenda Constitucional n. 1, de 1969, repetiu a mesma redação do § 1º do art. 159 da Carta Magna de 1967.

O sindicato deixou, portanto, de ter a possibilidade de impor contribuições, estando derrogada a alínea *e* do art. 513 da CLT, que deve ser lida no sentido de que o sindicato tem poderes de arrecadar contribuições, tanto da entidade patronal como dos trabalhadores, entre elas a confederativa, a mensalidade do sindicato e a sindical. O sindicato não mais exerce atividade delegada de poder público para poder impor contribuições.

Embora os incisos III e IV do art. 8º da Constituição façam referência à categoria, o sindicato só pode impor contribuições aos seus sócios. Quem não é sócio do sindicato não é obrigado a pagar contribuições à agremiação.

O empregador doméstico também não está sujeito ao pagamento da contribuição confederativa, pois não pertence à categoria econômica, justamente porque não exerce atividade econômica.

6. MENSALIDADE SINDICAL

Pode o empregado doméstico associar-se ao sindicato dos trabalhadores domésticos. Para tanto, terá de observar o estatuto da agremiação, assim como pagar as contribuições previstas no estatuto da entidade.

Para que o desconto da mensalidade sindical seja feito no salário do doméstico, é preciso que haja autorização por escrito nesse sentido. Do contrário, o desconto não poderá ser feito.

18
RESCISÃO DO CONTRATO DE TRABALHO

1. CONCEITO

A rescisão do contrato de trabalho é a terminação do vínculo de emprego, com a extinção das obrigações para os contratantes.

Prevê o inciso I do art. 7º da Constituição que haverá "relação de emprego protegida contra despedida arbitrária ou sem justa causa, nos termos de lei complementar, que preverá indenização compensatória, dentre outros direitos".

A referida lei complementar até hoje não foi editada para regular a despedida arbitrária ou sem justa causa dos empregados urbanos e rurais.

2. DISPENSA SEM JUSTA CAUSA

Na dispensa do doméstico sem justa causa, o empregador deve pagar ao empregado todos os direitos que ele adquiriu: saldo de salários, férias vencidas e proporcionais, se for o caso, aviso prévio, 13º salário proporcional, saque do FGTS e do seguro-desemprego.

3. DISPENSA COM JUSTA CAUSA

Considera-se justa causa para a dispensa do empregado doméstico (art. 27 da Lei Complementar n. 150/2015):

(a) submissão a maus-tratos de idoso, de enfermo, de pessoa com deficiência ou de criança sob cuidado direto ou indireto do empregado. É o que poderia ocorrer por atos de babá, enfermeiro ou cuidadora;

(b) prática de ato de improbidade. Improbidade é a desonestidade do empregado, como roubo, furto, apropriação indébita;

(c) incontinência de conduta ou mau procedimento. Essa falta está relacionada à moral sexual, como de empregado que se expõe à libertinagem, pornografia etc.;

(d) condenação criminal do empregado transitada em julgado, caso não tenha havido suspensão da execução da pena. A suspensão da execução da pena (*sursis*). O inciso mostra que o empregado vai ser dispensado por justa causa não pelo fato da condenação criminal, mas por não poder trabalhar, por estar preso;

(e) desídia no desempenho das respectivas funções. Desídia é preguiça, má vontade, indolência, desleixo etc. que mostra o empregado não ter interesse em trabalhar. É o conjunto de pequenas faltas do empregado. A soma de todas elas mostra que, pela habitualidade, o empregado é preguiçoso, indolente, desleixado no serviço;

(f) embriaguez habitual ou em serviço. Embriaguez é o ato de beber. Pode ser habitual, que é feita todo dia ou com frequência, ou se configurar em serviço, que não precisa ser habitual. Seria exemplo do motorista doméstico que aparece bêbado no serviço;

(g) ato de indisciplina. Indisciplina é a não observância de ordens gerais, como, por exemplo, de não fumar;

(h) ato de insubordinação. É o descumprimento de ordens pessoais de serviço, como para limpar a cozinha, a sala, passar roupas etc. Assim, se a empregada doméstica se nega a ordem razoável de faxina ou outro serviço doméstico, estará configurada a justa causa para o despedimento;

(i) abandono de emprego, assim considerada a ausência injustificada ao serviço por, pelo menos, 30 dias corridos. Para a caracterização do abandono de emprego é preciso que o empregado permaneça mais de 30 dias sem trabalhar ou então que mostre claramente que não mais tem interesse em trabalhar. Nesse caso, não será preciso a observância de 30 dias. A falta tem de ser injustificada;

(j) ato lesivo à honra ou à boa fama ou ofensas físicas praticadas em serviço contra qualquer pessoa, salvo em caso de legítima defesa, própria ou de outrem. Poderia ser o fato de que o empregado doméstico ofende com palavras de baixo calão o empregador;

(k) ato lesivo à honra ou à boa fama ou ofensas físicas praticadas contra o empregador doméstico ou sua família, salvo em caso de legítima defesa, própria ou de outrem. O empregado doméstico parte para as vias de fato em relação ao empregador ou a sua família. A legítima defesa do empregado deverá ser por ele provada;

(l) prática constante de jogos de azar. Prática já envolve a constância. A lei não faz distinção em relação a jogos, que sempre trazem o fator sorte ou azar. Também não distingue se o jogo é permitido ou proibido. Pode ser o fato de a empregada ficar jogando cartas durante o horário de expediente.

Parece que o art. 27 da Lei Complementar n. 150 é exaustivo, não se observando a CLT.

As demais faltas previstas no art. 482 da CLT não se aplicam ao doméstico, como negociação habitual, concorrência à empresa, violação de segredo da empresa, atos atentatórios à segurança nacional, pois as primeiras três situações dizem respeito à empresa, e o empregador doméstico é pessoa física ou família.

Tendo o empregado cometido falta grave para a rescisão do contrato de trabalho, deve o empregador dispensá-lo de imediato. Do contrário, pode-se entender que houve "perdão tácito", isto é, que o empregador perdoou o empregado, pois a falta não foi considerada tão grave.

Deverá existir proporcionalidade entre a falta praticada pelo empregado e a punição determinada pelo empregador. Para faltas leves, pode o empregador advertir, suspender. Para faltas graves, deve dispensar por justa causa. Não há nenhuma determinação legal no sentido de que o empregado primeiro tem de ser advertido, depois suspenso e depois dispensado. Se a falta for grave, a ponto de abalar a confiança do empregador, mesmo que o empregado nunca tenha cometido outra falta, poderá ser dispensado por justa causa.

Na dispensa do empregado com justa causa, o trabalhador faz jus ao saldo de salários dos dias trabalhados e às férias vencidas, pois já as adquiriu. Não tem direito a férias proporcionais, aviso prévio e 13º salário proporcional.

4. RESCISÃO INDIRETA

Rescisão indireta seria uma espécie de justa causa do empregador para a rescisão do contrato de trabalho do doméstico. O empregador dá causa a um motivo grave para o término do contrato de trabalho doméstico.

O contrato de trabalho poderá ser rescindido por culpa do empregador quando: (parágrafo único do art. 27 da Lei Complementar n. 150/2015):

(a) o empregador exigir serviços superiores às forças do empregado doméstico;

(b) serviços defesos por lei. Serviços proibidos por lei são os expressamente vedados pela norma legal, como o trabalho noturno para menores de 18 anos (art. 7º, XXXIII, da Constituição);

(c) serviços contrários aos bons costumes. Seria a hipótese de o patrão pretender manter relações sexuais com a empregada;

(d) serviços alheios ao contrato. O empregado doméstico é contratado para fazer serviços domésticos. Não pode, portanto, realizar serviços diversos do doméstico, como de pintor, pedreiro etc.;

(e) o empregado doméstico for tratado pelo empregador ou por sua família com rigor excessivo ou de forma degradante. O empregado doméstico não pode ser tratado aos berros pelo empregador. Tratamento degradante é o aviltante, o infamante, o que ofende a dignidade do trabalhador, que o rebaixa;

(f) o empregado doméstico correr perigo manifesto de mal considerável. Seria a hipótese, que não ocorre com o doméstico, de este trabalhar com produtos químicos que lhe fossem adversos à saúde;

(g) o empregador não cumprir as obrigações do contrato. A principal obrigação contratual é a de pagar salário. Havendo prestado serviços, o empregado doméstico tem direito aos salários correspondentes do período;

(h) o empregador ou sua família praticar, contra o empregado doméstico ou pessoas de sua família, ato lesivo à honra e à boa fama. Seriam as ofensas verbais praticadas pelo empregador doméstico contra o trabalhador;

(i) o empregador ou sua família ofender o empregado doméstico ou sua família fisicamente, salvo em caso de legítima defesa, própria ou de outrem;

(j) o empregador praticar qualquer das formas de violência doméstica ou familiar contra mulheres de que trata o art. 5º da Lei n. 11.340, de 7 de agosto de 2006:

"(...) configura violência doméstica e familiar contra a mulher qualquer ação ou omissão baseada no gênero que lhe cause morte, lesão, sofrimento físico, sexual ou psicológico e dano moral ou patrimonial:

I – no âmbito da unidade doméstica, compreendida como o espaço de convívio permanente de pessoas, com ou sem vínculo familiar, inclusive as esporadicamente agregadas;

II – no âmbito da família, compreendida como a comunidade formada por indivíduos que são ou se consideram aparentados, unidos por laços naturais, por afinidade ou por vontade expressa;

III – em qualquer relação íntima de afeto, na qual o agressor conviva ou tenha convivido com a ofendida, independentemente de coabitação."

5. PEDIDO DE DEMISSÃO

No pedido de demissão, a iniciativa para a ruptura do contrato de trabalho é do empregado.

Terá direito o empregado a saldo de salário e 13º salário proporcional.

O empregado terá de dar aviso prévio ao empregador, sob pena de ser descontado no termo de rescisão o respectivo valor das verbas devidas ao empregado.

Sobre férias proporcionais, *vide* o capítulo respectivo.

6. MÚTUO ACORDO

O contrato de trabalho poderá ser extinto por acordo entre empregado e empregador, caso em que serão devidas as seguintes verbas trabalhistas (art. 484-A da CLT):

I – por metade:

a) o aviso prévio, se indenizado; e

b) a indenização sobre o saldo do Fundo de Garantia do Tempo de Serviço, prevista no § 1º do art. 18 da Lei n. 8.036/90;

II – na integralidade, as demais verbas trabalhistas.

A extinção do contrato acima mencionada permite a movimentação da conta vinculada do trabalhador no Fundo de Garantia do Tempo de Serviço na forma do inciso I-A do art. 20 da Lei n. 8.036, de 11 de maio de 1990, limitada até 80% do valor dos depósitos.

A extinção do contrato por acordo prevista no *caput* deste artigo não autoriza o ingresso no Programa de Seguro-Desemprego.

7. ASSISTÊNCIA NA RESCISÃO DO CONTRATO DE TRABALHO

Não há mais necessidade de se fazer assistência na rescisão do contrato de trabalho de empregado que tem mais de um ano de trabalho, pois o § 1º do art. 477 da CLT tem outra redação.

8. MULTA DO § 8º DO ART. 477 DA CLT

A multa do § 8º do art. 477 da CLT se aplica ao doméstico, pois a CLT é aplicada subsidiariamente ao doméstico (art. 19 da Lei Complementar n. 150/2015).

A entrega ao empregado de documentos que comprovem a comunicação da extinção contratual aos órgãos competentes, bem como o pagamento dos valores constantes do instrumento de rescisão ou recibo de quitação, deverão ser efetuados até dez dias contados a partir do término do contrato (§ 6º do art. 477 da CLT). O não pagamento no prazo implica que o empregado doméstico tem direito à multa em valor equivalente ao seu salário corrigido (§ 8º do art. 477 da CLT).

19
AVISO PRÉVIO

1. CONCEITO

A expressão a ser empregada é *aviso prévio* e não *aviso breve*. Breve tem o sentido de pouca extensão, ligeiro. Prévio quer dizer com antecedência.

Aviso prévio é a comunicação que uma parte do contrato de trabalho deve fazer à outra de que pretende rescindir o referido pacto sem justa causa, de acordo com o prazo previsto em lei, sob pena de pagar indenização substitutiva.

Tem o aviso prévio por finalidade:

(a) comunicar à outra parte o fim do contrato de trabalho, para que o empregado possa procurar novo emprego e o empregador, nova pessoa;

(b) período mínimo previsto na lei para que haja a comunicação;

(c) pagamento dos dias trabalhados no período ou indenização substitutiva.

O aviso prévio é devido apenas no contrato de prazo indeterminado. No contrato de prazo determinado, as partes sabem quando ele irá terminar e não há necessidade de aviso prévio (art. 23 da Lei Complementar n. 150/2015). O art. 8º da Lei Complementar n. 150/2015 é claro no sentido de que não existe aviso prévio nos contratos de prazo determinado do art. 4º da referida norma.

O aviso prévio é um direito recíproco tanto de empregado ao empregador, como deste ao primeiro. Será o aviso prévio devido tanto pelo empregador que dispensa o empregado como pelo empregado que quiser se retirar do emprego.

Mesmo o empregador tem direito a receber o aviso prévio por parte do empregado doméstico, quando o doméstico pede demissão, justamente pelo fato de que conta com a pessoa e deve ter um espaço de tempo também para procurar outra para fazer a função daquela que sai do emprego.

Em caso de justa causa, o aviso prévio é indevido, pois, segundo o art. 23 da Lei Complementar n. 150/2015, a parte que, sem justo motivo, quiser rescindi-lo deverá avisar a outra de sua intenção. Se há justo motivo para a dispensa, o aviso prévio é indevido.

2. AVISO PRÉVIO DO DOMÉSTICO

Anteriormente o empregado doméstico não fazia jus a aviso prévio, pois não se lhe aplicava a CLT (art. 7º, *a*, da CLT), muito menos a Lei n. 5.859/72 tratava do assunto.

A Constituição de 1988 assegura aviso prévio ao empregado doméstico, nos seguintes termos: "aviso prévio proporcional ao tempo de serviço, sendo no mínimo de 30 dias, nos termos da lei" (art. 7º, XXI).

Estabeleceu o inciso XXI do art. 7º da Constituição o aviso prévio de pelo menos 30 dias. A Lei Maior não dispõe que o aviso prévio é dado pelo empregador ao empregado, mas que se trata de um direito do trabalhador. Assim, na hipótese do aviso prévio dado pelo empregado ao empregador, o prazo poderá ser de 8 dias, se o pagamento for efetuado por semana ou por tempo inferior.

"O aviso prévio será de 30 dias para o empregado que tiver até um ano de trabalho para o mesmo empregador doméstico" (§ 1º do art. 23 da Lei Complementar n. 150/2015).

Ao aviso prévio devido ao empregado serão acrescidos três dias por ano de serviço prestado para o mesmo empregador, até o máximo de 60 dias, perfazendo um total de até 90 dias (§ 2º do art. 23 da Lei Complementar n. 150/2015).

Os empregados domésticos têm característica diferente de outros empregados, pois trabalham na residência do empregador, e a relação de confiança é muito maior. A confiança que deve existir nesse tipo de relação é muito maior e especial. O empregador doméstico provavelmente vai dispensar o empregado doméstico e não vai ficar com ele na sua residência por 90 dias. Se assim fizer, terá de pagar o aviso prévio de forma indenizada.

A falta de aviso prévio por parte do empregador dá ao empregado o direito aos salários correspondentes ao prazo do aviso, garantida sempre a integração desse período ao seu tempo de serviço (§ 3º do art. 23 da Lei Complementar n. 150/2015).

A falta de aviso prévio por parte do empregado dá ao empregador o direito de descontar os salários correspondentes ao prazo respectivo (§ 4º do art. 23 da Lei Complementar n. 150/2015).

O valor das horas extraordinárias habituais integra o aviso prévio indenizado (§ 5º do art. 23 da Lei Complementar n. 150/2015).

De preferência, o aviso prévio deve ser comunicado por escrito – embora a lei não contenha disposição expressa nesse sentido –, principalmente para evitar as discussões em torno de quem dispensou ou pediu demissão, ainda mais no trabalho doméstico, que envolve dose maior de desconfiança, pelo fato de ser desenvolvido na própria residência do empregador.

Na prática, o empregador não irá querer que o empregado cumpra aviso prévio por ele dado ou que o empregado que quer se retirar do serviço também o faça, justamente porque nesse momento a confiança entre as partes fica abalada e não convém ao primeiro continuar com o segundo em sua residência.

O horário normal de trabalho do empregado durante o aviso prévio, quando a rescisão tiver sido promovida pelo empregador, será reduzido de duas horas diárias, sem prejuízo do salário integral (art. 24 da Lei Complementar n. 150/2015). É facultado ao empregado trabalhar sem a redução das duas horas diárias, caso em que poderá faltar ao serviço, sem prejuízo do salário integral, por sete dias corridos (parágrafo único do art. 24 da Lei Complementar n. 150/2015).

É ilegal o empregador substituir o período que se reduz da jornada de trabalho, no aviso prévio, pelo pagamento das horas correspondentes (Súmula 230 do TST), pois o objetivo é a concessão do aviso prévio, para que o empregado possa procurar novo emprego. O pagamento das horas não atende à hipótese de o empregado procurar novo emprego.

O aviso prévio é irrenunciável pelo empregado. O pedido de dispensa de cumprimento não exime o empregador de pagar o valor respectivo, salvo comprovação de haver o prestador dos serviços obtido novo emprego (Súmula 276 do TST).

Se o contrato de trabalho terminar por rescisão indireta, em que o empregador é que comete a falta (art. 483 da CLT), o aviso prévio também é devido.

Havendo culpa recíproca do empregado e do empregador, é devido metade do valor do aviso prévio (Súmula 14 do TST).

Falecendo o empregado, não há de se falar em aviso prévio, pois a rescisão ocorreu por razões alheias à vontade das partes.

20
GARANTIA DE EMPREGO

1. CONCEITOS

A estabilidade é o direito do empregado de continuar no emprego, mesmo contra a vontade do empregador, desde que inexista causa objetiva a determinar sua despedida. É o que ocorre com o empregado com mais de 10 anos de empresa, que não era optante do FGTS. Esse empregado não pode ser dispensado. Entretanto, os arts. 492 a 500 da CLT não eram aplicáveis ao doméstico (art. 7º, *a*, da CLT), antes da vigência da Constituição de 1988.

Garantia de emprego é a impossibilidade temporária de dispensa do empregado, de acordo com as hipóteses previstas em lei.

Os empregados comuns têm direito à garantia de emprego do dirigente sindical, do cipeiro, da grávida, do acidentado.

Não se pode falar em estabilidade provisória, pois, se é estabilidade, não é provisória.

2. DIRIGENTE SINDICAL

O empregado eleito para cargo de direção ou representação sindical não poderá ser dispensado desde o registro de sua candidatura até um ano após o término de seu mandato, salvo na existência de falta grave (art. 8º, VIII, da Constituição).

Ao suplente de cargo de direção ou representação sindical também é estendido tal direito.

O empregado doméstico poderia candidatar-se ou ser eleito para cargo de direção ou representação sindical do Sindicato dos Empregados Domésticos. Assim, teria direito à garantia de emprego.

Logo, não poderia ser dispensado pelo empregador doméstico.

3. CIPEIRO

Na residência do empregador doméstico não existe Comissão Interna de Prevenção de Acidentes (Cipa), que só se exige nas empresas. Assim, o doméstico não tem a referida garantia de emprego.

4. GESTANTE

A CLT previa estabilidade aos empregados que tivessem 10 anos de serviço (arts. 492 a 500). Como a CLT não se aplicava ao doméstico antes da vigência da Constituição de 1988, este não goza de estabilidade no emprego.

Obrigar uma pessoa a ficar com a empregada quando a confiança deixou de existir é praticamente impossível, principalmente quando essa pessoa trabalha na casa do patrão, o que é ainda pior. Viola a intimidade da pessoa.

No Chile, a gestante doméstica não tem garantia de emprego de um ano como outras empregadas (art. 201 do Novo Código de Trabalho de 1987, com as alterações do DFL de n. 1, de 7-1-1994).

Mario Ghidini afirma que a doméstica italiana não tem direito à garantia de emprego de até um ano após o nascimento da criança[1].

Não fazia jus a empregada doméstica à garantia de emprego de cinco meses após o parto, prevista na alínea *b* do inciso II do art. 10 do ADCT, pois o *caput* do referido artigo menciona que "até que seja promulgada a lei complementar a que se refere o art. 7º, I, da Constituição" é que se concede a estabilidade, sendo que a doméstica não foi aquinhoada com esse direito no antigo parágrafo único do art. 7º da Lei Fundamental. Logo, não fazia jus à estabilidade de 150 dias após o parto.

O art. 4º-A da Lei n. 5.859/72 tinha estabelecido que "é vedada a dispensa arbitrária ou sem justa causa da empregada doméstica gestante desde a confirmação da gravidez até 5 (cinco) meses após o parto".

A empregada doméstica gestante tem direito à licença-maternidade de 120 dias, sem prejuízo do emprego e do salário, nos termos da Seção V do Capítulo III do Título III da CLT (art. 25 da Lei Complementar n. 150/2015). Nesse ponto, o art. 25 da Lei Complementar n. 150/2015 tem mesmo natureza de lei complementar, pois regulamenta o inciso I do art. 7º da Constituição quanto a dispensa arbitrária ou sem justa causa por parte do empregador.

A confirmação do estado de gravidez durante o curso do contrato de trabalho, ainda que durante o prazo do aviso prévio trabalhado ou indenizado, garante

---

1. *Diritto del lavoro*. Pádua: Cedam, 1981. p. 251.

à empregada gestante a estabilidade provisória prevista na alínea *b* do inciso II do art. 10 do Ato das Disposições Constitucionais Transitórias (parágrafo único do art. 25 da Lei Complementar n. 150/2015).

Existem afirmações no sentido de que não podem ser estabelecidos outros direitos ao empregado doméstico além daqueles especificados no parágrafo único do art. 7º da Constituição, sob pena de inconstitucionalidade. É o pensamento de Georgenor de Sousa Franco Filho[2].

Os direitos especificados ao doméstico na Constituição são, porém, direitos mínimos. A sua enumeração não é taxativa (*numerus clausus*), mas exemplificativa, pois não está escrito no parágrafo único do art. 7º da Lei Maior que os direitos dos empregados domésticos são **apenas** ou **somente** os previstos em alguns dos incisos do art. 7º da mesma norma, permitindo que a lei ordinária estabeleça outros direitos ao doméstico.

O *caput* do art. 7º da Lei Magna é expresso ao usar a frase "são direitos dos trabalhadores urbanos e rurais, além de outros que visem à melhoria de sua condição social", indicando que os direitos dos trabalhadores são exemplificativos. São direitos mínimos, possibilitando que a lei ordinária disponha sobre outros direitos. O empregado doméstico pode ser um trabalhador urbano ou rural.

O inciso I do mesmo artigo prevê que lei complementar estabelecerá a proteção da relação de emprego contra a dispensa arbitrária ou sem justa causa, entre outros direitos, indicando também ser exemplificativo. O mesmo ocorre em relação ao parágrafo único do art. 7º, que é uma regra que deve se harmonizar sistematicamente com a cabeça do mesmo comando constitucional.

Entender que a lei não pode prescrever direitos diversos dos previstos na Constituição para o doméstico implicaria afirmar ser inconstitucional a anotação do contrato de trabalho doméstico na CTPS do trabalhador, por não estar prevista na Lei Magna, mas no art. 5º do Regulamento da Lei n. 5.859/72, o que seria absurdo.

Nada impede que a lei ordinária estabeleça melhores condições de trabalho para o empregado doméstico. Não se pode dizer, portanto, que a norma é inconstitucional.

Passa a doméstica a ter garantia de emprego desde a confirmação da gravidez até cinco meses após o parto. Houve uma equiparação a empregada comum.

---

2. FRANCO FILHO, Georgenor de Souza. *Globalização e desemprego*. São Paulo: LTr, 1998, p. 24-28.

O TST entende que o desconhecimento do estado gravídico pelo empregador não afasta o direito ao pagamento da indenização decorrente da estabilidade (art. 10, II, *b*, do ADCT) (Súmula 244, I, do TST).

Não há direito da empregada gestante à garantia de emprego na hipótese de admissão mediante contrato de experiência, visto que a cessação da relação de emprego, em razão do término do prazo do pacto, não constitui dispensa arbitrária ou sem justa causa. O inciso III da Súmula 244 faz afirmação em sentido contrário.

O certo seria a empregada ser reintegrada no emprego, pois ela tem direito ao emprego e não a ser indenizada. É claro que a relação doméstica tem características especiais. A relação é muito mais pessoal. O empregador não iria querer que a doméstica preparasse refeições, cuidasse de crianças, com medo de eventual maldade que pudesse ser praticada pela empregada doméstica.

A garantia de emprego à gestante só autoriza a reintegração se esta se der durante o período de estabilidade (Súmula 244, II, do TST). Do contrário, a garantia restringe-se aos salários e demais direitos correspondentes ao período de estabilidade.

5. ACIDENTADO

O empregador doméstico paga contribuição para o custeio das prestações de acidente do trabalho (art. 34, III, da Lei Complementar n. 150/2015).

Dispõe o art. 118 da Lei n. 8.213/91 que "o segurado que sofreu acidente do trabalho tem garantida, pelo prazo mínimo de doze meses, a manutenção do seu contrato de trabalho na empresa, após a cessão do auxílio-doença acidentário, independentemente da percepção de auxílio-acidente".

Entretanto, o empregador doméstico não é empresa, mas a pessoa física ou família, que não visam a lucro. Logo, o art. 118 da Lei n. 8.213/91 não se aplica ao doméstico. Este não terá a garantia de emprego de 12 meses após a cessação do auxílio-doença acidentário.

21
PRESCRIÇÃO

Prescrição é a perda à pretensão ao direito pelo decurso de prazo para pleitear determinada reparação em juízo.

O art. 101 do Decreto-lei n. 1.237/39 estabelecia que "não havendo disposição especial em contrário, prescreve em dois anos qualquer reclamação perante a Justiça do Trabalho".

O art. 11 da CLT determina o prazo de prescrição para trabalhadores urbanos e rurais.

Inexistindo preceito legal sobre o tema, observa-se o inciso V do § 10 do art. 178 do Código Civil de 1916, ao dispor que o prazo de prescrição "dos serviçais, operários e jornaleiros, pelo pagamento de seus salários", era de cinco anos.

Como o empregado doméstico é uma espécie de serviçal, o prazo de prescrição daquele trabalhador seria o previsto no Código Civil, isto é, de cinco anos. Era a orientação encontrada na jurisprudência:

> A prescrição dos direitos dos domésticos é quinquenal, nos termos do art. 178, § 10, item V, do Código Civil, tendo em conta ser impossível a aplicação da regra do art. 11 da CLT, face ao que dispõe o art. 7º do mesmo diploma consolidado (ac. da 5ª T. do TRT 2ª Região, n. 100.831/86, RO 17.224/85, Rel. Juiz José Victório Moro, j. 21-10-1986, Revista *LTr* 51-4/458).

A Constituição de 1988 estabelece prazo de prescrição no inciso XXIX do art. 7º, assim redigido: "ação, quanto aos créditos resultantes das relações de trabalho, com prazo prescricional de cinco anos para os trabalhadores urbanos e rurais, até o limite de dois anos após a extinção do contrato de trabalho".

Estabelece o parágrafo único do art. 7º da Constituição quais incisos do mesmo artigo são aplicados ao doméstico. Entre eles não está o inciso XXIX, que trata da prescrição. Assim, a prescrição dos direitos trabalhistas do empregado doméstico não é a prevista na Constituição.

Arnaldo Süssekind pensa de forma contrária, entendendo que prescrição não é um direito social, não impedindo a aplicação do inciso XXIX do art. 7º da Lei Magna ao doméstico[1].

---
1. Prescrição. *Revista LTr*, São Paulo, v. 53, n. 9, p. 1019-1022, set. 1989, p. 1.022.

O legislador constituinte não quis que fosse aplicado o prazo de prescrição contido no inciso XXIX do art. 7º da Constituição ao doméstico, pois, do contrário, teria feito referência expressa ao dispositivo constitucional.

Então, qual o prazo prescricional para os empregados domésticos postularem seus direitos, já que esse lapso de tempo não está regulado na Constituição, nem na CLT? Poder-se-ia aplicar por analogia o prazo prescricional do art. 11 da CLT ao empregado doméstico, como quer Roberto Barretto Prado[2], porém a própria CLT é expressa no sentido de que não deve ser observada a tal trabalhador (art. 7º, *a*).

Outro entendimento seria no sentido da observação da própria Constituição, em razão de que o trabalhador doméstico também tem direitos trabalhistas, e a própria Lei Maior assegurou direitos nesse sentido. Por analogia, poderia ser utilizado o inciso XXIX do art. 7º da Constituição. Entendo que não é o caso, pois o parágrafo único do art. 7º da Lei Magna é claro no sentido de quais dos seus incisos devem ser aplicados ao doméstico, mas não enumera o inciso XXIX. Isso implica dizer que houve omissão deliberada do constituinte, que não pretendeu que o inciso XXIX do art. 7º do Estatuto Supremo fosse aplicado ao doméstico, pois, do contrário, teria sido expresso nesse sentido.

Há também argumentos de que a prescrição seria bienal, aplicando a prescrição de férias contida no art. 149 da CLT. As férias previstas na CLT se estenderiam ao doméstico. Assim, a prescrição de férias seria a contida no art. 149 da CLT.

Carlos Moreira de Luca afirma que o Regulamento da Justiça do Trabalho, aprovado pelo Decreto n. 6.596, de 12-12-1940, que regulamentava o Decreto-lei n. 1.237/39, previa no art. 227 que, "não havendo disposição especial em contrário, qualquer reclamação perante a Justiça do Trabalho prescreve em dois anos, contados da data do ato ou fato que lhe der origem"[3], sendo este o prazo prescricional para os domésticos.

Entendo que a CLT regulou inteiramente a matéria, inclusive no tocante à prescrição (art. 11), estando revogado o Decreto-lei n. 1.237/39 e seu regulamento, além do que este só se aplicava à relação entre empregadores e empregados (art. 1º), como afirma Octavio Bueno Magano[4].

O art. 101 do Decreto-lei n. 1.237/39 dispunha que, não havendo disposição especial em contrário, o prazo de prescrição era o nele especificado. Ocorre que havia prazo de prescrição específico para o doméstico em senti-

---
2. Prescrição das ações interpostas pelos empregados domésticos. *LTr*, 54-2/171.
3. O prazo de prescrição dos direitos assegurados aos empregados domésticos. *LTr* 53-1/81-82.
4. *O direito do trabalho na Constituição*. Rio de Janeiro: Forense, 1993, p. 158.

do contrário, que era o definido no Código Civil de 1916 (art. 178, § 10, V). Logo, não poderia ser aplicado ao doméstico o prazo de prescrição regulado no citado art. 101.

Tanto antes como depois da Constituição, o prazo de prescrição era o contido no Código Civil de 1916, isto é, de cinco anos, pois é específico para o doméstico, e nem na Lei n. 5.859/72, na CLT ou na Constituição verificava-se qual é o prazo. Logo, havendo determinação específica na lei, que é o Código Civil, não se podem observar, por analogia, outras normas.

Não se poderia dizer, porém, que a prescrição para anotar a CTPS seria a contida no art. 179 do Código Civil de 1916, já que há dispositivo expresso quanto a prescrição do doméstico no mesmo código (inciso V do § 10 do art. 178), embora este só faça referência a salários.

O Código Civil de 2002 determinou no art. 205 o prazo de 10 anos de prescrição. Como não há outro dispositivo específico que trata do tema, como era a regra do inciso V do § 1º do art. 178 do Código Civil de 1916, aplica-se a regra geral de 10 anos para o empregado doméstico ajuizar a ação.

Observado o prazo de 10 anos a contar do término do contrato de trabalho, incluída a projeção do aviso prévio, o empregado poderia postular todos os direitos relativos ao tempo trabalhado para o empregador doméstico e não apenas cinco anos, como ocorre com o empregado urbano ou o rural.

O art. 43 da Lei Complementar n. 150/2015 estabeleceu que o direito de ação quanto a créditos resultantes das relações de trabalho prescreve em cinco anos até o limite de dois anos após a extinção do contrato de trabalho. A referida norma passou a estabelecer o mesmo prazo de prescrição para o doméstico previsto no inciso XXIX do art. 7º da Constituição. O empregado terá dois anos para ajuizar a ação a contar da cessação do contrato de trabalho. Se observar esse prazo, poderá reclamar os últimos cinco anos a contar do ajuizamento da ação.

E se o empregado doméstico for menor, qual o prazo de prescrição aplicável? Contra o menor não corre prazo de prescrição, por força do art. 440 da CLT. A CLT passa a ser observada subsidiariamente ao doméstico (art. 19 da Lei Complementar n. 150/2015). No mesmo sentido o seguinte acórdão do TRT da 3ª Região:

> Prescrição – Empregado doméstico menor. Ao empregado doméstico, à falta de disposição especial, aplica-se o disposto na CLT a propósito de prescrição, e não o estabelecido no Código Civil. Contra o menor de 18 anos não corre prazo de prescrição, ainda que trabalhador doméstico (ac. un. da 1ª T. do TRT 3ª Região, RO 663/89, Rel. Juiz Manoel Mendes de Freitas, j. 6-11-1989, *Minas Gerais* II, 17-11-1989, p. 58).

O Código Civil, no inciso I do art. 198, também afirma que contra os menores de 16 anos (art. 3º, I, do Código Civil) não corre a prescrição. Contra os maiores de 16 anos a prescrição correrá normalmente.

22
JUSTIÇA DO TRABALHO

1. COMPETÊNCIA DA JUSTIÇA DO TRABALHO

as divergências entre empregado e empregador doméstico, relativas a férias e anotação na Carteira de Trabalho e Previdência Social, ressalvada a competência da Justiça do Trabalho, serão dirimidas pela Delegacia Regional do Trabalho.

O Decreto n. 71.885/73 não poderia determinar matéria de competência, que fica adstrita à lei. De outro lado, não há previsão na lei no sentido de que o empregado doméstico possa postular seus direitos na Justiça do Trabalho. Entretanto, a jurisprudência vinha admitindo a competência da Justiça do Trabalho para apreciar questões a ele relativas.

Na Emenda Constitucional n. 1/69, em seu art. 142, já se poderia dizer que a Justiça do Trabalho teria competência para apreciar a questão entre o empregado doméstico e seu patrão, pois dizia que os dissídios entre "empregados" e "empregadores" estariam na competência daquela. O doméstico não deixava de ser um empregado, e seu patrão era um empregador.

O art. 114 da Constituição fixou a competência da Justiça do Trabalho quanto a relação de trabalho. Se a relação entre o empregado doméstico e o empregador doméstico também é de trabalho, inexistiria dúvida a respeito da competência da Justiça do Trabalho para dirimir as questões dos empregados domésticos e seus patrões.

No entanto, a própria Constituição especificou uma série de direitos aos trabalhadores domésticos no parágrafo único do art. 7º, demonstrando que, apesar de aqueles trabalhadores não terem todos os direitos dos empregados comuns, só poderão reclamá-los na Justiça do Trabalho, porque é onde os últimos postulam seus direitos. Assim, o empregado doméstico poderá pleitear na Justiça do Trabalho todos os direitos que entender cabíveis, até mesmo porque outros direitos são previstos na Constituição.

2. REPRESENTAÇÃO DO EMPREGADOR DOMÉSTICO EM AUDIÊNCIA

O doméstico pode propor a ação contra quem assina a CTPS ou contra ambos os cônjuges, que são a família de que trata o art. 1º da Lei Complementar n. 150/2015.

A representação do empregador doméstico em audiência gera polêmicas. Poder-se-ia dizer que somente quem contratou o empregado doméstico é que deveria estar presente à audiência. Não há dúvida de que, se os serviços domésticos são prestados apenas a uma única pessoa, é esta que deverá comparecer em juízo.

O § 6º do art. 226 da Constituição dispõe que os direitos e deveres referentes à sociedade conjugal são exercidos igualmente pelo homem e pela mulher. A direção da sociedade conjugal será exercida, em colaboração, pelo marido e pela mulher, sempre no interesse do casal e dos filhos (art. 1.567 do Código Civil). Qualquer um deles tem, portanto, legitimidade para representar a família. No entanto, outros dispositivos legais têm de ser analisados.

Declara o art. 1º da Lei Complementar n. 150/2015 que o empregado doméstico presta serviços à pessoa ou à família. Assim, é possível que à audiência compareça a pessoa que contratou o doméstico (a mulher, por exemplo, que o registrou), como qualquer pessoa da família, como o marido, o filho, a filha etc.

O conceito de família é amplo, podendo ser considerado não só em relação aos cônjuges e filhos, mas também quaisquer parentes que residam no local, como irmãos ou irmãs solteiras, primos etc. Dessa forma, qualquer membro da família que resida no local em que prestou serviços o empregado doméstico poderá comparecer à audiência. Na jurisprudência, são encontrados acórdãos no mesmo sentido:

> Empregador doméstico – Representação em juízo. Sendo empregado doméstico aquele que presta serviços de natureza contínua e de finalidade não lucrativa à pessoa ou à família, no âmbito residencial destas, é certo que o empregador doméstico deve ser entendido como a entidade familiar formada por qualquer dos pais e seus descendentes, e, portanto, a defesa desta em juízo, no caso de ação trabalhista, há de ser exercida por qualquer dos membros da sociedade conjugal. O comparecimento da companheira do réu para defender a sociedade conjugal não caracteriza ofensa ao disposto no § 1º do art. 843 da CLT (ac. un. da 1ª T. do TRT 12ª Região, RO 4.877/90, j. Rel. Juíza Dora Leonor de O. Brito, 15-7-1992, *DJSC* 11-8-1992, p. 32).

> Empregado doméstico. O vínculo empregatício se estabelece com os cônjuges, podendo qualquer deles figurar no polo passivo ou ativo da ação. A presença em juízo de um deles, ainda que a ação tenha sido proposta contra o outro, afasta a revelia e a confissão, porque caracterizada a legitimidade de parte (ac. un. da 3ª T. do TRT-10ª Região, RO 1.974/93, Rel. Juiz Paulo Mascarenhas Borges, j. 30-9-1993, *DJU* 29-10-1993, p. 46.531).

A Súmula 377 do TST admite exceção ao empregador doméstico, que, portanto, não precisa ser empregado. Pode ser qualquer pessoa.

Se a contratação foi feita apenas por uma pessoa idosa, que não pode comparecer à audiência, por impossibilidade, qualquer outra pessoa poderá comparecer, como filho, genro, nora etc. É possível também que a pessoa ou família possa ser representada por preposto, pois o § 1º do art. 843 da CLT menciona a hipótese de o empregador ter preposto, num sentido amplo, compreendendo também o empregador doméstico, pois não o exclui.

Entre empregado e empregador doméstico se estabelece um contrato de trabalho subordinado, sendo a Justiça do Trabalho competente para analisar a questão. Aplica-se, portanto, o § 1º do art. 843 da CLT à lide entre empregado e empregador doméstico. Logo, se este tiver empregados, como mordomo, copeira, motorista, que são empregados domésticos, poderão representar, também, o empregador doméstico em audiência, devendo, entretanto, conhecer os fatos objeto do litígio, sob pena de confissão.

Se o empregador doméstico tiver como testemunha um de seus empregados, é recomendável que este não sirva de preposto, pois, do contrário, não poderia utilizá-lo como testemunha posteriormente. Quem é preposto não pode ser testemunha, pois está representando o empregador.

O § 3º do art. 843 da CLT é expresso no sentido de que o preposto pode ser qualquer pessoa e não precisa ser empregado.

A CLT se observa ao doméstico.

Não recomendo que o empregador doméstico mande à audiência preposto ou pessoa da casa, como filho, marido etc., pois os juízes podem ter entendimento diferente do meu. Seria melhor, portanto, que a pessoa que assina a Carteira de Trabalho do empregado doméstico compareça pessoalmente à audiência, visando evitar a aplicação da confissão.

3. ART. 467 DA CLT

Caso o empregador não pague as verbas rescisórias do empregado na primeira audiência em que comparecer à Justiça do Trabalho, terá de fazê-lo com acréscimo de 50%, pois o art. 467 da CLT se aplica ao doméstico (art. 19 da Lei Complementar n. 150/2015).

4. PROVAS

O pagamento de salários só pode ser comprovado mediante recibo de pagamento, isto é, a prova deve ser escrita (art. 464 da CLT). Não se admite a prova de tais fatos por meio de testemunhas, pois, no caso, deverá ser feita por documento. Não se admite mais prova testemunhal para demonstrar o pagamento de salários.

Caso o doméstico alegue que não recebeu alguns dos salários de meses anteriores, poder-se-á aplicar a regra segundo a qual, "quando o pagamento for em cotas periódicas, a quitação da última estabelece, até prova em contrário, a presunção de estarem solvidas as anteriores" (art. 322 do Código Civil). Caberia, então, ao doméstico provar o não recebimento de salários anteriores, se recebeu o último pagamento.

Para evitar qualquer controvérsia, recomendo que o empregador doméstico sempre pague seu empregado mediante recibo, seja em relação a férias, salários ou qualquer outro pagamento que lhe for feito.

Geralmente, as testemunhas do empregador são pessoas vizinhas, pessoas que trabalham no edifício de apartamentos ou até pessoas que têm amizade íntima com o primeiro. Nesse caso, não poderiam ser ouvidas como testemunhas, dada a amizade íntima.

O art. 829 da CLT dispõe que as testemunhas não compromissadas serão ouvidas como informantes. Assim, mesmo que as testemunhas tenham amizade íntima com a parte, frequentando a casa uma da outra, devem ser ouvidas como informantes, avaliando o juiz o valor dos depoimentos. Do contrário, o empregador doméstico, principalmente, não teria como fazer prova.

A prova do requerimento do vale-transporte é do empregado, por se tratar de fato constitutivo de seu direito, nos termos do art. 818 da CLT e do inciso I do art. 373 do CPC de 2015 (art. 333, I, do CPC de 1973). O empregador não tem como saber quantas conduções e de que tipo o empregado precisa, se este não faz requerimento indicando a condução necessitada. De outro lado, o empregador não pode fazer prova negativa de que o empregado não requereu o vale-transporte.

Cabe ao empregado fazer o requerimento do vale-transporte, indicando as conduções que necessita, nos termos do art. 7º do Decreto n. 95.247/87.

5. PENHORA

A Lei n. 8.009/90 reza que são impenhoráveis o imóvel residencial do casal e determinados equipamentos constantes da casa. Logo, se o empregado doméstico for o credor, não podem ser penhorados o imóvel e determinados bens constantes da casa, pois o inciso I do art. 3º da Lei n. 8.009/90 foi revogado pela Lei Complementar n. 150/2015.

23
SIMPLES DOMÉSTICO

1. SIMPLES DOMÉSTICO

É instituído o regime unificado de pagamento de tributos, de contribuições e dos demais encargos do empregador doméstico (Simples Doméstico), que deverá ser regulamentado no prazo de 120 dias a contar da data de entrada em vigor da Lei Complementar n. 150/2015 (art. 31 da Lei Complementar n. 150/2015).

A inscrição do empregador e a entrada única de dados cadastrais e de informações trabalhistas, previdenciárias e fiscais no âmbito do Simples Doméstico dar-se-ão mediante registro em sistema eletrônico a ser disponibilizado em portal na Internet, conforme regulamento (art. 32 da Lei Complementar n. 150/2015).

A impossibilidade de utilização do sistema eletrônico será objeto de regulamento, a ser editado pelo Ministério da Fazenda e pelo agente operador do FGTS.

O Simples Doméstico será disciplinado por ato conjunto dos Ministros de Estado da Fazenda, da Previdência Social e do Trabalho e Emprego que disporá sobre a apuração, o recolhimento e a distribuição dos recursos recolhidos por meio do Simples Doméstico (art. 33 da Lei Complementar n. 150/2015).

O ato conjunto deverá dispor também sobre o Sistema Eletrônico de Registro das Obrigações Trabalhistas, Previdenciárias e Fiscais e sobre o cálculo e o recolhimento dos tributos e encargos trabalhistas vinculados ao Simples Doméstico.

As informações prestadas no sistema eletrônico:

(I) têm caráter declaratório, constituindo instrumento hábil e suficiente para a exigência dos tributos e encargos trabalhistas delas resultantes e que não tenham sido recolhidos no prazo consignado para pagamento; e

(II) deverão ser fornecidas até o vencimento do prazo para pagamento dos tributos e encargos trabalhistas devidos no Simples Doméstico em cada mês, relativamente aos fatos geradores ocorridos no mês anterior.

O sistema eletrônico e o sistema de que trata o art. 32 da Lei Complementar n. 150/2015 substituirão, na forma regulamentada pelo ato conjunto, a obrigatoriedade de entrega de todas as informações, formulários e declarações a que estão sujeitos os empregadores domésticos, inclusive os relativos ao recolhimento do FGTS.

O Simples Doméstico assegurará o recolhimento mensal, mediante documento único de arrecadação, dos seguintes valores:

(I) 8% a 11% de contribuição previdenciária, a cargo do segurado empregado doméstico;

(II) 8% de contribuição patronal previdenciária para a seguridade social, a cargo do empregador doméstico;

(III) 0,8% de contribuição social para financiamento do seguro contra acidentes do trabalho;

(IV) 8% de recolhimento para o FGTS;

(V) 3,2%, na forma do art. 22 desta Lei Complementar n. 150/2015; e

(VI) imposto sobre a renda retido na fonte de que trata o inciso I do art. 7º da Lei n. 7.713, de 22 de dezembro de 1988, se incidente (art. 34 da Lei Complementar n. 150/2015).

As contribuições, os depósitos e o imposto arrolados nos incisos I a VI incidem sobre a remuneração paga ou devida no mês anterior, a cada empregado, incluída na remuneração a gratificação de Natal a que se referem a Lei n. 4.090, de 13 de julho de 1962, e a Lei n. 4.749, de 12 de agosto de 1965.

A contribuição previdenciária e o Imposto de Renda retido na fonte serão descontados da remuneração do empregado pelo empregador, que é responsável por seu recolhimento.

O produto da arrecadação das contribuições, dos depósitos e do imposto será centralizado na Caixa Econômica Federal.

A Caixa Econômica Federal, com base nos elementos identificadores do recolhimento, transferirá para a Conta Única do Tesouro Nacional o valor arrecadado das contribuições e do imposto previstos nos incisos I, II, III e VI acima.

O recolhimento será efetuado em instituições financeiras integrantes da rede arrecadadora de receitas federais.

O empregador fornecerá, mensalmente, ao empregado doméstico cópia do documento.

O recolhimento mensal, mediante documento único de arrecadação, e a exigência das contribuições, dos depósitos e do imposto, nos valores definidos nos incisos I a VI do *caput*, somente serão devidos após 120 dias da data de publicação da Lei Complementar n. 150/2015.

O empregador doméstico é obrigado a pagar a remuneração devida ao empregado doméstico e a arrecadar e a recolher a contribuição prevista no inciso I do art. 34, assim como a arrecadar e a recolher as contribuições, os depósitos e o imposto a seu cargo discriminados nos incisos II, III, IV, V e VI do *caput* do art. 34, até o dia 20 do mês seguinte ao da competência (art. 30, V, da Lei n. 8.212./91).

Os valores previstos nos incisos I, II, III e VI do *caput* do art. 34 da Lei Complementar n. 150/2015 não recolhidos até a data de vencimento sujeitar-se-ão à incidência de encargos legais na forma prevista na legislação do Imposto sobre a Renda.

Os valores previstos nos incisos IV e V, referentes ao FGTS, não recolhidos até a data de vencimento serão corrigidos e terão a incidência da respectiva multa, conforme a Lei n. 8.036/90. O empregador responderá pela Taxa Referencial sobre a importância correspondente (art. 22 da Lei n. 8.036/90). Sobre o valor dos depósitos, acrescido da TR, incidirão, ainda, juros de mora de 0,5% ao mês ou fração e multa. A incidência da TR será cobrada por dia de atraso, tomando-se por base o índice de atualização das contas vinculadas do FGTS. A multa será de: 5%, no mês de vencimento da obrigação; 10%, a partir do mês seguinte ao do vencimento da obrigação.

2. PROGRAMA DE RECUPERAÇÃO PREVIDENCIÁRIA DOS EMPREGADORES DOMÉSTICOS (REDOM)

É instituído o Programa de Recuperação Previdenciária dos Empregadores Domésticos (Redom) (art. 39 da Lei Complementar n. 150/2015).

Será concedido ao empregador doméstico o parcelamento dos débitos com o Instituto Nacional do Seguro Social (INSS) relativos à contribuição de que tratam os arts. 20 e 24 da Lei n. 8.212, de 24 de julho de 1991, com vencimento até 30 de abril de 2013 (art. 40 da Lei Complementar n. 150/2015).

> § 1º O parcelamento abrangerá todos os débitos existentes em nome do empregado e do empregador, na condição de contribuinte, inclusive débitos inscritos em dívida ativa, que poderão ser:
>
> I – pagos com redução de 100% das multas aplicáveis, de 60% dos juros de mora e de 100% sobre os valores dos encargos legais e advocatícios;
>
> II – parcelados em até 120 vezes, com prestação mínima no valor de R$ 100,00.

O parcelamento deverá ser requerido no prazo de 120 dias após a entrada em vigor da Lei Complementar n. 150/2015.

A manutenção injustificada em aberto de três parcelas implicará, após comunicação ao sujeito passivo, a imediata rescisão do parcelamento e, conforme o caso, o prosseguimento da cobrança.

Na hipótese de rescisão do parcelamento com o cancelamento dos benefícios concedidos:

(I) será efetuada a apuração do valor original do débito, com a incidência dos acréscimos legais, até a data de rescisão;

(II) serão deduzidas do valor referido no inciso I deste parágrafo as parcelas pagas, com a incidência dos acréscimos legais, até a data de rescisão.

A opção pelo Redom sujeita o contribuinte a:

(I) confissão irrevogável e irretratável dos débitos referidos no art. 40;

(II) aceitação plena e irretratável de todas as condições estabelecidas;

(III) pagamento regular das parcelas do débito consolidado, assim como das contribuições com vencimento posterior a 30 de abril de 2013 (art. 41 da Lei Complementar n. 150/2015).

24
PREVIDÊNCIA SOCIAL

Previdência Social é o segmento da Seguridade Social, composto de um conjunto de princípios, de regras e de instituições destinado a estabelecer um sistema de proteção social, mediante contribuição, que tem por objetivo proporcionar meios indispensáveis de subsistência ao segurado e a sua família, contra contingências de perda ou redução da sua remuneração, de forma temporária ou permanente, de acordo com a previsão da lei[1].

O parágrafo único do art. 7º da Constituição prevê que há a integração do empregado doméstico à Previdência Social. Para tanto, deverá recolher contribuições para fazer jus aos benefícios, pois o regime previdenciário é contributivo por parte do segurado (art. 201 da Constituição).

1. SEGURADO OBRIGATÓRIO

Permitia o art. 161 da Lei n. 3.807/60 (Lei Orgânica da Previdência Social) aos empregados domésticos a filiação à Previdência Social como segurados facultativos. O Decreto n. 60.501, de 14-3-1967, estabelecia que o empregado doméstico não era filiado obrigatório ao sistema de Previdência Social. Poderia, porém, filiar-se como segurado facultativo (art. 4º, I, do Decreto n. 60.501/67). Para tanto, deveria haver requerimento do empregado doméstico (art. 8º do Decreto n. 60.501/67).

Estabeleceu o art. 4º da Lei n. 5.859/72 que o empregado doméstico tem assegurados os benefícios e serviços da Lei Orgânica da Previdência Social, que na época era a Lei n. 3.807/60, na qualidade de segurado obrigatório. Isso queria dizer que o empregado doméstico deveria contribuir para o sistema de Previdência Social na qualidade de segurado obrigatório e não como facultativo.

O parágrafo único do art. 7º da Constituição assegurou ao doméstico a observância do inciso XXIV do mesmo artigo, que trata de aposentadoria. Outorgou também ao doméstico o direito a sua integração à Previdência Social. A aposentadoria, porém, é apenas uma espécie contida no gênero Previdência

---
1. MARTINS, Sergio Pinto. *Direito da seguridade social*. 42. ed. São Paulo: Saraiva, 2024, p. 324.

Social. Entretanto, os benefícios previdenciários dependem daquilo que estiver previsto em lei.

No plano constitucional já se assegurou ao doméstico o direito à aposentadoria, que a lei ordinária poderia não prever para efeito de Previdência Social. Estabeleceu, ainda, a Constituição que o doméstico teria direito a sua integração ao sistema de Previdência Social, o que já era assegurado pelo art. 4º da Lei n. 5.859/72, em que o doméstico passou a ser considerado segurado obrigatório do sistema previdenciário.

O empregado doméstico é segurado obrigatório da Previdência Social, sendo-lhe devidas, na forma da Lei n. 8.213, de 24 de julho de 1991, as prestações nela arroladas, atendido o disposto na Lei Complementar n. 150/2015 e observadas as características especiais do trabalho doméstico (art. 20 da Lei Complementar n. 150/2015).

O inciso II do art. 12 da Lei n. 8.212/91 determinou que o empregado doméstico é considerado segurado obrigatório. No mesmo sentido, o inciso II do art. 9º do Regulamento da Previdência Social. O inciso IV do § 15 do art. 9º do Regulamento da Previdência Social dispôs que a pessoa "que presta serviço de natureza não contínua a pessoa ou a família, no âmbito residencial desta, sem fins lucrativos", é considerada segurado obrigatório na condição de trabalhador autônomo, em razão da ausência de continuidade nessa prestação.

O empregador doméstico deverá promover a inscrição do empregado doméstico no INSS, visando obter o número para poder recolher a contribuição. Exige-se que o empregado doméstico apresente CTPS registrada e documento de identidade. Obtido o número de inscrição do doméstico, o empregador poderá começar a fazer os recolhimentos, mediante guia.

1.1. Contribuição previdenciária

Previa a Lei n. 5.859/72 que o custeio da Previdência Social era feito à razão de 8% pelo empregador e 8% pelo empregado doméstico (art. 5º). O empregado doméstico recolhia sua parte até três salários mínimos (§ 1º do art. 5º). Mesmo que percebesse salário superior, teria limitado o desconto de 8% até o limite de três salários mínimos. Determinava ainda o § 2º do art. 5º da Lei n. 5.859/72 que a falta de recolhimento, na época própria, das contribuições previstas anteriormente sujeitaria o responsável ao pagamento do juro moratório de 1% ao mês, além da multa variável de 10% a 50% do valor do débito.

A Lei n. 6.887, de 10-12-1980, alterou a redação do inciso I do art. 69 da Lei n. 3.807/60, estabelecendo que o porcentual de 8% incidiria sobre o salário de contribuição do empregado doméstico.

O Decreto-lei n. 1.910, de 29-12-1981, aumentou o porcentual do empregador doméstico para 10% e o do empregado doméstico para 8,5%.

Com a edição da Lei n. 7.787/89, houve modificação na questão. O empregado doméstico passou a recolher como qualquer segurado, de acordo com as alíquotas de 8%, 9% e 10% (art. 1º), desaparecendo a alíquota de 8,5%. O empregador doméstico passou a recolher 12% do salário de contribuição do empregado doméstico, sem se falar em limite de três salários mínimos. O recolhimento deveria ser feito sobre o total do valor percebido pelo empregado a título de remuneração.

A Lei n. 8.212/91 repetiu as disposições da Lei n. 7.787/89, estabelecendo os porcentuais de 8%, 9% e 11%, que ficariam a cargo do empregado doméstico (art. 20), calculados sobre sua remuneração, inexistindo o teto de três salários mínimos, mas o normal previsto para qualquer trabalhador, de acordo com o limite da tabela. O empregador doméstico deveria recolher sua parte no porcentual de 12% sobre o salário de contribuição do empregado doméstico (art. 24). A Lei n. 9.032, de 28-4-1995, deu nova redação ao art. 20 da Lei n. 8.212/91, alterando os porcentuais para 7,5, 8%, 9% e 12 e 14%, porém o porcentual do empregador continuou a ser de 12%. Na prática, muitos empregadores acabam não descontando o porcentual da contribuição previdenciária pertinente ao empregado doméstico, pagando-lhe o salário integral ajustado, sem nenhuma dedução.

A partir da publicação do regulamento, a alíquota do empregador será de 8% (art. 34, II, da Lei Complementar n. 150/2015). A capacidade contributiva do empregador doméstico não é a mesma do empregador comum. Daí por que devem ser feitas diferenças no recolhimento de contribuições.

A tabela de salário de contribuição de 2024 é a seguinte:

Salário de contribuição	Alíquota	Dedução
até R$ 1.412,01	7,50%	–
R$ 1.412,01 até R$ 2.666,68	9,00%	R$ 21,18
R$ 2.666,68 até R$ 4.000,03	12,00%	R$ 101,18
R$ 4.000,03 até R$ 7.786,02	14,00%	R$ 181,18

Se o doméstico ganhar mais de R$ 7.786,02, aplicam-se 11% sobre esse valor e não sobre o salário do doméstico. Exemplo: o empregado ganha R$ 8.000,00. A contribuição previdenciária do empregado será de 14% de R$ 7.786,02 = R$ 1.090,04.

Dispõe o inciso XXVIII do art. 7º da Constituição que o seguro contra acidente do trabalho fica a cargo do empregador. Essa regra passou a ser observada para o doméstico, pois o parágrafo único do art. 7º da Constituição passou a fazer referência expressa ao inciso XXVIII do art. 7º da Lei Maior. O § 5º do art. 195 da

Constituição exige fonte de custeio total para que as prestações de acidente do trabalho sejam estendidas ao doméstico. A partir da publicação do regulamento, a alíquota do empregador para o custeio de acidente do trabalho será de 0,8% (art. 34, III, da Lei Complementar n. 150/2015).

A lei não é clara sobre a base de cálculo, o que pode importar na inexigibilidade da contribuição para o custeio de acidente do trabalho, pois a base de cálculo necessariamente precisa ser prevista em lei (art. 97, IV, do CTN). Parece que incidirá sobre a remuneração paga ao doméstico, pois é a mesma base de cálculo da contribuição previdenciária do empregador e do empregado doméstico.

Inexistirá também recolhimento referente às contribuições de terceiros, como Senai e Sesi, Senac e Sesc, Sest e Senat, Sebrae ou Senar, nem mesmo do Incra e salário-educação.

O salário de contribuição do empregado doméstico será a remuneração registrada em sua CTPS (art. 28, II, da Lei n. 8.212/91), que hoje pode ser superior a três salários mínimos.

Rezava o art. 6º da Lei n. 7.787/89 que "a contribuição do empregador é de 12% do salário de contribuição do empregado doméstico a seu serviço". A referida norma não estabelecia qualquer teto para o empregador doméstico. O art. 1º da Lei n. 7.787/89 não repetia a Lei n. 5.859/72, que estabelecia o limite máximo de três salários mínimos para o salário de contribuição do empregado doméstico, mas determinava o teto normal para qualquer empregado.

Dispõe o inciso II do art. 28 da Lei n. 8.212/91 que

o salário de contribuição do empregado doméstico é a remuneração registrada na Carteira de Trabalho e Previdência Social, observadas as normas a serem estabelecidas em regulamento para comprovação do vínculo empregatício e do valor da remuneração.

O regulamento iria tratar da comprovação do vínculo empregatício e do valor da remuneração e não do salário de contribuição do empregador doméstico.

Reza o art. 24 da Lei n. 8.212/91 que "a contribuição do empregador doméstico é de 12% (doze por cento) do salário de contribuição do empregado doméstico a seu serviço". Esse dispositivo tem a redação original de 1991. Não está escrito no referido comando legal "respeitado o limite máximo do salário de contribuição".

O Decreto n. 356/91 determinou o Regulamento da Organização e do Custeio da Seguridade Social. Dispôs o art. 34 que "a contribuição do empregador doméstico é de 12% (doze por cento) do salário de contribuição do empregado doméstico a seu serviço, observado o limite máximo referido no § 5º do art. 37".

O Decreto n. 612/92 estabeleceu novo regulamento para a Lei n. 8.212/91. O art. 34 determinou que "a contribuição do empregador doméstico é de 12% (doze por cento) do salário de contribuição do empregado doméstico a seu serviço, observado o limite máximo referido no § 5º do art. 37". Não poderia o Regulamento estabelecer que o teto da contribuição do empregador doméstico era o previsto para o empregado, pois a lei assim não dispunha. Era, portanto, ilegal o referido dispositivo, pois ia além da previsão da lei.

A função da norma administrativa é esclarecer o conteúdo da lei e não dispor sobre regra não descrita na lei.

O fato gerador e a base de cálculo só podem ser estabelecidos por lei (art. 97, III e IV, do CTN). Não podem ser determinados ou modificados pelo Regulamento, que não tem natureza de lei.

O Decreto n. 2.173/97 revogou os Decretos n. 356/91 e 612/92. O art. 34 do novo Regulamento estabeleceu: "A contribuição do empregador doméstico é de doze por cento do salário de contribuição do empregado doméstico a seu serviço". Não estipulou nenhum limite, pois a lei não havia determinado limite máximo para a contribuição do empregador doméstico. O Decreto n. 2.173/97 corrigiu o erro do art. 34 do Regulamento baixado pelo Decreto n. 612/92.

O Decreto n. 3.048/99 revogou o Decreto n. 2.173/97. O art. 211 do novo Regulamento dispôs: "A contribuição do empregador doméstico é de doze por cento do salário de contribuição do empregado doméstico a seu serviço". Não estabeleceu limite para a contribuição do empregador doméstico.

O teto é para o empregado, pois é o valor máximo do benefício e, portanto, é o valor máximo da contribuição. Não adianta recolher valor superior ao teto, pois o benefício estará limitado ao teto de R$ 7.786,02. Em se tratando de contribuição do empregador, não há teto, como ocorre também para o empregador doméstico.

O § 5º do art. 28 da Lei n. 8.212/91 determina o limite máximo do salário de contribuição para o empregado e não para o empregador, inclusive para o empregador doméstico. Nos parágrafos do artigo não foi dito que há teto para o empregador doméstico. Logo, não pode ser aplicado teto para o empregador doméstico.

A contribuição do empregador doméstico é de 8% do salário de contribuição do empregado doméstico a seu serviço (art. 34, II, da Lei Complementar n. 150/2015 c/c art. 24 da Lei n. 8.212/91). O salário de contribuição para o empregado doméstico é a remuneração registrada na Carteira de Trabalho e Previdência Social (art. 28, II, da Lei n. 8.212/91).

Remuneração tem sentido amplo, do valor total recebido pelo empregado doméstico, pois este não ganha gorjetas. Logo, a contribuição previdenciária do empregador doméstico é de 12% sobre a remuneração registrada na CTPS do empregado, sem que haja qualquer teto para o empregador.

Se a remuneração do empregado doméstico é de R$ 10.000,00, aplica-se 8% sobre o referido valor, sem estabelecer qualquer teto para o empregador doméstico, pois o referido valor é a remuneração registrada do empregado doméstico na CTPS.

Quando a admissão, dispensa, afastamento ou falta do empregado doméstico ocorrer no curso do mês, a contribuição incidirá proporcionalmente sobre os dias trabalhados.

O prazo para recolhimento da contribuição previdenciária do empregado e do empregador doméstico é até o dia 20 do mês seguinte ao da competência, como se observa dos incisos II e V do art. 30 da Lei n. 8.212/91. Assim, o empregador doméstico tem de recolher as contribuições previdenciárias do mês de dezembro até o dia 20 do mês de janeiro. Caindo o dia 20 em dia não útil, o pagamento deve ser feito no primeiro dia útil posterior.

O empregador doméstico poderá optar por recolher a contribuição previdenciária trimestralmente no dia 20 do mês seguinte ao de cada trimestre civil, desde que o empregado doméstico ganhe até um salário mínimo. Se não houver expediente bancário no dia 20, o recolhimento deverá ser feito até o primeiro dia útil imediatamente anterior.

Sobre a primeira parcela do 13º salário não incide a contribuição previdenciária. Sobre a segunda parcela incide a contribuição, sendo calculada em separado do pagamento do salário do mês. O recolhimento deve ser feito até o dia 20 de dezembro.

O empregador doméstico poderá recolher a contribuição do segurado empregado a seu serviço e a parcela a seu cargo, relativas à competência novembro, até o dia 20 de dezembro, juntamente com a contribuição referente ao 13º salário, utilizando-se de um único documento de arrecadação (§ 6º do art. 30 da Lei n. 8.212/91).

Objetiva a lei a diminuição da burocracia para o empregador doméstico. Ele não precisará fazer dois recolhimentos muito próximos entre si, fazendo apenas um no dia 20 de dezembro, que irá se referir ao recolhimento da contribuição previdenciária da competência novembro e sobre o 13º salário.

O código para recolhimento da contribuição mensal do empregado e empregador doméstico é 1.600. Se o recolhimento for trimestral, o código é 1.651.

No mês da competência, devem-se colocar na guia de recolhimento o mês e o ano respectivos (ex.: 10/24). Se for o recolhimento do 13º salário, colocar 13º.

Não paga a contribuição no prazo legal, o empregador estará sujeito à multa de:
(I) para pagamento, após o vencimento de obrigação não incluída em notificação fiscal de lançamento:
  (a) 8%, dentro do mês de vencimento da obrigação;
  (b) 14%, no mês seguinte;
  (c) 20%, a partir do segundo mês seguinte ao do vencimento da obrigação;
(II) para pagamento de créditos incluídos em notificação fiscal de lançamento:
  (a) 24%, em até 15 dias do recebimento da notificação;
  (b) 30%, após o décimo quinto dia do recebimento da notificação;
  (c) 40%, após apresentação de recurso desde que antecedido de defesa, sendo ambos tempestivos, até 15 dias da ciência da decisão do Conselho de Recursos da Previdência Social;
  (d) 50%, após o décimo quinto dia da ciência da decisão do Conselho de Recursos da Previdência Social, enquanto não inscrito em Dívida Ativa;
(III) para pagamento do crédito inscrito em Dívida Ativa:
  (a) 60%, quando não tenha sido objeto de parcelamento;
  (b) 70%, se houve parcelamento;
  (c) 80%, após o ajuizamento de execução fiscal, mesmo que o devedor ainda não tenha sido citado, se o crédito não foi objeto de parcelamento;
  (d) 100%, após o ajuizamento da execução fiscal, mesmo que o devedor ainda não tenha sido citado, se o crédito foi objeto de parcelamento.

Os juros de mora serão os equivalentes à taxa referencial do Sistema Especial de Liquidação e de Custódia (Selic).

Se o empregado doméstico tiver mais de um emprego, cada empregador doméstico deverá ter para ele uma guia, descontando a parte pertinente ao obreiro e recolhendo sua parte de 8% sobre sua remuneração. Se o salário do empregado doméstico exceder o limite da tabela, deverá haver comunicação por escrito entre os empregadores no sentido de que a parte do empregado seja recolhida até atingir o limite, com a alíquota pertinente, de modo a que não se recolha valor superior ao devido.

Havendo rescisão do contrato de trabalho por parte do empregador e existindo pagamento de aviso prévio e férias indenizadas, não haverá a incidência da contribuição previdenciária sobre essas duas verbas.

2. BENEFÍCIOS PREVIDENCIÁRIOS

Alguns conceitos devem ser emitidos neste momento para que se entenda como o benefício é calculado.

Período de carência é o número mínimo de contribuições necessárias para que o segurado faça jus ao benefício. Não cumprido o período de carência, o segurado não tem direito ao benefício.

Para o cômputo do período de carência, serão consideradas as contribuições:

(I) referentes ao período a partir da data de filiação ao Regime Geral de Previdência Social (RGPS), no caso dos segurados empregados, inclusive os domésticos, e dos trabalhadores avulsos;

(II) realizadas a contar da data de efetivo pagamento da primeira contribuição sem atraso, não sendo consideradas para este fim as contribuições recolhidas com atraso referentes a competências anteriores, no caso dos segurados contribuinte individual, especial e facultativo (art. 27 da Lei Complementar n. 150/2015).

Salário de benefício é a média aritmética simples de todos os últimos salários de contribuição dos meses imediatamente anteriores ao do afastamento da atividade ou da data da entrada do requerimento.

A renda mensal inicial do benefício de prestação continuada que substituir o salário de contribuição ou o rendimento do trabalho do segurado não terá valor inferior ao do salário mínimo nem superior ao do limite máximo do salário de contribuição. A renda mensal inicial (RMI) será calculada tomando o salário de benefício (SB) e multiplicando pelo coeficiente referente ao benefício. É possível representá-la na seguinte fórmula:

RMI = SB ´ coeficiente

No cálculo do valor da renda mensal do benefício, inclusive o decorrente de acidente do trabalho, serão computados:

(I) para o segurado empregado doméstico, os salários de contribuição referentes aos meses de contribuições devidas, ainda que não recolhidas pelo empregador doméstico, sem prejuízo da respectiva cobrança e da aplicação das penalidades cabíveis;

(II) para o segurado doméstico, o valor mensal do auxílio-acidente, considerado como salário de contribuição para fins de concessão de qualquer aposentadoria (art. 34 da Lei n. 8.213/91).

Ao segurado doméstico que tenha cumprido todas as condições para a concessão do benefício pleiteado, mas não possa comprovar o valor de seus salários de contribuição no período básico de cálculo, será concedido o benefício de valor mínimo, devendo esta renda ser recalculada quando da apresentação de prova dos salários de contribuição (art. 35 da Lei n. 8.213/91).

A renda mensal inicial deve ser reajustada como a dos benefícios correspondentes com igual data de início e substituirá, a partir da data do requerimento de revisão do valor do benefício, a renda mensal que prevalecia até então (art. 37 da Lei n. 8.213/91).

2.1. Salário-maternidade

Com a Constituição de 1988, está expresso que a empregada doméstica gestante tem direito ao salário-maternidade, sem prejuízo do emprego e do salário, com a duração de 120 dias.

Quem paga, porém, o salário-maternidade da empregada doméstica em estado de gestação é a própria Previdência Social (art. 73 da Lei n. 8.213/91), e não o empregador doméstico. Este não tem obrigação nenhuma de pagar a licença-maternidade da empregada doméstica, que fica inteiramente a cargo do INSS. A empregada doméstica deverá receber o valor correspondente no próprio posto de benefícios. A importância corresponderá a seu último salário de contribuição (art. 73, I, da Lei n. 8.213/91).

O único encargo que o empregador doméstico terá durante a licença-maternidade da doméstica será o recolhimento mensal dos 8% sobre o salário de contribuição do empregado doméstico, que é apenas a parte do empregador. Não terá de descontar e recolher a parte do empregado, por inexistir previsão legal expressa nesse sentido, até porque não há do que descontar, pois a doméstica não estará recebendo salário, mas benefício.

O INSS descontará do próprio benefício da empregada em gozo de salário-maternidade a contribuição previdenciária da doméstica, nas alíquotas 8, 9 ou 11%, pagando à trabalhadora o valor líquido.

A Emenda Constitucional n. 20/98 limita o valor do benefício previdenciário a R$ 7.786,02. Entende o STF que o salário-maternidade não está sujeito ao teto, devendo o INSS pagar o benefício no valor integral, independentemente do valor do salário da trabalhadora gestante. Os ministros do STF afirmaram que a limitação contraria a Constituição, em razão de que a gestante tem garantido o direito à licença-maternidade, sem prejuízo do emprego e do salário, com duração de 120 dias (art. 7º, XVIII) (STF, Pleno ADIn 1.9465/DF, j. 3-4-2003, Rel. Min. Sidney Sanches, *LTr* 67-06/706). Assim, se a doméstica ganhar mais do que o teto do benefício, receberá do INSS o valor de seu salário.

Inexiste período de carência para o salário-maternidade da doméstica. Mesmo que a empregada tenha trabalhado um mês na condição de segurada da Previdência Social, fará jus ao benefício.

Nos meses de início e término da licença-gestante da segurada com remuneração mensal superior ao limite máximo, o valor do benefício de salário-maternidade será proporcional aos dias de afastamento do trabalho em relação ao limite máximo.

Tendo a empregada doméstica mais de um emprego, fará jus ao salário-maternidade em cada um deles.

A licença-maternidade da empregada doméstica, como de qualquer outra, compreende o período entre 28 dias antes do parto e a data de ocorrência deste, abrangendo os 92 dias subsequentes (art. 71 da Lei n. 8.213/91). Quem irá fixar o período será o médico.

Dispõe o art. 395 da CLT que, em caso de aborto não criminoso, comprovado por atestado médico oficial, a mulher terá um repouso remunerado de duas semanas, ficando-lhe assegurado o direito de retornar à função que ocupava antes de seu afastamento. Entretanto, a CLT não se observa ao doméstico (art. 7º, a, da CLT). Assim, a doméstica não faz jus à licença de duas semanas em caso de aborto não criminoso.

É sabido que o INSS, no âmbito administrativo, não paga o salário-maternidade se deixa de existir a relação de emprego. O fundamento é o art. 97 do Decreto n. 3.048/99.

Ocorre que não existe previsão legal para a determinação do art. 97 do Regulamento da Previdência Social.

Independe de carência a concessão de salário-maternidade para as seguradas empregada, trabalhadora avulsa e empregada doméstica (art. 26, VI, da Lei n. 8.213/91).

É mantida a qualidade de segurado até 12 meses após a cessação das contribuições, caso deixe de exercer atividade remunerada abrangida pela Previdência Social ou estiver suspenso ou licenciado sem remuneração (art. 15, II, da Lei n. 8.213/91).

A lei não dispõe que o salário-maternidade só é pago na vigência da relação de emprego. Logo, o decreto não pode dispor sobre o que a lei não prevê.

O decreto tem por objetivo esclarecer o conteúdo da lei, regulamentá-la. Não pode exceder o conteúdo da lei ou regulamentar o que nela não está disposto.

Trata o art. 71 da Lei n. 8.213/91 sobre o salário-maternidade, mas não manda observar o regulamento, apenas "as situações e condições previstas na legislação no que concerne à proteção à maternidade".

Prevê o art. 73 da Lei n. 8.213/91 a concessão do salário-maternidade para pessoas que não são empregadas, como a trabalhadora autônoma e a segurada especial. Indica o art. 72 da mesma lei que a trabalhadora avulsa também faz jus ao benefício. Logo, não é requisito para a percepção do salário-maternidade estar empregada. É a condição para o recolhimento do benefício apenas a manutenção da qualidade de segurada da trabalhadora.

O INSS, como órgão pertencente à Administração Pública da União, não pode negar-se a conceder o benefício com base no regulamento, pois está adstrito ao princípio da legalidade (art. 37 da Constituição), devendo observar aquilo que a lei não proíbe ou não determina expressamente, que é a manutenção da condição de empregada para a concessão do benefício do salário-maternidade.

Se no âmbito administrativo a empregada não conseguir receber o salário-maternidade, poderá ajuizar ação na Justiça Federal contra o INSS para o recebimento do benefício, com amplas chances de resultado positivo.

Em caso de parto antecipado, a doméstica fará jus aos 120 dias do salário-maternidade, que também serão pagos pelo INSS.

A dispensa da empregada doméstica gestante não lhe dá direito a estabilidade, apenas aos salários dos 120 dias da licença-maternidade, se provado o nascimento do filho.

À segurada da Previdência Social que adotar ou obtiver guarda judicial para fins de adoção de criança é devido salário-maternidade pelo período de 120 dias, se a criança tiver até um ano de idade, de 60 dias, se a criança tiver entre um e quatro anos de idade, e de 30 dias, se a criança tiver de quatro a oito anos de idade (art. 71-A da Lei n. 8.213/91).

A norma não faz distinção quanto ao tipo de segurada, incluindo, portanto, a empregada doméstica.

Em relação à criança adotada que tiver mais de oito anos de idade, não haverá direito ao salário-maternidade.

Previa o parágrafo único do art. 71 da Lei n. 8.213/91 que a empregada doméstica poderia requerer o salário-maternidade até 90 dias após o parto. Esse parágrafo foi revogado pelo art. 15 da Lei n. 9.528/97. Agora, não há mais prazo para a doméstica requerer o salário-maternidade. Poderá requerê-lo mesmo depois de 90 dias do parto.

A lei não resolve o problema do 13º salário do período em que a doméstica estiver em gozo de licença-maternidade, isto é, dos 120 dias. O art. 120 do Regulamento da Previdência Social dispõe que o abono anual, que é o 13º salário de quem recebe benefício, não é devido para quem recebe salário-maternidade. A Previdência não reembolsa o 13º salário do salário-maternidade, pois o recolhimento não é feito por GRPS. A solução é o empregador pagar o 13º salário, porém, não terá obrigação, por falta de previsão legal.

2.2. Aposentadoria

O art. 4º da Lei n. 5.859/72 já dizia que "aos empregados domésticos são assegurados os benefícios e serviços da Lei Orgânica da Previdência Social" (na época, a Lei n. 3.807/60), "na qualidade de segurados obrigatórios". Assim, o empregado doméstico era considerado segurado obrigatório e tinha direito aos benefícios da Previdência Social, inclusive aposentadoria.

O inciso XXIV do art. 7º da Constituição assegurou expressamente ao doméstico a "aposentadoria". Logicamente, essa aposentadoria depende do que a lei ordinária prevê sobre o tema para o referido trabalhador. Assim, tem direito o empregado doméstico à aposentadoria por tempo de contribuição, por idade, por invalidez, bem como a auxílio-doença e assistência médica. Os dependentes do doméstico terão direito a auxílio-reclusão, pensão e assistência médica.

Será devida a aposentadoria por idade ao doméstico, conforme o art. 49, I, da Lei n. 8.213/91:

(a) da data do desligamento do emprego, quando requerida até essa data, ou até 90 dias depois dela;

(b) da data do requerimento, quando não houver desligamento do emprego ou quando for requerida após o prazo previsto na letra *a*.

O homem terá direito a aposentadoria por idade aos 65 anos e a mulher, aos 60 anos. A aposentadoria por idade será compulsória aos 70 anos para o homem e aos 65 para a mulher. O período de carência será de 180 contribuições. A renda mensal inicial será de 70% do salário de benefício, mais 1% em relação a cada grupo de 12 contribuições, até atingir 100%.

A aposentadoria por invalidez do empregado doméstico é devida a contar da data do início da incapacidade ou da data da entrada do requerimento, se entre essas datas decorrerem mais de 30 dias (art. 43, *b*, da Lei n. 8.213/91). A aposentadoria por invalidez é devida ao doméstico desde o 1º dia, não sendo o caso de o empregador pagar os 15 primeiros dias de afastamento, pois o empregador não é empresa e não há previsão legal nesse sentido. A renda mensal inicial será de 100% do salário de benefício. O período de carência será de 12 contribuições.

A concessão de aposentadoria por invalidez dependerá da verificação da condição de incapacidade mediante exame médico-pericial a cargo da Previdência Social, podendo o segurado, a suas expensas, fazer-se acompanhar de médico de sua confiança.

O aposentado por invalidez e o pensionista inválido que não tenham retornado à atividade estarão isentos do exame de que trata o *caput* do art. 101 da Lei n. 8.213/91:

(I) após completarem 55 anos ou mais de idade e quando decorridos 15 anos da data da concessão da aposentadoria por invalidez ou do auxílio-doença que a precedeu; ou

(II) após completarem 60 anos de idade.

A doença ou lesão de que o segurado já é portador ao filiar-se ao Regime Geral de Previdência Social não lhe conferirá direito à aposentadoria por invalidez, salvo quando a incapacidade sobrevier por motivo de progressão ou agravamento dessa doença ou lesão.

O valor da aposentadoria por invalidez do segurado que necessitar de assistência permanente de outra pessoa será acrescido de 25%. Isso quer dizer que sua aposentadoria chegará a 125% do salário de benefício. O referido acréscimo:

(a) será devido ainda que o valor da aposentadoria atinja o limite máximo legal;

(b) será recalculado quando o benefício que lhe deu origem for reajustado;

(c) cessará com a morte do aposentado, não sendo incorporável ao valor da pensão.

O aposentado por invalidez que retornar voluntariamente à atividade terá sua aposentadoria automaticamente cancelada, a partir da data do retorno.

Verificada a recuperação da capacidade de trabalho do aposentado por invalidez, será observado o seguinte procedimento:

(I) quando a recuperação ocorrer dentro de cinco anos, contados da data do início da aposentadoria por invalidez ou do auxílio-doença que a antecedeu sem interrupção, o benefício cessará após tantos meses quantos forem os anos de duração do auxílio-doença ou da aposentadoria por invalidez;

(II) quando a recuperação for parcial, ou ocorrer após o período do inciso I, ou ainda quando o segurado for declarado apto para o exercício de trabalho diverso do que habitualmente exercia, a aposentadoria será mantida, sem prejuízo da volta à atividade:

(a) em seu valor integral, durante seis meses contados da data em que for verificada a recuperação da capacidade;

(b) com redução de 50%, no período seguinte de seis meses;

(c) com redução de 75%, também por igual período de seis meses, ao término do qual cessará definitivamente.

Desaparece a aposentadoria por tempo de serviço com a Emenda Constitucional n. 20/98. Apenas as pessoas que têm direito adquirido à referida aposentadoria, de forma proporcional, é que poderão requerê-la (art. 3º da Emenda Constitucional n. 20/98).

Para quem adquiriu o direito, a aposentadoria proporcional por tempo de serviço será concedida ao segurado com 30 anos e à segurada com 25 anos de tempo de serviço. A mulher terá renda mensal de 70% aos 25 anos de serviço (proporcional), mais 6% a cada novo ano completo de atividade até o máximo de 100% do salário de benefício quando atingir 30 anos de serviço.

O homem terá 70% do salário de benefício aos 30 anos de serviço, mais 6% a cada novo ano completo de atividade, até o máximo de 100% do salário de benefício aos 35 anos de serviço. O período de carência é de 180 contribuições. A data da concessão da aposentadoria será a mesma que na aposentadoria por idade (art. 54 da Lei n. 8.213/91).

O segurado que se filiou ao Regime Geral de Previdência Social até 16-12-1998 terá direito à aposentadoria integral quando, cumulativamente, atender aos seguintes requisitos:

(a) contar com 53 anos de idade, se homem, e 48 anos de idade, se mulher; e

(b) contar tempo de contribuição igual, no mínimo, à soma de:

(1) 35 anos, se homem, e 30 anos, se mulher; e

(2) um período adicional de contribuição equivalente a 25% do tempo que, em 16-12-1998, faltaria para atingir o limite de tempo constante do número anterior.

Tendo o segurado se filiado ao Regime Geral de Previdência Social até 16-12-1998, fará jus à aposentadoria proporcional, desde que tenha 53 anos de idade, se homem, e 48 anos de idade, se mulher, atendendo às seguintes condições:

(I) contar tempo de contribuição igual, no mínimo, à soma de:

(a) 30 anos, se homem, e 25 anos, se mulher; e

(b) um período adicional de contribuição equivalente a 40% do tempo que, na data de 16-12-1998, faltaria para atingir o limite de tempo constante da alínea anterior;

(II) o valor da aposentadoria proporcional será equivalente a 70% do valor da aposentadoria do salário de contribuição corrigido, acrescido de 5% por ano de contribuição que supere a soma a que se refere o inciso anterior, até o limite de 100%.

Consiste o salário de benefício:

(a) para os benefícios de aposentadoria por idade e por tempo de serviço, na média aritmética simples dos maiores salários de contribuição correspondentes a 80% de todo o período contributivo, multiplicado pelo fator previdenciário;

(b) para os benefícios de aposentadoria por invalidez, aposentadoria especial, auxílio-doença e auxílio-acidente, na média aritmética simples dos maiores salários de contribuição correspondentes a 80% de todo o período contributivo.

O fator previdenciário será calculado considerando a idade, a expectativa de sobrevida e o tempo de contribuição do segurado ao se aposentar, segundo a seguinte fórmula:

$$f = \frac{Tc \times a}{Es} \times \left[1 + \frac{Id + Tc \times a}{100}\right]$$

Em que:

f = fator previdenciário;

Es = expectativa de sobrevida no momento da aposentadoria;

Tc = tempo de contribuição até o momento da aposentadoria;

Id = idade no momento da aposentadoria;

a = alíquota de contribuição correspondente a 0,31.

Para efeito do parágrafo anterior, a expectativa de sobrevida do segurado na idade da aposentadoria será obtida com base na tábua completa da mortalidade construída pelo IBGE, considerando a média nacional única para ambos os sexos. A expectativa média de vida do brasileiro em 2022 era de 75,5 anos.

Na aplicação do fator previdenciário, ao tempo de contribuição do segurado serão adicionados cinco anos, quando se tratar de mulher.

O segurado que preencher o requisito para a aposentadoria por tempo de contribuição poderá optar pela não incidência do fator previdenciário no cálculo de sua aposentadoria, quando o total resultante da soma de sua idade e de seu tempo de contribuição, incluídas as frações, na data de requerimento da aposentadoria, for:

I – igual ou superior a 95 pontos, se homem, observado o tempo mínimo de contribuição de 35 anos; ou

II – igual ou superior a 85 pontos, se mulher, observado o tempo mínimo de contribuição de 30 anos (art. 29-C da Lei n. 8.213/91). Serão somadas as frações em meses completos de tempo de contribuição e idade. As somas de idade e de tempo de contribuição serão majoradas em um ponto em:

I – 31 de dezembro de 2018;

II – 31 de dezembro de 2020;

III – 31 de dezembro de 2022;

IV – 31 de dezembro de 2024; e

V – 31 de dezembro de 2026.

Ao segurado que alcançar o requisito necessário ao exercício da opção e deixar de requerer aposentadoria será assegurado o direito à opção com a aplicação da pontuação exigida na data do cumprimento do requisito nos termos do art. 29-C da Lei n. 8.213/91.

2.3. Auxílio-doença

O auxílio-doença é devido ao segurado que ficar incapacitado por mais de 15 dias para o trabalho (art. 59 da Lei n. 8.213/91), desde que tenha cumprido o período de carência de 12 contribuições mensais.

Nos primeiros 15 dias da doença, o empregador doméstico não está obrigado a pagar o salário respectivo, justamente porque não é a empresa de que trata o § 3º do art. 60 da Lei n. 8.213/91. O art. 60 do Regulamento da Previdência Social determina que o empregado doméstico tem direito de receber o auxílio-doença a contar do início da incapacidade. Assim, nota-se que o empregador doméstico não irá pagar os 15 primeiros dias de afastamento, que ficarão a cargo da própria Previdência Social.

A renda mensal do auxílio-doença é de 91% do salário de benefício.

O segurado em gozo de auxílio-doença, insuscetível de recuperação para sua atividade habitual, deverá submeter-se a processo de reabilitação profissional para o exercício de outra atividade. Não cessará o benefício até que seja dado como habilitado para o desempenho de nova atividade que lhe garanta a subsistência ou, quando considerado não recuperável, for aposentado por invalidez.

O segurado empregado em gozo de auxílio-doença será considerado licenciado (art. 63 da Lei n. 8.213/91), não tendo o empregador de lhe pagar salários.

Sempre que possível, o ato de concessão ou de reativação de auxílio-doença, judicial ou administrativo, deverá fixar o prazo estimado para a duração do benefício (§ 8º do art. 60 da Lei n. 8.213/91).

Na ausência de fixação do prazo, o benefício cessará após o prazo de 120 dias, contado da data de concessão ou de reativação do auxílio-doença, exceto se o segurado requerer a sua prorrogação perante o INSS, na forma do regulamento (§ 9º do art. 60 da Lei n. 8.213/91).

O segurado em gozo de auxílio-doença, concedido judicial ou administrativamente, poderá ser convocado a qualquer momento para avaliação das condições que ensejaram sua concessão ou manutenção.

2.4. Salário-família

A Lei n. 4.266, de 3-10-1963, que criou o salário-família, não mencionava que tal benefício seria devido ao empregado doméstico. Ao contrário, determinava que "o salário-família [...] será devido, pelas empresas vinculadas à Previdência Social" (art. 1º). O empregador doméstico não pode ser considerado empresa nem a ela equiparado. Logo, não era devido o salário-família ao empregado doméstico.

A redação original do art. 65 da Lei n. 8.213/91 excluía expressamente o empregado doméstico entre os que teriam direito ao salário-família. Assim, o doméstico só terá direito ao salário-família quando a lei ordinária assim estabelecer, pois existe necessidade de custeio específico para a extensão do salário-família ao doméstico (§ 5º do art. 195 da Constituição).

O parágrafo único do art. 7º da Constituição faz menção ao inciso XII do mesmo artigo, que trata do salário-família para seus dependentes.

O Presidente da República vetou na Lei n. 11.324/2006 o dispositivo que assegurava o salário-família para o doméstico, pois não havia fonte de custeio para a instituição do benefício, violando o § 5º do art. 195 da Constituição.

Estima-se que a despesa com a criação do benefício do salário-família para o doméstico seria de R$ 318 milhões por ano, sem a correspondente fonte de custeio.

A Lei Complementar n. 150/2015 deu nova redação ao art. 65 da Lei n. 8.213/91, estendendo o direito do salário-família ao empregado doméstico.

O salário-família é devido a cada filho do empregado até 14 anos. Para quem ganha até R$ 1.819,26, o valor é de R$ 62,04 por filho.

Deve o empregado doméstico apresentar apenas a certidão de nascimento para fazer jus ao salário-família (parágrafo único do art. 67 da Lei Complementar n. 150/2015).

As cotas do salário-família serão pagas pelo empregador doméstico, mensalmente, junto com o salário, efetivando-se a compensação quando do recolhimento das contribuições (art. 68 da Lei Complementar n. 150/2015).

O empregador doméstico conservará durante 10 anos os comprovantes de pagamento e as cópias das certidões correspondentes, para fiscalização da Previdência Social (parágrafo único do art. 68 da Lei Complementar n. 150/2015).

Entretanto, entendo inconstitucional a extensão do salário-família ao empregado doméstico, por falta de custeio específico para a concessão do benefício (§ 5º do art. 195 da Constituição).

2.5. Pensão por morte

É devida a pensão por morte aos dependentes do segurado doméstico falecido. Pouco importa se o segurado era ou não aposentado.

Não haverá período de carência para a pensão por morte (art. 26, I, da Lei n. 8.213/91).

A pensão será devida a contar da data do óbito ou da decisão judicial que reconhecer a morte presumida do segurado.

Quando se tratar de morte presumida, a data de início do benefício será a da decisão judicial.

A pensão por morte consiste numa renda mensal de 100% do salário de benefício do segurado falecido.

O benefício não poderá ser inferior a um salário mínimo.

O cônjuge divorciado ou separado judicialmente ou de fato, que recebia pensão de alimentos, receberá a pensão em igualdade de condições com os dependentes.

O pagamento da cota individual da pensão por morte cessa:

(a) pela morte do pensionista;

(b) para o pensionista menor de idade, pela emancipação ou ao completar 21 anos, salvo se for inválido;

(c) para o pensionista inválido, pela cessação da invalidez, verificada em exame médico-pericial a cargo da Previdência Social.

Com a extinção da cota do último pensionista, a pensão por morte será encerrada.

O pensionista inválido estará obrigado, independentemente de sua idade e sob pena de suspensão do benefício, a submeter-se a exame médico a cargo da Previdência Social, processo de reabilitação profissional por ela prescrito e custeado e tratamento dispensado gratuitamente, exceto o cirúrgico e a transfusão de sangue, que são facultativos.

2.6. Auxílio-reclusão

Os dependentes do doméstico terão direito a receber auxílio-reclusão caso o segurado doméstico venha a ser preso. Não poderá o doméstico estar recebendo auxílio-doença, aposentadoria ou abono de permanência em serviço. O benefício é devido apenas a pessoas que ganham até R$ 1.819,26. Se o salário for superior, o benefício é indevido.

O auxílio-reclusão segue as mesmas regras da pensão por morte. Não há também período de carência. A renda mensal inicial será de 100% do salário de benefício do segurado.

O pedido de auxílio-reclusão deve ser instruído com certidão do efetivo recolhimento à prisão, firmada pela autoridade competente.

A data do início do benefício será a do efetivo recolhimento do segurado à prisão.

Será o auxílio-reclusão mantido enquanto o segurado estiver detido ou recluso, sendo suspenso com a soltura do empregado.

O beneficiário deverá apresentar trimestralmente atestado de que o segurado continua detido ou recluso, firmado pela autoridade competente.

No caso de fuga, o benefício será suspenso e, se houver recaptura do segurado, será restabelecido a contar da data em que esta ocorrer, desde que esteja ainda mantida a qualidade de segurado. Se houver exercício de atividade dentro do período de fuga, esse lapso de tempo será verificado para a constatação da perda ou não da qualidade de segurado.

Falecendo o segurado detido ou recluso, o auxílio-reclusão que estiver sendo pago será automaticamente convertido em pensão por morte.

2.7. Benefício por acidente do trabalho

O Decreto-lei n. 7.036, de 10-11-1944, expressamente incluía o empregado doméstico na proteção das normas relativas a acidente do trabalho.

Estabelecia o art. 22 da Lei n. 5.316, de 14-9-1967, que, para os empregados domésticos, "a extensão da previdência social ao acidente do trabalho se fará na medida de suas possibilidades técnicas e administrativas, respeitados os compromissos existentes na data do início da vigência desta lei". O art. 80 do Decreto n. 61.784, de 28-11-1967, que tratava do regulamento do seguro de acidente do trabalho, especificava que:

> salvo quanto ao conceito de acidente de trabalho e ao de doença do trabalho, que serão os deste Regulamento, o seguro de acidentes do trabalho e a liquidação destes continuarão regulados pelo Decreto-Lei n. 7.036, de 10-11-1944, e seu regulamento, aprovado pelo Decreto n. 18.809, de 5-6-1945, para [...] II – os empregados e empregadores domésticos.

A Lei n. 6.367, de 19-10-1976, tratou do seguro de acidente do trabalho, porém excluiu expressamente de suas disposições os empregados domésticos (art. 1º, § 2º).

O empregado doméstico que eventualmente sofra acidente do trabalho terá direito a prestação da Previdência Social, pois o empregador recolhe prestação de custeio de acidente do trabalho. O art. 19 da Lei n. 8.213/91 menciona que o acidente do trabalho é o que ocorre quando o trabalhador está a serviço da empresa ou de empregador doméstico. Logo, havendo acidente do trabalho com o empregado doméstico, este fará jus a prestações acidentárias da Previdência Social, como auxílio-acidente, auxílio-doença acidentário ou aposentadoria por invalidez acidentária.

Deverá o empregador doméstico comunicar o acidente do trabalho à Previdência Social até o primeiro dia útil seguinte ao da ocorrência e, em caso de morte, de imediato, à autoridade competente, sob pena de multa variável entre o limite mínimo e o limite máximo do salário de contribuição, sucessivamente aumentada nas reincidências, aplicada e cobrada pela Previdência Social (art. 22 da Lei n. 8.213/91).

A perícia médica do Instituto Nacional do Seguro Social (INSS) considerará caracterizada a natureza acidentária da incapacidade quando constatar ocorrência de nexo técnico epidemiológico entre o trabalho e o agravo, decorrente da relação entre a atividade da empresa ou do empregado doméstico e a entidade mórbida motivadora da incapacidade elencada na Classificação Internacional de Doenças (CID), em conformidade com o que dispuser o regulamento (art. 21-A da Lei n. 8.213/91).

A empresa ou o empregador doméstico poderão requerer a não aplicação do nexo técnico epidemiológico, de cuja decisão caberá recurso, com efeito suspensivo, da empresa, do empregador doméstico ou do segurado ao Conselho de Recursos da Previdência Social (§ 2º do art. 21-A da Lei n. 8.213/91).

O empregador doméstico poderá responder por responsabilidade civil em razão do acidente de trabalho do empregado doméstico, mas haverá necessidade de prova do empregado, demonstrando que o empregador doméstico incorreu em dolo ou culpa (art. 7º, XXVIII, da Constituição). É hipótese de responsabilidade subjetiva.

2.8. Auxílio-acidente

O auxílio-acidente será concedido, como indenização, ao segurado quando, após consolidação das lesões decorrentes de acidente de qualquer natureza, resultarem sequelas que impliquem redução da capacidade para o trabalho que habitualmente exerce (art. 86 da Lei n. 8.213/91).

O auxílio-acidente mensal corresponderá a 50% do salário de benefício e será devido até a véspera do início de qualquer aposentadoria ou até a data do óbito do segurado.

O auxílio-acidente será devido a partir do dia seguinte ao da cessação do auxílio-doença, independentemente de qualquer remuneração ou rendimento auferido pelo acidentado, vedada sua acumulação com qualquer aposentadoria.

O recebimento de salário ou concessão de outro benefício, exceto de aposentadoria, não prejudicará a continuidade do recebimento do auxílio-acidente.

A perda da audição, em qualquer grau, somente proporcionará a concessão do auxílio-acidente quando, além do reconhecimento de causalidade entre o trabalho e a doença, resultar, comprovadamente, na redução ou perda da capacidade para o trabalho que habitualmente exerce (§ 4º do art. 86 da Lei n. 8.213/91).

2.9. Seguro-desemprego

O Decreto-lei n. 2.284, de 10-3-1986, tratou do seguro-desemprego no art. 25, dizendo que tal benefício seria devido ao trabalhador desempregado em razão de dispensa sem justa causa ou por paralisação, total ou parcial, das atividades do empregador.

O parágrafo único do art. 7º da Constituição, que assegura à categoria dos trabalhadores domésticos os direitos previstos em diversos de seus incisos, faz expressa referência ao inciso II, que trata do seguro-desemprego. Pela Lei Maior, o empregado doméstico terá, portanto, direito ao seguro-desemprego.

A Lei n. 7.998, de 11-1-1990, nos incisos I e II do art. 3º, estabelece que tem direito a seguro-desemprego o trabalhador que receber salários de pessoa jurídica ou pessoa física a ela equiparada. O empregado doméstico não presta, porém, serviços a pessoa jurídica, mas a pessoa física ou família, nem a pessoa física equiparada a pessoa jurídica, que seria o empregador por equiparação, de que trata o § 1º do art. 3º da CLT, isto é, os trabalhadores autônomos, entidades beneficentes, ou as pessoas físicas equiparadas a jurídicas pela legislação do Imposto de Renda, como a firma individual etc. Nesse conceito, não poderia ser incluído o empregador doméstico, pois não é pessoa jurídica ou pessoa física equiparada a jurídica.

O art. 26 do Decreto-lei n. 2.284/86 estabeleceu que o seguro-desemprego é devido ao trabalhador conceituado na forma do art. 3º da CLT, que define o empregado urbano. O Decreto n. 92.608, de 30-4-1986, regulamentou o Decreto-lei n. 2.284/86, conforme o art. 43 desta última norma. Estabelece seu art. 3º que o seguro-desemprego é devido ao empregado, "assim definido no art. 3º da CLT". Isso mostra que só tem direito ao seguro-desemprego o empregado sujeito às regras da CLT e não o doméstico.

Passou a prever o art. 6º-A da Lei n. 5.859/72 o direito do empregado doméstico ao seguro-desemprego, desde que o empregador doméstico concedesse o direito ao doméstico do FGTS. São distintos os benefícios e o custeio do FGTS e do seguro-desemprego. Um não depende do outro, nem se relacionam, embora sejam utilizados quando o empregado é dispensado.

De outro lado, o art. 239 da Lei Maior determinou que o PIS e o Pasep passam a custear o programa de seguro-desemprego. Todavia, o empregador doméstico não recolhe PIS. Assim, não participa do custeio do programa de seguro-desemprego. É inconstitucional a extensão ao empregado doméstico do seguro-desemprego, justamente porque não há custeio do empregador desse direito previdenciário (art. 201, III, da Constituição), que só pode ser concedido a algum trabalhador se houver a correspondente fonte de custeio total (§ 5º do art. 195 da Lei Magna).

Logo, há necessidade de custeio específico para que haja a extensão do seguro-desemprego para o empregado doméstico, sendo inconstitucional, nesse ponto, a Lei Complementar n. 150/2015, por não prever a forma de custeio total para o benefício.

O art. 1º da Lei n. 8.019/90 estabelece que a arrecadação das contribuições do PIS e do Pasep serve para a cobertura integral das necessidades do Fundo de Amparo ao Trabalhador (FAT). Dispõe o art. 2º da Lei n. 10.208/2001 que as despesas decorrentes do pagamento do seguro-desemprego serão atendidas à conta dos recursos do FAT.

Será, porém, o seguro-desemprego devido apenas em caso de desemprego involuntário. Caso o empregado peça demissão, ou seja dispensado por justa causa, não fará jus ao seguro-desemprego.

O benefício será concedido no valor de um salário mínimo, por período máximo de três meses, de forma contínua ou alternada (art. 26 da Lei Complementar n. 150/2015).

Não há mais necessidade de opção do FGTS para ter direito ao seguro-desemprego.

Será cancelado o seguro-desemprego:

(I) pela recusa, por parte do trabalhador desempregado, de outro emprego condizente com sua qualificação registrada ou declarada e com sua remuneração anterior;

(II) por comprovação de falsidade na prestação das informações necessárias à habilitação;

(III) por comprovação de fraude visando à percepção indevida do benefício do seguro-desemprego; ou

(IV) por morte do segurado.

Para se habilitar ao benefício do seguro-desemprego, o trabalhador doméstico deverá apresentar ao órgão competente do Ministério do Trabalho e Emprego:

(I) Carteira de Trabalho e Previdência Social, na qual deverão constar a anotação do contrato de trabalho doméstico e a data de dispensa, de modo a comprovar o vínculo empregatício, como empregado doméstico, durante pelo menos 15 meses nos últimos 24 meses;

(II) termo de rescisão do contrato de trabalho;

(III) declaração de que não está em gozo de benefício de prestação continuada da Previdência Social, exceto auxílio-acidente e pensão por morte; e

(IV) declaração de que não possui renda própria de qualquer natureza suficiente à sua manutenção e de sua família (art. 28 da Lei Complementar n. 150/2015).

O seguro-desemprego deverá ser requerido de 7 a 90 dias contados da data da dispensa (art. 29 da Lei Complementar n. 150/2015).

Novo seguro-desemprego só poderá ser requerido após o cumprimento de novo período aquisitivo, cuja duração será definida pelo Codefat (art. 30 da Lei Complementar n. 150/2015).

A Resolução n. 754/2015 do Codefat regula o seguro-desemprego para o empregado doméstico.

O empregado doméstico não terá direito ao abono do PIS, mesmo ganhando até dois salários mínimos, pois o empregador doméstico, não tendo faturamento, está desobrigado de recolher o PIS.

2.10. Abono anual

O doméstico terá direito ao abono anual, que é o 13º salário de quem recebeu pagamento continuado do INSS a título de auxílio-doença, auxílio-acidente, aposentadoria, ou ao dependente que recebeu pensão por morte ou auxílio-reclusão. O abono anual é pago até o dia 15 de janeiro do ano seguinte ao do recebimento do benefício. O valor é igual ao da renda mensal do benefício de dezembro, ou de forma proporcional aos meses em que o segurado percebeu benefício, entendendo-se por mês o período igual ou superior a 15 dias.

25
RESPONSABILIDADE CIVIL DAS AGÊNCIAS DE EMPREGADOS DOMÉSTICOS

Agências são empresas que fazem colocação de trabalhadores. Não se confundem com as empresas de trabalho temporário. Nestas, há vínculo de emprego com o trabalhador temporário. Nas agências, há apenas intermediação para a colocação do trabalhador no tomador, sem qualquer relação de emprego.

A Lei n. 7.195, de 12-6-1984, regulou a responsabilidade civil das agências de empregados domésticos.

Na prática, vinham proliferando as empresas especializadas em colocação de empregados domésticos. Ocorre que essas empresas não queriam responsabilizar-se pelas atitudes do empregado doméstico, caso ocorresse um furto, funcionando apenas como intermediárias nessa colocação, sem garantir a idoneidade das pessoas colocadas para trabalhar para o empregador doméstico.

Eram observados abusos nessas colocações de domésticos, sem que as agências assumissem nenhuma responsabilidade pela intermediação pactuada. Assim, o objetivo da lei foi coibir a prática abusiva que vinha ocorrendo por parte de certas empresas.

Deve, portanto, a agência ter maiores cuidados na seleção de pessoas para colocar nas residências dos empregadores domésticos.

O art. 1º da referida norma prevê que as agências especializadas na indicação de empregados domésticos são civilmente responsáveis pelos atos ilícitos cometidos por aqueles no desempenho de suas atividades.

Pelo que se depreende da disposição legal, as agências só serão responsáveis em caso de práticas de atos ilícitos feitas pelo empregado, como de furto etc. Com isso, pretende-se que as agências indiquem pessoas idôneas e tenham responsabilidade pela citada indicação.

A responsabilidade passa a ser objetiva, por estar prevista em lei. Na prática, as agências já eram responsabilizadas com base no art. 186 do Código Civil, que dispõe que aquele que, por culpa ou dolo, causar prejuízo a outrem fica obrigado a reparar o dano causado.

A novidade da lei é que se fixa um prazo pelo qual a agência é responsabilizada pelos atos dos empregados domésticos. O prazo é de um ano.

O art. 2º da Lei n. 7.195/84 determina que deverá haver contratação por escrito entre o empregador doméstico e a agência quanto à colocação do empregado doméstico, na qual a agência se responsabiliza a reparar qualquer dano que venha a ser praticado pelo empregado contratado.

Para proteger efetivamente os trabalhadores domésticos contra práticas abusivas que tenham sido contratados ou colocados no emprego por agências privadas de emprego, inclusive os migrantes, todo Membro deverá:

(a) determinar as condições que regerão o funcionamento das agências privadas de emprego que contratam ou colocam no emprego trabalhadores domésticos, em conformidade com a legislação e prática nacionais;

(b) assegurar a existência de mecanismos e procedimentos adequados para a investigação de queixas, abusos presumidos e práticas fraudulentas em decorrência das atividades das agências privadas de emprego em relação aos trabalhadores domésticos;

(c) adotar todas as medidas necessárias e apropriadas, tanto em sua jurisdição como, quando proceda, em colaboração com outros Membros, para proporcionar uma proteção adequada e prevenir os abusos contra os trabalhadores domésticos contratados ou colocados em seu território por agências privadas de emprego. Serão incluídas as leis ou regulamentos que especifiquem as obrigações respectivas da agência privada de emprego e do domicílio para com os trabalhadores domésticos e serão previstas sanções, incluída a proibição das agências privadas de emprego que incorram em práticas fraudulentas e abusos;

(d) considerar, quando se contratar os trabalhadores domésticos de um país para prestar serviços em outro país, a celebração de acordos bilaterais, regionais ou multilaterais, com a finalidade de prevenir abusos e práticas fraudulentas na contratação, colocação e no emprego; e

(e) adotar medidas para assegurar que as taxas cobradas pelas agências privadas de emprego não sejam deduzidas da remuneração dos trabalhadores domésticos (art. 15, 1, da Convenção 189 da OIT).

Ao colocar em prática cada uma das disposições deste artigo, todo Membro deverá realizar consultas com as organizações mais representativas dos empregadores e dos trabalhadores, assim como com as organizações representativas dos trabalhadores domésticos e com as organizações representativas dos empregadores dos trabalhadores domésticos, quando tais organizações existam (art. 15, 2, da Convenção 189 da OIT).

A competência para julgar as questões entre o empregador doméstico e a agência de colocação não será da Justiça do Trabalho, pois não se trata de relação entre empregado e empregador. A relação mencionada ocorre entre uma pessoa física (empregador doméstico) e uma empresa (agência), na qual não se discute questão de trabalho, porém responsabilidade por danos causados. Assim, a competência será da Justiça Comum Estadual.

26
DIREITO INTERNACIONAL E LEGISLAÇÃO ESTRANGEIRA

1. DIREITO INTERNACIONAL

1.1. OIT

A Convenção n. 24, da OIT, de 1927, trata do seguro-enfermidade e o estende aos empregados domésticos. A Recomendação 79 sobre exame médico de aptidão para o emprego dos menores estabelece expressamente que se aplica aos domésticos. As Convenções n. 35 e 36, de 1933, que versam sobre a proteção aos idosos, são aplicadas aos trabalhadores urbanos, entre os quais os domésticos. As Convenções n. 37 e 38, sobre invalidez, aplicam-se também aos trabalhadores agrícolas, incluindo os domésticos dos empregadores agrícolas (art. 2º). Nenhuma dessas convenções foi ratificada pelo Brasil.

O Brasil aprovou a Convenção n. 103 da OIT, de 28-6-1952, por meio do Decreto Legislativo n. 20, de 30-4-1965, tendo sido promulgada pelo Decreto n. 58.821, de 14-7-1966. Versa a Convenção n. 103 sobre o amparo à maternidade. A referida norma internacional visa também assegurar tutela "ao trabalho assalariado doméstico efetuado em casas particulares" (art. I, 3, *h*).

Foram aprovadas em 2011 na OIT, em Genebra, a Convenção n. 189 e a Recomendação n. 201, sobre o trabalho decente para as trabalhadoras e os trabalhadores domésticos. Foram 396 votos a favor, 16 contra e 42 abstenções. A Convenção está em vigor no âmbito internacional, pois foi ratificada por dois Estados-membros (art. 21, 2). Isso ocorreu depois de 12 meses após a segunda ratificação, em 5-7-2013. Os trabalhadores domésticos não podem sofrer abuso, assédio ou violência (art. 5º). De preferência, o contrato do trabalho doméstico deverá ser feito por escrito (art. 7º). O pagamento do salário do doméstico deve ser feito em moeda corrente (art. 12). A Recomendação n. 201 da OIT estabelece: proibição de exames de gravidez para admissão no emprego (1, *e*), licença-saúde (6, 2, *b*), registro de ponto de jornada de trabalho (8, 1), condições de moradia, quando fornecida pelo empregador (art. 17), regras específicas de proteção ao trabalhador migrante (art. 21). A Convenção 189 da OIT foi ratificada pelo Decreto Legislativo n.º 172, de 4/12/17 e promulgada pelo Decreto n. 12.009, de 1/5/2024.

1.2. Declarações de direitos

A Carta Internacional Americana de Garantias Sociais, de Bogotá, de 1948, assegura ao trabalhador doméstico o direito a que a lei lhe dê proteção em matéria de salário, jornada de trabalho, descanso, férias, indenização por despedida e, em geral, prestações sociais cuja extensão e natureza sejam determinadas de acordo com as condições e peculiaridades de seu trabalho. Os que prestam serviços de caráter doméstico em empresas industriais, sociais e demais equiparadas serão considerados trabalhadores manuais e terão os direitos reconhecidos a estes (art. 22).

2. LEGISLAÇÃO ESTRANGEIRA

Neste tópico, irei analisar as legislações de outros países no que diz respeito ao empregado doméstico. Não houve critério específico para a escolha deste ou de outro país a ser estudado. Houve, sim, certa dificuldade na obtenção das legislações; daí por que são estudadas aquelas que foram encontradas. Os países ou têm uma legislação especial sobre o doméstico, ou o incluem no próprio Código de Trabalho, quando o possuem.

Na Europa, nos Estados Unidos e no Canadá, a mão de obra doméstica é escassa e muito cara. Muitas famílias, por não terem condições financeiras de pagar o empregado doméstico, acabam utilizando-se de máquinas para suprir o referido serviço, como lava-roupas, lava-louças, micro-ondas, secadoras etc.

2.1. Alemanha

Na Alemanha, é considerado trabalho doméstico:

> em sentido amplo, aquele prestado à casa alheia e, em sentido estrito, o prestado por empregado admitido na comunidade familiar. Pelo primeiro, será doméstico não só o trabalhador admitido, isto é, incorporado na casa (residindo ou não), como aquele que lhe preste serviços em determinados dias da semana, contínua ou alternadamente, em horário reduzido ou integral. Na categoria destes trabalhadores aponta-se a doméstica a dia[1].

Geralmente, são feitos contratos coletivos de trabalho para os domésticos, dependendo do sindicato de que façam parte, como NGG (trabalho em casa

---

1. VILHENA, Paulo Emílio Ribeiro de. *Relação de emprego*. São Paulo: Saraiva, 1975, p. 287.

privada – como em cozinha grande ou cantina), GGLF (trabalho em chácara ou fazenda) ou ÖTV (trabalho em instituição municipal ou estadual).

Há orientação de que o contrato de trabalho do doméstico deva ser feito por escrito, contendo: início do trabalho, valor do salário, jornada de trabalho, descansos e salário *in natura*.

Normalmente, os contratos coletivos estabelecem a duração semanal do trabalho em 38 horas e 30 minutos, entre 6 horas e 20 horas. A jornada não pode ultrapassar 10 horas, em cinco dias úteis. Há intervalo de 20 minutos para café pela manhã ou sesta e de 30 minutos para almoço ou lanche. O intervalo entre jornadas é de 11 horas.

As férias são regidas pelo contrato coletivo. Em sua ausência, aplica-se a Lei Federal de férias, que estabelece que as férias anuais são de 18 dias úteis, considerados de segunda-feira a sábado (§ 3º do art. 1º). Muitas vezes, os contratos coletivos preveem férias entre 25 e 29 dias úteis por ano, em semana de cinco dias. Uma parte das férias não pode ser vendida.

O prazo de prescrição para o doméstico não é previsto em contratos coletivos, aplicando-se o prazo de dois anos, previsto no Código Civil, em caso de diferenças salariais.

O empregador doméstico deve fazer seguro contra acidentes para o empregado doméstico.

2.2. Argentina

O Decreto-lei n. 326, de 14-1-1956, regula o emprego doméstico. Trata do trabalho dos empregados domésticos de ambos os sexos que prestem serviços na vida doméstica e que não tragam para o empregador lucro ou benefício econômico. Não se consideram domésticos os trabalhadores que prestem serviços por tempo inferior a um mês, os que laborem menos de quatro horas diárias ou que trabalhem menos de quatro dias na semana, para o mesmo empregador (art. 1º).

Não são empregadas no serviço doméstico as pessoas aparentadas com o dono da casa, nem aquelas que sejam exclusivamente contratadas para cuidar de enfermos ou conduzir veículos (art. 2º). Isso mostra que o motorista não é considerado empregado doméstico, tendo regulamentação específica na Lei n. 12.647/46.

No serviço doméstico, não podem ser contratados menores de 14 anos.

Os filhos menores de 14 anos que vivam com seus pais no domicílio do dono da casa não serão considerados empregados no serviço doméstico, tampouco as pessoas que acompanhem no alojamento o empregado no serviço doméstico e que tenham parentesco com ele.

O trabalhador doméstico tem direito a:

(a) repouso diário noturno de no mínimo nove horas consecutivas, que só poderá ser interrompido por causas graves e urgentes. Deverá gozar de um descanso diário de três horas entre suas tarefas matutinas e vespertinas;

(b) descanso semanal de 24 horas corridas e dois meios dias por semana a partir de 15 horas, que serão fixados de acordo com as necessidades do empregado e do empregador;

(c) um período continuado de descanso anual, com pagamento de salário de:

(1) 10 dias quando a antiguidade do trabalhador for superior a um ano e não exceda a cinco anos;

(2) 15 dias quando a antiguidade do empregado for de cinco anos e não exceda a dez;

(3) 20 dias quando a antiguidade for superior a dez anos;

(4) durante o período de férias, quando houver sido convencionada a prestação de habitação e manutenção a cargo dos empregados, estas últimas poderão ser objeto de convênio entre as partes. Não se chegando a acordo, o empregador, à sua opção, poderá substituir as referidas prestações, ou uma delas, por seu equivalente em dinheiro. O empregador terá direito de fixar o período de férias, devendo dar aviso ao empregado com 20 dias de antecipação;

(d) licença paga por enfermidade de até 30 dias ao ano, a contar de seu ingresso, devendo o empregador velar para que o empregado receba a atenção médica necessária, que estará a cargo do último. Se a enfermidade for infectocontagiosa, o empregado deverá internar-se em um serviço hospitalar;

(e) habitação higiênica;

(f) alimentação sadia e suficiente;

(g) uma hora semanal para assistir aos serviços de seu culto.

O empregado doméstico deverá guardar lealdade e respeito ao empregador, sua família, respeitar as pessoas que moram na casa, cumprir as instruções de serviços, cuidar das coisas confiadas a sua vigilância e diligência, guardar reserva dos assuntos da casa e do segredo familiar em matéria política, moral e religiosa e desempenhar suas funções com zelo e honestidade, fazendo tudo para poder realizá-las, sendo responsável pelo dano que causar por dolo, culpa ou negligência.

As injúrias contra a honra e os interesses do empregador e de sua família, a vida desonesta do empregado, as transgressões graves ou reiteradas às prestações contratadas facultam ao empregador dissolver o vínculo laboral sem a obrigação de indenizar por pré-aviso e antiguidade.

O empregado poderá considerar-se despedido e com direito ao pagamento de indenização por pré-aviso e antiguidade quando receber maus-tratos ou injúrias do empregador ou de seus familiares, ou em caso de descumprimento do contrato por parte do último.

A partir de 90 dias de iniciado o contrato de trabalho, este não poderá ser dissolvido por vontade de nenhuma das partes sem prévio aviso de cinco dias de antecipação, se a antiguidade do empregado for inferior a dois anos, e de dez dias, quando maior. Durante o referido prazo, o empregado gozará de duas horas diárias para procurar nova ocupação.

Se o aviso prévio for do empregador, poderá este pagar ao empregado uma indenização correspondente ao referido período, devendo o empregado desocupar a habitação no prazo de 48 horas. Quando a rescisão do contrato de trabalho for feita por parte do empregador, desde que o empregado tenha mais de um ano de casa, deverá ser paga indenização equivalente a meio mês de salário por ano de serviço ou fração superior a três meses.

O empregado doméstico tem direito a um livreto de trabalho, que seria a CTPS argentina, que deverá ser expedido gratuitamente pelo Ministério do Trabalho. No livreto serão anotados o salário, o nome do empregado e do empregador, o início e o término do contrato de trabalho, os dias fixados para o descanso semanal, a fixação das férias e a anotação do pré-aviso. Para obter o livreto, o empregado deverá apresentar certificado de boa conduta, certificado de boa saúde e aptidão, documento de identidade e duas fotografias. Os dois primeiros documentos deverão ser renovados anualmente.

Tem direito, ainda, o doméstico a salário mínimo fixado pelo Poder Executivo.

O Decreto n. 7.979, de 30-4-1956, regulamenta o estatuto do serviço doméstico. Estabelece que o trabalho doméstico inclui não só o trabalho manual, como também o intelectual. A referida norma cria o Conselho de Trabalho Doméstico, vinculado ao Ministério do Trabalho e Previdência Social, órgão incumbido de solucionar as controvérsias entre empregados e empregadores domésticos.

A Lei n. 20.744, de 20-9-1974, com as modificações da Lei n. 21.297, versa sobre o contrato de trabalho. Foi ordenada pelo Decreto n. 390, de 13-5-1976. A alínea *b* do art. 2º exclui de suas disposições os trabalhadores domésticos, que, portanto, continuam com suas regras especificadas pelo Decreto-lei n. 326.

2.3. Chile

O art. 61 do Código de Trabalho estabelece que são empregados de casas particulares as pessoas que se dediquem, de forma contínua e a um só patrão, a trabalhos próprios do serviço de um lar, como os de lavagem, *sirvientes de mano*, cozinheiros, *ninheiras* etc. Declara, ainda, o mesmo artigo que o trabalho dos empregados em casas particulares não estará sujeito a horário, que será determinado pela natureza do labor, devendo ter, normalmente, um descanso mínimo de nove horas.

O contrato com o doméstico deve ser firmado por escrito (art. 4º). Há um período de experiência de duas semanas, existindo aviso prévio de três dias (art. 66). Expirado o referido período de prova, o aviso prévio será de 15 dias, tendo direito o empregado a duas horas diárias para procurar novo emprego (art. 71). Pode o contrato de trabalho ser rescindido em virtude de doença contagiosa de ambas as partes. A morte do empregador não implica cessação do contrato de trabalho, que deve ser mantido com seus parentes.

Tem direito o doméstico a férias de 15 dias por ano; depois de dez anos de trabalho, o doméstico faz jus a um dia a mais de férias a cada três anos de trabalho (art. 65).

Ficando o empregado doente, o empregador deve mantê-lo pelo período de oito dias, nos primeiros seis meses de serviço, não sendo, porém, devidos salários; 15 dias, quando o contrato tiver duração superior a seis meses e inferior a 12 meses; 30 dias, quando o empregado tiver mais de um ano de serviço (art. 72). Deve-se comunicar a doença ao Serviço de Seguro Social, pois os domésticos são filiados a tal sistema.

É vedada a discriminação dos salários por motivo de sexo (art. 35). O juiz do trabalho pode determinar que a mulher receba 50% do salário do marido, quando este for declarado vicioso (art. 49).

O prazo de prescrição para a cobrança de salários e demais direitos previstos na lei federal é de 60 dias.

2.4. Colômbia

O Código Substantivo de Trabalho regula também o contrato de trabalho do empregado doméstico.

Assegura o Código tratamento diferenciado aos choferes de serviços domésticos (art. 103). A essas pessoas aplicam-se as disposições para os trabalhadores domésticos, exceto quanto ao término do contrato, férias e auxílio-doença, que ficam adstritos à legislação ordinária. O aviso prévio é de sete dias (art. 103).

No trabalho doméstico, o período de prova é de 15 dias (art. 77). Está o doméstico excluído da limitação máxima da jornada de trabalho (art. 162, b). É possível o trabalho em dias de descanso, desde que haja retribuição ou folga compensatória (art. 175, c).

O menor pode trabalhar em período noturno no serviço doméstico (art. 171, n. 2).

A indenização por cessação do contrato de trabalho será paga em dinheiro, correspondendo a 15 dias de salário por ano de serviço (art. 252, n. 2), sendo que no respectivo pagamento se deve computar apenas a parcela recebida em dinheiro.

As regras a respeito de acidente do trabalho e moléstias profissionais não são aplicadas ao doméstico (art. 223, d). Se a doença não for profissional, o doméstico faz jus a assistências médica e farmacêutica, recebendo salário por um mês.

2.5. Espanha

Na Espanha, as relações de trabalho doméstico são consideradas relações de trabalho de caráter especial, conforme art. 2º, 1, b, do Estatuto dos Trabalhadores.

O Real Decreto n. 1.424, de 1º-8-1985, trata do trabalho doméstico.

As características do empregado doméstico na Espanha são de que o serviço geralmente é feito na residência do empregador, que não tem fins lucrativos com o serviço prestado pelo empregado. O espanhol considera o doméstico uma espécie de membro da família para a qual presta serviços, em razão de sua formação cristã.

Quaisquer tarefas podem ser realizadas pelo doméstico, compreendendo o conjunto do lar ou uma de suas partes, incluindo serviços de guarda, jardinagem, condução de veículos e outros.

São excluídos da condição de domésticos os trabalhos de familiares e os realizados a título de amizade, benevolência ou boa vizinhança.

O lar é considerado tanto uma residência fixa, quanto móvel (*trailer, roulutte*, embarcação).

A família pode ser considerada não só pelo grau de parentesco entre as pessoas, mas também pelo fato de morarem no mesmo local, em razão de laços de companheirismo, amizade, religião, educação.

2.6. Equador

O Código de Trabalho equatoriano regula também o trabalho do doméstico. O trabalho doméstico é definido como o prestado mediante remuneração a uma pessoa que não persegue finalidade lucrativa, que aproveita, em sua moradia, os serviços contínuos do trabalhador, para si ou para sua família.

Trabalhadores domésticos são as pessoas de um ou outro sexo que desempenham de forma habitual e contínua os trabalhos de asseio, assistência e outros serviços internos de uma casa ou outro lugar da residência ou habitação particular ou de instituições de beneficência pública, que não importem lucro para o empregador. São também domésticos os choferes de serviço familiar (art. 144 do Código de Trabalho).

Os direitos do empregado doméstico são: contrato de trabalho firmado no prazo máximo de três anos; período de prova de 15 dias; descanso a cada 15 dias; férias anuais de 15 dias; aviso prévio em caso de rescisão injustificada no contrato de trabalho de prazo indeterminado; indenização no caso de despedida injusta igual à do trabalhador comum, computada apenas a parcela recebida em dinheiro.

2.7. França

O empregador doméstico pode empregar um ou mais empregados a seu domicílio privado, não tendo fim lucrativo e a fim de satisfazer suas necessidades relevantes de sua vida pessoal, notadamente familiar, com exceção de questões de sua vida profissional (art. L7221-1 do Código de Trabalho).

São aplicáveis aos domésticos as regras sobre assédio moral, assédio sexual, feriado de 1.º de maio, feriados pagos, feriados por eventos familiares, de solidariedade familiar, de vigilância médica (art. L7221-2).

2.8. Itália

O Real Decreto-lei n. 692, de 15-3-1923, limitou a jornada de trabalho, porém excluiu expressamente de sua aplicação os trabalhadores domésticos (art. 1º, 2). O Real Decreto n. 1.955, de 10-9-1923, regulamentou a norma anterior, definindo o trabalho doméstico como "toda a prestação inerente ao normal funcionamento da vida interna de uma família ou convivência, como: colégio, convento, caserna, estabelecimento de pena" (art. 3º, 1). Verifica-se que o trabalho doméstico abrangia outras formas de convivência, podendo ser realizado no âmbito familiar ou não.

O Código Civil de 1942 versou sobre o trabalho doméstico no Capítulo II do Livro V ("Das relações especiais do trabalho subordinado") do Título IV. Os arts. 2.240 a 2.246 tratam dos direitos do trabalhador doméstico: período de prova de oito dias, alimentação, alojamento e assistência na doença de curta duração, repouso semanal remunerado segundo os usos e costumes e férias não inferiores a oito dias, aviso prévio e indenização de ancianidade, atestado das funções e tempo de serviço na cessação do contrato. O Decreto-lei n. 940, de 27-12-1953, assegurou também ao doméstico o 13º salário. O art. 2.068 excluiu a contratação coletiva em relação aos empregados domésticos.

A Lei n. 339, de 2-4-1958, regulou o trabalho doméstico em relação às pessoas que trabalhavam mais de quatro horas diárias para um mesmo empregador. Os empregados domésticos que trabalhavam menos de quatro horas diárias ficavam ainda sujeitos às determinações do Código Civil.

Definiu a Lei n. 339/58 o empregado doméstico como o que presta serviços para o funcionamento da vida familiar (art. 5º, 1). Admite-se também que seja doméstico o que presta prevalentemente serviços dessa natureza, ainda que haja atividade com fim lucrativo do empregador.

A Lei n. 339/58 estabelece como direitos do empregado doméstico: repouso semanal de um dia inteiro, que deve coincidir com o domingo, ou dois meios dias, um dos quais deve coincidir com o domingo (art. 7º); repouso conveniente durante o dia e ao menos oito horas consecutivas de repouso noturno (art. 8º); meio dia livre nos feriados (art. 9º); férias, de 15 a 20 dias, de acordo com o tempo de serviço do empregado (art. 10); licença remunerada de 15 dias em razão de casamento (art. 15); pré-aviso não inferior a 15 dias (art. 16); indenização de ancianidade (art. 17); indenização em caso de morte do trabalhador em benefício de seus dependentes (art. 18); e 13º salário, na conformidade da Lei n. 940/53.

Existe na Itália o chamado trabalhador em família ou trabalhador familiar. Giuliano Mazzoni e Aldo Grechi afirmam que:

> a qualificação do trabalhador familiar não se confunde com a do doméstico. Trata-se de membro de uma mesma família que presta seu próprio trabalho em comparação ao chefe da casa para colaborar no exercício de uma atividade econômica ou de atividade profissional[2].

2.9. México

O Código Civil de 1870 continha poucas determinações sobre o trabalho do doméstico. A Constituição de 1917 determinava no art. 123 que a lei deveria regular o trabalho do doméstico.

A Lei do Trabalho de 1931 não especificou muitas regras sobre o trabalho doméstico. O art. 427, adicionado a tal norma em 1933, estabelecia que não se aplicava ao doméstico o salário mínimo.

---

2. *Diritto del lavoro*. Bolonha: Dott Cesare Zuffi, 1951, p. 96-97.

A Lei Federal do Trabalho de 1970 regula o trabalho doméstico em capítulo próprio, incluído no título que trata dos contratos especiais de trabalho. Trata o art. 331 do conceito de trabalhador doméstico: "trabalhadores domésticos são os que prestam os serviços de asseio, assistência e demais próprios e inerentes ao lugar de uma pessoa ou família".

O art. 332 especifica que ficam excluídos das disposições relativas aos domésticos os hotéis, hospitais, colégios, porteiros e zeladores de edifícios de apartamentos e escritórios. Os domésticos não fazem jus à estabilidade. O prêmio de antiguidade é estabelecido em 12 dias de salário por ano de serviço. O trabalhador doméstico tem direito a repouso suficiente para fazer suas refeições e descansar à noite (art. 323), porém não é limitada a jornada de trabalho.

O art. 336 determina que o doméstico tem direito ao salário mínimo. Os alimentos e a habitação são estimados em 50% do salário. Há direito à indenização, em caso de rescisão injustificada do contrato de trabalho, nas mesmas bases da que seria devida a um trabalhador comum, salvo se a rescisão for feita no período equivalente aos primeiros 30 dias de trabalho.

O art. 338 assegura ao doméstico a filiação facultativa à previdência social, porém, em caso de doença, o empregador deverá pagar ao empregado até um mês de salário, desde que possua mais de seis meses de serviço. Falecendo o empregado doméstico, o patrão deve pagar as despesas de funeral. O empregado doméstico não pode sindicalizar-se, pois a sindicalização é reservada a quem trabalha em empresa.

2.10. Paraguai

O Código paraguaio do Trabalho trata do tema no Capítulo IV do Título III. Define os trabalhadores domésticos como "as pessoas de um ou de outro sexo, que desempenham, de forma habitual, os serviços de limpeza, assistência e outros inerentes ao interior de uma casa ou outro lugar de residência e de habitação particular" (art. 148). São considerados empregados domésticos, entre outros: os choferes de serviço familiar, amas, mucamas, lavadeiras ou passadeiras em casas particulares, *ninheiras*, cozinheiras de casa de família e suas ajudantes, jardineiros em relação de dependência e ajudantes, pessoas que cuidam de enfermos, anciãos e inválidos.

As pessoas que se dedicam à atividade industrial ou comercial deixam de ser domésticos.

O salário do doméstico não pode ser inferior a 40% do salário mínimo para tarefas diversas não especificadas na zona do país onde presta serviços.

Tem direito o doméstico a: descanso diário de dez horas, sendo oito noturnas e duas destinadas a refeições; repouso semanal de meio dia; férias anuais remuneradas, da mesma forma que em relação aos trabalhadores comuns; aviso prévio, desde que vencido o período de prova de 7 a 15 dias, e tendo o empregado mais de um ano de serviço; rescisão do contrato de trabalho em caso de doença infectocontagiosa de qualquer habitante da casa; pagamento de despesas de funeral a cargo do empregador, em caso de morte do trabalhador.

2.11. Peru

O Peru tratou do trabalho doméstico em leis de 30-4-1957 e 10-3-1970. A primeira norma define os trabalhadores domésticos como:

> aqueles que se dedicam de forma habitual e contínua aos serviços de limpeza, cozinha, assistência e outros pertinentes à conservação de uma residência ou habitação e ao desenvolvimento da vida do lar, que não acarretem lucro para o patrão ou seus familiares.

Verifica-se da referida definição que a citada norma conceitua o empregado doméstico a partir do tipo de atividade que desenvolve. Assegura ainda a noticiada norma período de prova de 15 dias; obrigação do patrão de proporcionar ao empregado alimentação e moradia, além da fixação do salário; o empregado deve ter oito horas de descanso noturno; 24 horas de descanso semanal, além de nos dias 1º de maio, 28 de julho e 25 de dezembro; férias de 15 dias por ano, calculadas com base no salário pago em dinheiro; aviso prévio de 15 dias e indenização equivalente a 15 dias de remuneração por ano de serviço, em caso de rescisão injustificada do contrato de trabalho. O doméstico também é participante obrigatório do seguro social.

César A. Orrego considera:

> empregador toda pessoa natural que, sem intuito de lucro, empregue trabalhadores para o serviço doméstico. Quando se trate de várias pessoas naturais que vivam no mesmo lugar, tenham ou não relação familiar entre eles, se considera como empregador, quem seja titular do local em que habitem (Resolución Suprema 400-71-TR, de 19 de outubro de 1971)[3].

2.12. Portugal

O serviço doméstico é excluído do âmbito de aplicação do Código de Trabalho, consistindo essencialmente na prestação de trabalho à satisfação direta de necessidades pessoais de um agregado familiar ou equiparado. Seu regime era determinado pelo Decreto-lei n. 235, de 24-10-1912. Atualmente, a matéria é regulada no Decreto-lei n. 235/92.

---

3. *Legislación del trabajo doméstico*. Lima Editorial los Rotarios, 1972, p. 12.

Contrato de serviço doméstico é o que uma pessoa se obriga, mediante retribuição, a prestar a outrem com caráter regular, sob a sua direção e autoridade, atividades destinadas à satisfação das necessidades próprias ou específicas de um agregado familiar ou equiparado e dos respectivos membros (art. 2º, 1).

São empregados domésticos: os que fazem refeições, lavagem e tratamento de roupas, limpeza e arrumação da casa, vigilância e assistência a crianças e pessoas idosas, execução de tarefas externas relacionadas com as anteriores, execução de serviços de jardinagem e de costura, coordenação e supervisão de tarefas anteriormente mencionadas, outras atividades de caráter similar consagradas pelos usos e costumes.

O contrato de trabalho doméstico pode ser celebrado com ou sem alojamento e com ou sem alimentação (art. 7º, 1). Pode ser por tempo integral ou parcial. Não está sujeito à forma especial (art. 3º).

Não podem ser admitidos a prestar serviço doméstico os menores que não tenham completado 16 anos de idade (art. 4º, 1).

Haverá um período experimental de 90 dias, salvo estipulação pela qual seja eliminado ou encurtado. Durante o período experimental, qualquer das partes pode fazer cessar o contrato sem aviso prévio ou alegação de justa causa, não havendo direito à indenização.

Tem o trabalhador alojado direito, em cada dia, a gozar de intervalos para descanso e refeições, que, no seu conjunto, não poderão ser inferiores a duas horas diárias, bem como a um repouso de, pelo menos, oito horas consecutivas.

O trabalhador doméstico alojado e o não alojado contratado a tempo inteiro têm direito a um dia de descanso semanal, que deve coincidir, em regra, com o domingo, não podendo sofrer redução na retribuição por esse motivo. Pode o descanso recair em outro dia da semana.

A retribuição do trabalhador doméstico pode ser paga parte em dinheiro e parte em espécie, designadamente pelo fornecimento de alojamento condigno e/ou alimentação adequada.

As férias são de 22 dias úteis, em cada ano civil, podendo, por acordo, ser gozadas em dois períodos interpolados. O trabalhador não poderá ter o salário das férias inferior ao que ganharia se estivesse prestando serviços.

O doméstico faz jus a gozar os feriados obrigatórios previstos no regimento geral do contrato individual do trabalho. O trabalho prestado em dias feriados obrigatórios deverá ser compensado com tempo livre, por um período correspondente, a gozar na mesma semana ou na semana seguinte.

Caso o empregado queira rescindir o contrato, por decisão unilateral, deve comunicar por escrito o empregador com antecedência de duas semanas para cada ano de serviço ou fração, não sendo obrigatório aviso prévio superior a seis semanas.

O empregado poderá rescindir o contrato de trabalho sem aviso prévio nos seguintes casos:

(a) mudança de residência permanente da entidade patronal para outra localidade;

(b) quebra de sigilo sobre assuntos de caráter pessoal do trabalhador.

São hipóteses de justa causa para a dispensa: quebra de sigilo, manifesta falta de urbanidade no trato habitual com as pessoas da casa, introdução no domicílio de pessoas estranhas, sem autorização ou conhecimento prévio da entidade patronal ou de quem a substitua; recusa em prestar contas de valores que lhe tenham sido confiados para compras ou pagamentos ou infidelidade na prestação dessas contas; hábitos ou comportamentos que não se coadunem com o ambiente normal do agregado familiar ou tendam a afetar gravemente a respectiva saúde ou qualidade de vida; negligência reprovável ou reiterada na utilização de aparelhagem eletrodoméstica, utensílios de serviço, louças, roupas e objetos existentes na habitação quando daí resulte avaria, quebra ou inutilização que impliquem dano grave para o empregador (art. 30).

2.13. República Dominicana

O Código do Trabalho trata do tema no Título III do Livro IV. São definidos os trabalhadores domésticos como "os que se dedicam de modo exclusivo e de forma habitual e contínua a trabalhos de cozinha, limpeza e outros inerentes ao lar ou outro lugar de residência ou habitação, que não acarretem lucro ou benefício ao empregador ou seus familiares" (art. 258).

O empregado doméstico não está sujeito a horário de trabalho, porém faz jus a repouso diário ininterrupto de nove horas e repouso semanal.

2.14. Uruguai

Não há um regime específico para o doméstico no Uruguai. Várias leis esparsas tratam de direitos dos empregados domésticos. O Decreto de 29-10-1957 os exclui das regras limitativas da jornada de trabalho. O Decreto de 16-6-1921 assegura o direito ao repouso remunerado de 24 horas contínuas, que pode ser substituído por dois meios dias de descanso. O Decreto de 26-4-1962 outorga o direito de férias anuais de 20 dias.

A Lei n. 12.840, de 22-12-1960, determina o pagamento de salário anual complementar, correspondente aos dez dias imediatamente anteriores a 24 de dezembro. Fazem jus à indenização por rescisão contratual injustificada, desde que tenham pelo menos um ano de trabalho para o empregador, conforme a Lei n. 12.597, de 30-12-1958. São beneficiários das prestações de acidente do trabalho, conforme a Lei n. 10.004, de 28-2-1941.

2.15. Venezuela

A Lei do Trabalho regula a prestação dos serviços dos empregados domésticos no Capítulo IV do Título III. Indica a referida norma apenas que os empregados domésticos podem ser serventes, choferes particulares, cozinheiros, pajens, lavadeiras.

O regulamento da citada norma define os trabalhadores domésticos como "as pessoas que prestam serviços no lar ou casa de habitação, ou a uma pessoa determinada, para o seu serviço pessoal ou de sua família".

Não estão os domésticos sujeitos a horário de trabalho, mas têm direito a repouso diário de nove horas; repouso semanal de meio dia; férias anuais de 15 dias; aviso prévio de 15 dias. O contrato de trabalho pode ser rescindido em caso de doença contagiosa de qualquer habitante da casa.

CONCLUSÃO

Antigamente, tentava-se justificar a exclusão da legislação trabalhista para os empregados domésticos de um ponto de vista sociológico e não jurídico, dada a relação distinta e realizada dentro da própria residência da pessoa ou família. Hoje, isso não mais se justifica.

No decorrer dos anos, nota-se que o empregado doméstico passou da completa marginalização a ter alguns direitos trabalhistas reconhecidos, principalmente a partir da vigência da Lei n. 5.859/72, que regulamentou o trabalho doméstico. A Constituição de 1988 representou também um avanço na questão, pois o número de direitos do empregado doméstico foi consideravelmente aumentado. Impunha-se, portanto, a disciplinação dos direitos trabalhistas do doméstico de forma especial, mas não sua exclusão do âmbito do Direito do Trabalho, já que não deixa de ser um trabalhador.

Verifica-se também que os direitos do empregado doméstico não são tão simples quanto à primeira vista poderiam parecer, existindo várias questões polêmicas, havendo tantos pontos de vista em um sentido como em outro sobre os problemas anteriormente analisados. Para aqueles empregadores domésticos que não querem ter aborrecimentos, é preferível conceder a regra mais benéfica ao empregado doméstico do que discutir a questão judicialmente, de estar sujeito à contratação de um advogado, à demora na solução do litígio. Entretanto, caso assim não se entenda, fico com as minhas posições a respeito do tema, anteriormente enunciadas.

A Emenda Constitucional n. 72/2013 pretendeu igualar direitos do doméstico em relação a outros trabalhadores, mas admitiu que existem peculiaridades no trabalho doméstico.

O aumento do custo na contratação dos empregados domésticos pode implicar a utilização de diaristas, que não são consideradas empregadas, ou a informalidade da contratação, pois todo direito tem um custo[1].

A tendência pode ser como na Europa e nos Estados Unidos, de ser onerosa a contratação de empregados domésticos. Haverá maior utilização de aparelhos eletrodomésticos, como lava-louças, secadoras etc.

São 6,2 milhões de domésticos no Brasil. São domésticos 7% dos trabalhadores.

---

1. HOLMES, Stephen; SUSTEIN, R. *El cesto de los derechos: por que la libertad depende de los impuestos*. Buenos Aires: Siglo Veintiuno, 2011, p. 83.

APÊNDICE A – LEGISLAÇÃO

1. **CONSTITUIÇÃO DE 5 DE OUTUBRO DE 1988**

TÍTULO II
DOS DIREITOS E GARANTIAS FUNDAMENTAIS
Capítulo II
Dos Direitos Sociais

Art. 7º São direitos dos trabalhadores urbanos e rurais, além de outros que visem à melhoria de sua condição social:

I – relação de emprego protegida contra despedida arbitrária ou sem justa causa, nos termos de lei complementar, que preverá indenização compensatória, dentre outros direitos;

II – seguro-desemprego, em caso de desemprego involuntário;

III – fundo de garantia do tempo de serviço;

IV – salário mínimo, fixado em lei, nacionalmente unificado, capaz de atender a suas necessidades vitais básicas e às de sua família com moradia, alimentação, educação, saúde, lazer, vestuário, higiene, transporte e previdência social, com reajustes periódicos que lhe preservem o poder aquisitivo, sendo vedada sua vinculação para qualquer fim;

V – piso salarial proporcional à extensão e à complexidade do trabalho;

VI – irredutibilidade do salário, salvo o disposto em convenção ou acordo coletivo;

VII – garantia de salário, nunca inferior ao mínimo, para os que percebem remuneração variável;

VIII – décimo terceiro salário com base na remuneração integral ou no valor da aposentadoria;

IX – remuneração do trabalho noturno superior à do diurno;

X – proteção do salário na forma da lei, constituindo crime sua retenção dolosa;

XI – participação nos lucros, ou resultados, desvinculada da remuneração, e, excepcionalmente, participação na gestão da empresa, conforme definido em lei;

XII – salário-família pago em razão do dependente do trabalhador de baixa renda nos termos da lei;

XIII – duração do trabalho normal não superior a 8 horas diárias e 44 semanais, facultada a compensação de horários e a redução da jornada, mediante acordo ou convenção coletiva de trabalho;

XIV – jornada de seis horas para o trabalho realizado em turnos ininterruptos de revezamento, salvo negociação coletiva;

XV – repouso semanal remunerado, preferencialmente aos domingos;

XVI – remuneração do serviço extraordinário superior, no mínimo, em cinquenta por cento à do normal;

XVII – gozo de férias anuais remuneradas com, pelo menos, um terço a mais do que o salário normal;

XVIII – licença à gestante, sem prejuízo do emprego e do salário, com a duração de cento e vinte dias;

XIX – licença-paternidade, nos termos fixados em lei;

XX – proteção do mercado de trabalho da mulher, mediante incentivos específicos, nos termos da lei;

XXI – aviso prévio proporcional ao tempo de serviço, sendo no mínimo de 30 dias, nos termos da lei;

XXII – redução dos riscos inerentes ao trabalho, por meio de normas de saúde, higiene e segurança;

XXIII – adicional de remuneração para as atividades penosas, insalubres ou perigosas, na forma da lei;

XXIV – aposentadoria;

XXV – assistência gratuita aos filhos e dependentes desde o nascimento até seis anos de idade em creches e pré-escolas;

XXVI – reconhecimento das convenções e acordos coletivos de trabalho;

XXVII – proteção em face da automação, na forma da lei;

XXVIII – seguro contra acidentes de trabalho, a cargo do empregador, sem excluir a indenização a que este está obrigado, quando incorrer em dolo ou culpa;

XXIX – ação, quanto aos créditos resultantes das relações de trabalho, com prazo prescricional de cinco anos para os trabalhadores urbanos e rurais, até o limite de dois anos após a extinção do contrato de trabalho;

XXX – proibição de diferença de salários, de exercício de funções e de critério de admissão por motivo de sexo, idade, cor ou estado civil;

XXXI – proibição de qualquer discriminação no tocante a salário e critérios de admissão do trabalhador portador de deficiência;

XXXII – proibição de distinção entre trabalho manual, técnico e intelectual ou entre os profissionais respectivos;

XXXIII – proibição de trabalho noturno, perigoso ou insalubre aos menores de dezoito e de qualquer trabalho a menores de dezesseis anos, salvo na condição de aprendiz, a partir de quatorze anos;

XXXIV – igualdade de direitos entre o trabalhador com vínculo empregatício permanente e o trabalhador avulso.

Parágrafo único. São assegurados à categoria dos trabalhadores domésticos os direitos previstos nos incisos IV, VI, VII, VIII, X, XIII, XV, XVI, XVII, XVIII, XIX, XXI, XXII, XXIV, XXVI, XXX, XXXI e XXXIII e, atendidas as condições estabelecidas em lei e observada a simplificação do cumprimento das obrigações tributárias, principais e acessórias, decorrentes da relação de trabalho e suas peculiaridades, os previstos nos incisos I, II, III, IX, XII, XXV e XXVIII, bem como a sua integração à Previdência Social (redação da EC n. 72, de 2-4-2013).

ATO DAS DISPOSIÇÕES CONSTITUCIONAIS TRANSITÓRIAS

Art. 10. Até que seja promulgada a lei complementar a que se refere o art. 7º, I, da Constituição:

I – fica limitada a proteção nele referida ao aumento, para quatro vezes, da porcentagem prevista no art. 6º, *caput* e § 1º, da Lei n. 5.107, de 13 de setembro de 1966;

II – fica vedada a dispensa arbitrária ou sem justa causa:

a) do empregado eleito para cargo de direção de comissões internas de prevenção de acidentes, desde o registro de sua candidatura até um ano após o final de seu mandato;

b) da empregada gestante, desde a confirmação da gravidez até cinco meses após o parto.

§ 1º Até que a lei venha a disciplinar o disposto no art. 7º, XIX, da Constituição, o prazo da licença-paternidade a que se refere o inciso é de cinco dias.

2. LEI COMPLEMENTAR N. 150, DE 1º DE JUNHO DE 2015

Capítulo I
Do Contrato de Trabalho Doméstico

Art. 1º Ao empregado doméstico, assim considerado aquele que presta serviços de forma contínua, subordinada, onerosa e pessoal e de finalidade não lucrativa à pessoa ou à família, no âmbito residencial destas, por mais de 2 (dois) dias por semana, aplica-se o disposto nesta Lei.

Parágrafo único. É vedada a contratação de menor de 18 (dezoito) anos para desempenho de trabalho doméstico, de acordo com a Convenção n. 182, de 1999, da Organização Internacional do Trabalho (OIT) e com o Decreto n. 6.481, de 12 de junho de 2008.

Art. 2º A duração normal do trabalho doméstico não excederá 8 (oito) horas diárias e 44 (quarenta e quatro) semanais, observado o disposto nesta Lei.

§ 1º A remuneração da hora extraordinária será, no mínimo, 50% (cinquenta por cento) superior ao valor da hora normal.

§ 2º O salário-hora normal, em caso de empregado mensalista, será obtido dividindo-se o salário mensal por 220 (duzentas e vinte) horas, salvo se o contrato estipular jornada mensal inferior que resulte em divisor diverso.

§ 3º O salário-dia normal, em caso de empregado mensalista, será obtido dividindo-se o salário mensal por 30 (trinta) e servirá de base para pagamento do repouso remunerado e dos feriados trabalhados.

§ 4º Poderá ser dispensado o acréscimo de salário e instituído regime de compensação de horas, mediante acordo escrito entre empregador e empregado, se o excesso de horas de um dia for compensado em outro dia.

§ 5º No regime de compensação previsto no § 4º:

I – será devido o pagamento, como horas extraordinárias, na forma do § 1º, das primeiras 40 (quarenta) horas mensais excedentes ao horário normal de trabalho;

II – das 40 (quarenta) horas referidas no inciso I, poderão ser deduzidas, sem o correspondente pagamento, as horas não trabalhadas, em função de redução do horário normal de trabalho ou de dia útil não trabalhado, durante o mês;

III – o saldo de horas que excederem as 40 (quarenta) primeiras horas mensais de que trata o inciso I, com a dedução prevista no inciso II, quando for o caso, será compensado no período máximo de 1 (um) ano.

§ 6º Na hipótese de rescisão do contrato de trabalho sem que tenha havido a compensação integral da jornada extraordinária, na forma do § 5º, o empregado fará jus ao pagamento das horas extras não compensadas, calculadas sobre o valor da remuneração na data de rescisão.

§ 7º Os intervalos previstos nesta Lei, o tempo de repouso, as horas não trabalhadas, os feriados e os domingos livres em que o empregado que mora no local de trabalho nele permaneça não serão computados como horário de trabalho.

§ 8º O trabalho não compensado prestado em domingos e feriados deve ser pago em dobro, sem prejuízo da remuneração relativa ao repouso semanal.

Art. 3º Considera-se trabalho em regime de tempo parcial aquele cuja duração não exceda 25 (vinte e cinco) horas semanais.

§ 1º O salário a ser pago ao empregado sob regime de tempo parcial será proporcional a sua jornada, em relação ao empregado que cumpre, nas mesmas funções, tempo integral.

§ 2º A duração normal do trabalho do empregado em regime de tempo parcial poderá ser acrescida de horas suplementares, em número não excedente a 1 (uma) hora diária, mediante acordo escrito entre empregador e empregado, aplicando-se-lhe, ainda, o disposto nos §§ 2º e 3º do art. 2º, com o limite máximo de 6 (seis) horas diárias.

§ 3º Na modalidade do regime de tempo parcial, após cada período de 12 (doze) meses de vigência do contrato de trabalho, o empregado terá direito a férias, na seguinte proporção:

I – 18 (dezoito) dias, para a duração do trabalho semanal superior a 22 (vinte e duas) horas, até 25 (vinte e cinco) horas;

II – 16 (dezesseis) dias, para a duração do trabalho semanal superior a 20 (vinte) horas, até 22 (vinte e duas) horas;

III – 14 (quatorze) dias, para a duração do trabalho semanal superior a 15 (quinze) horas, até 20 (vinte) horas;

IV – 12 (doze) dias, para a duração do trabalho semanal superior a 10 (dez) horas, até 15 (quinze) horas;

V – 10 (dez) dias, para a duração do trabalho semanal superior a 5 (cinco) horas, até 10 (dez) horas;

VI – 8 (oito) dias, para a duração do trabalho semanal igual ou inferior a 5 (cinco) horas.

Art. 4º É facultada a contratação, por prazo determinado, do empregado doméstico:

I – mediante contrato de experiência;

II – para atender necessidades familiares de natureza transitória e para substituição temporária de empregado doméstico com contrato de trabalho interrompido ou suspenso.

Parágrafo único. No caso do inciso II deste artigo, a duração do contrato de trabalho é limitada ao término do evento que motivou a contratação, obedecido o limite máximo de 2 (dois) anos.

Art. 5º O contrato de experiência não poderá exceder 90 (noventa) dias.

§ 1º O contrato de experiência poderá ser prorrogado 1 (uma) vez, desde que a soma dos 2 (dois) períodos não ultrapasse 90 (noventa) dias.

§ 2º O contrato de experiência que, havendo continuidade do serviço, não for prorrogado após o decurso de seu prazo previamente estabelecido ou que ultrapassar o período de 90 (noventa) dias passará a vigorar como contrato de trabalho por prazo indeterminado.

Art. 6º Durante a vigência dos contratos previstos nos incisos I e II do art. 4º, o empregador que, sem justa causa, despedir o empregado é obrigado a pagar-lhe, a título de indenização, metade da remuneração a que teria direito até o termo do contrato.

Art. 7º Durante a vigência dos contratos previstos nos incisos I e II do art. 4º, o empregado não poderá se desligar do contrato sem justa causa, sob pena de ser obrigado a indenizar o empregador dos prejuízos que desse fato lhe resultarem.

Parágrafo único. A indenização não poderá exceder aquela a que teria direito o empregado em idênticas condições.

Art. 8º Durante a vigência dos contratos previstos nos incisos I e II do art. 4º, não será exigido aviso prévio.

Art. 9º A Carteira de Trabalho e Previdência Social será obrigatoriamente apresentada, contra recibo, pelo empregado ao empregador que o admitir, o qual terá o prazo de 48 (quarenta e oito) horas para nela anotar, especificamente, a data de admissão, a remuneração e, quando for o caso, os contratos previstos nos incisos I e II do art. 4º.

Art. 10. É facultado às partes, mediante acordo escrito entre essas, estabelecer horário de trabalho de 12 (doze) horas seguidas por 36 (trinta e seis) horas ininterruptas de descanso, observados ou indenizados os intervalos para repouso e alimentação.

§ 1º A remuneração mensal pactuada pelo horário previsto no *caput* deste artigo abrange os pagamentos devidos pelo descanso semanal remunerado e pelo descanso em feriados, e serão considerados compensados os feriados e as prorrogações de trabalho noturno, quando houver, de que tratam o art. 70 e o § 5º do art. 73 da Consolidação das Leis do Trabalho (CLT), aprovada pelo Decreto-lei n. 5.452, de 1º de maio de 1943, e o art. 9º da Lei n. 605, de 5 de janeiro de 1949.

§ 2º (VETADO).

Art. 11. Em relação ao empregado responsável por acompanhar o empregador prestando serviços em viagem, serão consideradas apenas as horas efetivamente trabalhadas no período, podendo ser compensadas as horas extraordinárias em outro dia, observado o art. 2º.

§ 1º O acompanhamento do empregador pelo empregado em viagem será condicionado à prévia existência de acordo escrito entre as partes.

§ 2º A remuneração-hora do serviço em viagem será, no mínimo, 25% (vinte e cinco por cento) superior ao valor do salário-hora normal.

§ 3º O disposto no § 2º deste artigo poderá ser, mediante acordo, convertido em acréscimo no banco de horas, a ser utilizado a critério do empregado.

Art. 12. É obrigatório o registro do horário de trabalho do empregado doméstico por qualquer meio manual, mecânico ou eletrônico, desde que idôneo.

Art. 13. É obrigatória a concessão de intervalo para repouso ou alimentação pelo período de, no mínimo, 1 (uma) hora e, no máximo, 2 (duas) horas, admitindo-se, mediante prévio acordo escrito entre empregador e empregado, sua redução a 30 (trinta) minutos.

§ 1º Caso o empregado resida no local de trabalho, o período de intervalo poderá ser desmembrado em 2 (dois) períodos, desde que cada um deles tenha, no mínimo, 1 (uma) hora, até o limite de 4 (quatro) horas ao dia.

§ 2º Em caso de modificação do intervalo, na forma do § 1º, é obrigatória a sua anotação no registro diário de horário, vedada sua prenotação.

Art. 14. Considera-se noturno, para os efeitos desta Lei, o trabalho executado entre as 22 horas de um dia e as 5 horas do dia seguinte.

§ 1º A hora de trabalho noturno terá duração de 52 (cinquenta e dois) minutos e 30 (trinta) segundos.

§ 2º A remuneração do trabalho noturno deve ter acréscimo de, no mínimo, 20% (vinte por cento) sobre o valor da hora diurna.

§ 3º Em caso de contratação, pelo empregador, de empregado exclusivamente para desempenhar trabalho noturno, o acréscimo será calculado sobre o salário anotado na Carteira de Trabalho e Previdência Social.

§ 4º Nos horários mistos, assim entendidos os que abrangem períodos diurnos e noturnos, aplica-se às horas de trabalho noturno o disposto neste artigo e seus parágrafos.

Art. 15. Entre 2 (duas) jornadas de trabalho deve haver período mínimo de 11 (onze) horas consecutivas para descanso.

Art. 16. É devido ao empregado doméstico descanso semanal remunerado de, no mínimo, 24 (vinte e quatro) horas consecutivas, preferencialmente aos domingos, além de descanso remunerado em feriados.

Art. 17. O empregado doméstico terá direito a férias anuais remuneradas de 30 (trinta) dias, salvo o disposto no § 3º do art. 3º, com acréscimo de, pelo menos, um terço do salário normal, após cada período de 12 (doze) meses de trabalho prestado à mesma pessoa ou família.

§ 1º Na cessação do contrato de trabalho, o empregado, desde que não tenha sido demitido por justa causa, terá direito à remuneração relativa ao período incompleto de férias, na proporção de um doze avos por mês de serviço ou fração superior a 14 (quatorze) dias.

§ 2º O período de férias poderá, a critério do empregador, ser fracionado em até 2 (dois) períodos, sendo 1 (um) deles de, no mínimo, 14 (quatorze) dias corridos.

§ 3º É facultado ao empregado doméstico converter um terço do período de férias a que tiver direito em abono pecuniário, no valor da remuneração que lhe seria devida nos dias correspondentes.

§ 4º O abono de férias deverá ser requerido até 30 (trinta) dias antes do término do período aquisitivo.

§ 5º É lícito ao empregado que reside no local de trabalho nele permanecer durante as férias.

§ 6º As férias serão concedidas pelo empregador nos 12 (doze) meses subsequentes à data em que o empregado tiver adquirido o direito.

Art. 18. É vedado ao empregador doméstico efetuar descontos no salário do empregado por fornecimento de alimentação, vestuário, higiene ou moradia, bem como por despesas com transporte, hospedagem e alimentação em caso de acompanhamento em viagem.

§ 1º É facultado ao empregador efetuar descontos no salário do empregado em caso de adiantamento salarial e, mediante acordo escrito entre as partes, para a inclusão do empregado em planos de assistência médico-hospitalar e odontológica, de seguro e de previdência privada, não podendo a dedução ultrapassar 20% (vinte por cento) do salário.

§ 2º Poderão ser descontadas as despesas com moradia de que trata o *caput* deste artigo quando essa se referir a local diverso da residência em que ocorrer a prestação de serviço, desde que essa possibilidade tenha sido expressamente acordada entre as partes.

§ 3º As despesas referidas no *caput* deste artigo não têm natureza salarial nem se incorporam à remuneração para quaisquer efeitos.

§ 4º O fornecimento de moradia ao empregado doméstico na própria residência ou em morada anexa, de qualquer natureza, não gera ao empregado qualquer direito de posse ou de propriedade sobre a referida moradia.

Art. 19. Observadas as peculiaridades do trabalho doméstico, a ele também se aplicam as Leis n. 605, de 5 de janeiro de 1949, n. 4.090, de 13 de julho de 1962, n. 4.749, de 12 de agosto de 1965, e n. 7.418, de 16 de dezembro de 1985, e, subsidiariamente, a Consolidação das Leis do Trabalho (CLT), aprovada pelo Decreto-lei n. 5.452, de 1º de maio de 1943.

Parágrafo único. A obrigação prevista no art. 4º da Lei n. 7.418, de 16 de dezembro de 1985, poderá ser substituída, a critério do empregador, pela concessão, mediante recibo, dos valores para a aquisição das passagens necessárias ao custeio das despesas decorrentes do deslocamento residência-trabalho e vice-versa.

Art. 20. O empregado doméstico é segurado obrigatório da Previdência Social, sendo-lhe devidas, na forma da Lei n. 8.213, de 24 de julho de 1991, as prestações nela arroladas, atendido o disposto nesta Lei e observadas as características especiais do trabalho doméstico.

Art. 21. É devida a inclusão do empregado doméstico no Fundo de Garantia do Tempo de Serviço (FGTS), na forma do regulamento a ser editado pelo Conselho Curador e pelo agente operador do FGTS, no âmbito de suas competências, conforme disposto nos arts. 5º e 7º da Lei n. 8.036, de 11 de maio de 1990, inclusive no que tange aos aspectos técnicos de depósitos, saques, devolução de valores e emissão de extratos, entre outros determinados na forma da lei.

Parágrafo único. O empregador doméstico somente passará a ter obrigação de promover a inscrição e de efetuar os recolhimentos referentes a seu empregado após a entrada em vigor do regulamento referido no *caput*.

Art. 22. O empregador doméstico depositará a importância de 3,2% (três inteiros e dois décimos por cento) sobre a remuneração devida, no mês anterior, a cada empregado, destinada ao pagamento da indenização compensatória da perda do emprego, sem justa causa ou por culpa do empregador, não se aplicando ao empregado doméstico o disposto nos §§ 1º a 3º do art. 18 da Lei n. 8.036, de 11 de maio de 1990.

§ 1º Nas hipóteses de dispensa por justa causa ou a pedido, de término do contrato de trabalho por prazo determinado, de aposentadoria e de falecimento do empregado doméstico, os valores previstos no *caput* serão movimentados pelo empregador.

§ 2º Na hipótese de culpa recíproca, metade dos valores previstos no *caput* será movimentada pelo empregado, enquanto a outra metade será movimentada pelo empregador.

§ 3º Os valores previstos no *caput* serão depositados na conta vinculada do empregado, em variação distinta daquela em que se encontrarem os valores oriundos dos depósitos de que trata o inciso IV do art. 34 desta Lei, e somente poderão ser movimentados por ocasião da rescisão contratual.

§ 4º À importância monetária de que trata o *caput*, aplicam-se as disposições da Lei n. 8.036, de 11 de maio de 1990, e da Lei n. 8.844, de 20 de janeiro de 1994, inclusive quanto a sujeição passiva e equiparações, prazo de recolhimento, administração, fiscalização, lançamento, consulta, cobrança, garantias, processo administrativo de determinação e exigência de créditos tributários federais.

Art. 23. Não havendo prazo estipulado no contrato, a parte que, sem justo motivo, quiser rescindi-lo deverá avisar a outra de sua intenção.

§ 1º O aviso prévio será concedido na proporção de 30 (trinta) dias ao empregado que conte com até 1 (um) ano de serviço para o mesmo empregador.

§ 2º Ao aviso prévio previsto neste artigo, devido ao empregado, serão acrescidos 3 (três) dias por ano de serviço prestado para o mesmo empregador, até o máximo de 60 (sessenta) dias, perfazendo um total de até 90 (noventa) dias.

§ 3º A falta de aviso prévio por parte do empregador dá ao empregado o direito aos salários correspondentes ao prazo do aviso, garantida sempre a integração desse período ao seu tempo de serviço.

§ 4º A falta de aviso prévio por parte do empregado dá ao empregador o direito de descontar os salários correspondentes ao prazo respectivo.

§ 5º O valor das horas extraordinárias habituais integra o aviso prévio indenizado.

Art. 24. O horário normal de trabalho do empregado durante o aviso prévio, quando a rescisão tiver sido promovida pelo empregador, será reduzido de 2 (duas) horas diárias, sem prejuízo do salário integral.

Parágrafo único. É facultado ao empregado trabalhar sem a redução das 2 (duas) horas diárias previstas no *caput* deste artigo, caso em que poderá faltar ao serviço, sem prejuízo do salário integral, por 7 (sete) dias corridos, na hipótese dos §§ 1º e 2º do art. 23.

Art. 25. A empregada doméstica gestante tem direito a licença-maternidade de 120 (cento e vinte) dias, sem prejuízo do emprego e do salário, nos termos da Seção V do Capítulo III do Título III da Consolidação das Leis do Trabalho (CLT), aprovada pelo Decreto-lei n. 5.452, de 1º de maio de 1943.

Parágrafo único. A confirmação do estado de gravidez durante o curso do contrato de trabalho, ainda que durante o prazo do aviso prévio trabalhado ou indenizado, garante à empregada gestante a estabilidade provisória prevista na alínea *b* do inciso II do art. 10 do Ato das Disposições Constitucionais Transitórias.

Art. 26. O empregado doméstico que for dispensado sem justa causa fará jus ao benefício do seguro-desemprego, na forma da Lei n. 7.998, de 11 de janeiro de 1990, no valor de 1 (um) salário mínimo, por período máximo de 3 (três) meses, de forma contínua ou alternada.

§ 1º O benefício de que trata o *caput* será concedido ao empregado nos termos do regulamento do Conselho Deliberativo do Fundo de Amparo ao Trabalhador (Codefat).

§ 2º O benefício do seguro-desemprego será cancelado, sem prejuízo das demais sanções cíveis e penais cabíveis:

I – pela recusa, por parte do trabalhador desempregado, de outro emprego condizente com sua qualificação registrada ou declarada e com sua remuneração anterior;

II – por comprovação de falsidade na prestação das informações necessárias à habilitação;

III – por comprovação de fraude visando à percepção indevida do benefício do seguro-desemprego; ou

IV – por morte do segurado.

Art. 27. Considera-se justa causa para os efeitos desta Lei:

I – submissão a maus tratos de idoso, de enfermo, de pessoa com deficiência ou de criança sob cuidado direto ou indireto do empregado;

II – prática de ato de improbidade;

III – incontinência de conduta ou mau procedimento;

IV – condenação criminal do empregado transitada em julgado, caso não tenha havido suspensão da execução da pena;

V – desídia no desempenho das respectivas funções;

VI – embriaguez habitual ou em serviço;

VII – (VETADO);

VIII – ato de indisciplina ou de insubordinação;

IX – abandono de emprego, assim considerada a ausência injustificada ao serviço por, pelo menos, 30 (trinta) dias corridos;

X – ato lesivo à honra ou à boa fama ou ofensas físicas praticadas em serviço contra qualquer pessoa, salvo em caso de legítima defesa, própria ou de outrem;

XI – ato lesivo à honra ou à boa fama ou ofensas físicas praticadas contra o empregador doméstico ou sua família, salvo em caso de legítima defesa, própria ou de outrem;

XII – prática constante de jogos de azar.

Parágrafo único. O contrato de trabalho poderá ser rescindido por culpa do empregador quando:

I – o empregador exigir serviços superiores às forças do empregado doméstico, defesos por lei, contrários aos bons costumes ou alheios ao contrato;

II – o empregado doméstico for tratado pelo empregador ou por sua família com rigor excessivo ou de forma degradante;

III – o empregado doméstico correr perigo manifesto de mal considerável;

IV – o empregador não cumprir as obrigações do contrato;

V – o empregador ou sua família praticar, contra o empregado doméstico ou pessoas de sua família, ato lesivo à honra e à boa fama;

VI – o empregador ou sua família ofender o empregado doméstico ou sua família fisicamente, salvo em caso de legítima defesa, própria ou de outrem;

VII – o empregador praticar qualquer das formas de violência doméstica ou familiar contra mulheres de que trata o art. 5º da Lei n. 11.340, de 7 de agosto de 2006.

Art. 28. Para se habilitar ao benefício do seguro-desemprego, o trabalhador doméstico deverá apresentar ao órgão competente do Ministério do Trabalho e Emprego:

I – Carteira de Trabalho e Previdência Social, na qual deverão constar a anotação do contrato de trabalho doméstico e a data de dispensa, de modo a comprovar o vínculo empregatício, como empregado doméstico, durante pelo menos 15 (quinze) meses nos últimos 24 (vinte e quatro) meses;

II – termo de rescisão do contrato de trabalho;

III – declaração de que não está em gozo de benefício de prestação continuada da Previdência Social, exceto auxílio-acidente e pensão por morte; e

IV – declaração de que não possui renda própria de qualquer natureza suficiente à sua manutenção e de sua família.

Art. 29. O seguro-desemprego deverá ser requerido de 7 (sete) a 90 (noventa) dias contados da data de dispensa.

Art. 30. Novo seguro-desemprego só poderá ser requerido após o cumprimento de novo período aquisitivo, cuja duração será definida pelo Codefat.

Capítulo II
Do Simples Doméstico

Art. 31. É instituído o regime unificado de pagamento de tributos, de contribuições e dos demais encargos do empregador doméstico (Simples Doméstico), que deverá ser regulamentado no prazo de 120 (cento e vinte) dias a contar da data de entrada em vigor desta Lei.

Art. 32. A inscrição do empregador e a entrada única de dados cadastrais e de informações trabalhistas, previdenciárias e fiscais no âmbito do Simples Doméstico dar-se-ão mediante registro em sistema eletrônico a ser disponibilizado em portal na internet, conforme regulamento.

Parágrafo único. A impossibilidade de utilização do sistema eletrônico será objeto de regulamento, a ser editado pelo Ministério da Fazenda e pelo agente operador do FGTS.

Art. 33. O Simples Doméstico será disciplinado por ato conjunto dos Ministros de Estado da Fazenda, da Previdência Social e do Trabalho e Emprego que disporá sobre a apuração, o recolhimento e a distribuição dos recursos recolhidos por meio do Simples Doméstico, observadas as disposições do art. 21 desta Lei.

§ 1º O ato conjunto a que se refere o *caput* deverá dispor também sobre o sistema eletrônico de registro das obrigações trabalhistas, previdenciárias e fiscais e sobre o cálculo e o recolhimento dos tributos e encargos trabalhistas vinculados ao Simples Doméstico.

§ 2º As informações prestadas no sistema eletrônico de que trata o § 1º:

I – têm caráter declaratório, constituindo instrumento hábil e suficiente para a exigência dos tributos e encargos trabalhistas delas resultantes e que não tenham sido recolhidos no prazo consignado para pagamento; e

II – deverão ser fornecidas até o vencimento do prazo para pagamento dos tributos e encargos trabalhistas devidos no Simples Doméstico em cada mês, relativamente aos fatos geradores ocorridos no mês anterior.

§ 3º O sistema eletrônico de que trata o § 1º deste artigo e o sistema de que trata o *caput* do art. 32 substituirão, na forma regulamentada pelo ato conjunto previsto no *caput*, a obrigatoriedade de entrega de todas as informações, formulários e declarações a que estão sujeitos os empregadores domésticos, inclusive os relativos ao recolhimento do FGTS.

Art. 34. O Simples Doméstico assegurará o recolhimento mensal, mediante documento único de arrecadação, dos seguintes valores:

I – 8% (oito por cento) a 11% (onze por cento) de contribuição previdenciária, a cargo do segurado empregado doméstico, nos termos do art. 20 da Lei n. 8.212, de 24 de julho de 1991;

II – 8% (oito por cento) de contribuição patronal previdenciária para a seguridade social, a cargo do empregador doméstico, nos termos do art. 24 da Lei n. 8.212, de 24 de julho de 1991;

III – 0,8% (oito décimos por cento) de contribuição social para financiamento do seguro contra acidentes do trabalho;

IV – 8% (oito por cento) de recolhimento para o FGTS;

V – 3,2% (três inteiros e dois décimos por cento), na forma do art. 22 desta Lei; e

VI – imposto sobre a renda retido na fonte de que trata o inciso I do art. 7º da Lei n. 7.713, de 22 de dezembro de 1988, se incidente.

§ 1º As contribuições, os depósitos e o imposto arrolados nos incisos I a VI incidem sobre a remuneração paga ou devida no mês anterior, a cada empregado, incluída na remuneração a gratificação de Natal a que se refere a Lei n. 4.090, de 13 de julho de 1962, e a Lei n. 4.749, de 12 de agosto de 1965.

§ 2º A contribuição e o imposto previstos nos incisos I e VI do *caput* deste artigo serão descontados da remuneração do empregado pelo empregador, que é responsável por seu recolhimento.

§ 3º O produto da arrecadação das contribuições, dos depósitos e do imposto de que trata o *caput* será centralizado na Caixa Econômica Federal.

§ 4º A Caixa Econômica Federal, com base nos elementos identificadores do recolhimento, disponíveis no sistema de que trata o § 1º do art. 33, transferirá para a Conta Única do Tesouro Nacional o valor arrecadado das contribuições e do imposto previstos nos incisos I, II, III e VI do *caput*.

§ 5º O recolhimento de que trata o *caput* será efetuado em instituições financeiras integrantes da rede arrecadadora de receitas federais.

§ 6º O empregador fornecerá, mensalmente, ao empregado doméstico cópia do documento previsto no *caput*.

§ 7º O recolhimento mensal, mediante documento único de arrecadação, e a exigência das contribuições, dos depósitos e do imposto, nos valores definidos nos incisos I a VI do *caput*, somente serão devidos após 120 (cento e vinte) dias da data de publicação desta Lei.

Art. 35. O empregador doméstico é obrigado a pagar a remuneração devida ao empregado doméstico e a arrecadar e a recolher a contribuição prevista no inciso I do art. 34, assim como a arrecadar e a recolher as contribuições, os depósitos e o imposto a seu cargo discriminados nos incisos II, III, IV, V e VI do *caput* do art. 34, até o dia 7 do mês seguinte ao da competência.

§ 1º Os valores previstos nos incisos I, II, III e VI do *caput* do art. 34 não recolhidos até a data de vencimento sujeitar-se-ão à incidência de encargos legais na forma prevista na legislação do imposto sobre a renda.

§ 2º Os valores previstos nos incisos IV e V, referentes ao FGTS, não recolhidos até a data de vencimento serão corrigidos e terão a incidência da respectiva multa, conforme a Lei n. 8.036, de 11 de maio de 1990.

Capítulo III
Da Legislação Previdenciária e Tributária

Art. 36. O inciso V do art. 30 da Lei n. 8.212, de 24 de julho de 1991, passa a vigorar com a seguinte redação:

"Art. 30. [...]

V – o empregador doméstico é obrigado a arrecadar e a recolher a contribuição do segurado empregado a seu serviço, assim como a parcela a seu cargo, até o dia 7 do mês seguinte ao da competência;

[...]" (NR)

Art. 37. A Lei n. 8.213, de 24 de julho de 1991, passa a vigorar com as seguintes alterações:

"Art. 18. [...]

§ 1º Somente poderão beneficiar-se do auxílio-acidente os segurados incluídos nos incisos I, II, VI e VII do art. 11 desta Lei.

[...]" (NR)

"Art. 19. Acidente do trabalho é o que ocorre pelo exercício do trabalho a serviço de empresa ou de empregador doméstico ou pelo exercício do trabalho dos segurados referidos no inciso VII do art. 11 desta Lei, provocando lesão corporal ou perturbação funcional que cause a morte ou a perda ou redução, permanente ou temporária, da capacidade para o trabalho.

[...]" (NR)

"Art. 21-A. A perícia médica do Instituto Nacional do Seguro Social (INSS) considerará caracterizada a natureza acidentária da incapacidade quando constatar ocorrência de nexo técnico epidemiológico entre o trabalho e o agravo, decorrente da relação entre a atividade da empresa ou do empregado doméstico e a entidade mórbida motivadora da incapacidade elencada na Classificação Internacional de Doenças (CID), em conformidade com o que dispuser o regulamento.

§ 2º A empresa ou o empregador doméstico poderão requerer a não aplicação do nexo técnico epidemiológico, de cuja decisão caberá recurso, com efeito suspensivo, da empresa, do empregador doméstico ou do segurado ao Conselho de Recursos da Previdência Social." (NR)

"Art. 22. A empresa ou o empregador doméstico deverão comunicar o acidente do trabalho à Previdência Social até o primeiro dia útil seguinte ao da ocorrência e, em caso de morte, de imediato, à autoridade competente, sob pena de multa variável entre o limite mínimo e o limite máximo do salário de contribuição, sucessivamente aumentada nas reincidências, aplicada e cobrada pela Previdência Social.

[...]" (NR)

"Art. 27. Para cômputo do período de carência, serão consideradas as contribuições:

I – referentes ao período a partir da data de filiação ao Regime Geral de Previdência Social (RGPS), no caso dos segurados empregados, inclusive os domésticos, e dos trabalhadores avulsos;

II – realizadas a contar da data de efetivo pagamento da primeira contribuição sem atraso, não sendo consideradas para este fim as contribuições recolhidas com atraso referentes a competências anteriores, no caso dos segurados contribuinte individual, especial e facultativo, referidos, respectivamente, nos incisos V e VII do art. 11 e no art. 13." (NR)

"Art. 34. No cálculo do valor da renda mensal do benefício, inclusive o decorrente de acidente do trabalho, serão computados:

I – para o segurado empregado, inclusive o doméstico, e o trabalhador avulso, os salários de contribuição referentes aos meses de contribuições devidas, ainda que não recolhidas pela empresa ou pelo empregador doméstico, sem prejuízo da respectiva cobrança e da aplicação das penalidades cabíveis, observado o disposto no § 5º do art. 29-A;

II – para o segurado empregado, inclusive o doméstico, o trabalhador avulso e o segurado especial, o valor mensal do auxílio-acidente, considerado como salário de contribuição para fins de concessão de qualquer aposentadoria, nos termos do art. 31;

[...]" (NR)

"Art. 35. Ao segurado empregado, inclusive o doméstico, e ao trabalhador avulso que tenham cumprido todas as condições para a concessão do benefício pleiteado, mas não possam comprovar o valor de seus salários de contribuição no período básico de cálculo, será concedido o benefício de valor mínimo, devendo esta renda ser recalculada quando da apresentação de prova dos salários de contribuição." (NR)

"Art. 37. A renda mensal inicial, recalculada de acordo com o disposto no art. 35, deve ser reajustada como a dos benefícios correspondentes com igual data de início e substituirá, a partir da data do requerimento de revisão do valor do benefício, a renda mensal que prevalecia até então." (NR)

"Art. 38. Sem prejuízo do disposto no art. 35, cabe à Previdência Social manter cadastro dos segurados com todos os informes necessários para o cálculo da renda mensal dos benefícios." (NR)

"Art. 63. O segurado empregado, inclusive o doméstico, em gozo de auxílio-doença será considerado pela empresa e pelo empregador doméstico como licenciado.

[...]" (NR)

"Art. 65. O salário-família será devido, mensalmente, ao segurado empregado, inclusive o doméstico, e ao segurado trabalhador avulso, na proporção do respectivo número de filhos ou equiparados nos termos do § 2º do art. 16 desta Lei, observado o disposto no art. 66.

[...]" (NR)

"Art. 67. [...]

Parágrafo único. O empregado doméstico deve apresentar apenas a certidão de nascimento referida no *caput*." (NR)

"Art. 68. As cotas do salário-família serão pagas pela empresa ou pelo empregador doméstico, mensalmente, junto com o salário, efetivando-se a compensação quando do recolhimento das contribuições, conforme dispuser o Regulamento.

§ 1º A empresa ou o empregador doméstico conservarão durante 10 (dez) anos os comprovantes de pagamento e as cópias das certidões correspondentes, para fiscalização da Previdência Social.

[...]" (NR)

Art. 38. O art. 70 da Lei n. 11.196, de 21 de novembro de 2005, passa a vigorar com a seguinte redação:

"Art. 70. [...]

I – [...]

d) até o dia 7 do mês subsequente ao mês de ocorrência dos fatos geradores, no caso de pagamento de rendimentos provenientes do trabalho assalariado a empregado doméstico; e

e) até o último dia útil do segundo decêndio do mês subsequente ao mês de ocorrência dos fatos geradores, nos demais casos;

[...]" (NR)

Capítulo IV
Do Programa de Recuperação Previdenciária dos Empregadores Domésticos (Redom)

Art. 39. É instituído o Programa de Recuperação Previdenciária dos Empregadores Domésticos (Redom), nos termos desta Lei.

Art. 40. Será concedido ao empregador doméstico o parcelamento dos débitos com o Instituto Nacional do Seguro Social (INSS) relativos à contribuição de que tratam os arts. 20 e 24 da Lei n. 8.212, de 24 de julho de 1991, com vencimento até 30 de abril de 2013.

§ 1º O parcelamento abrangerá todos os débitos existentes em nome do empregado e do empregador, na condição de contribuinte, inclusive débitos inscritos em dívida ativa, que poderão ser:

I – pagos com redução de 100% (cem por cento) das multas aplicáveis, de 60% (sessenta por cento) dos juros de mora e de 100% (cem por cento) sobre os valores dos encargos legais e advocatícios;

II – parcelados em até 120 (cento e vinte) vezes, com prestação mínima no valor de R$ 100,00 (cem reais).

§ 2º O parcelamento deverá ser requerido no prazo de 120 (cento e vinte) dias após a entrada em vigor desta Lei.

§ 3º A manutenção injustificada em aberto de 3 (três) parcelas implicará, após comunicação ao sujeito passivo, a imediata rescisão do parcelamento e, conforme o caso, o prosseguimento da cobrança.

§ 4º Na hipótese de rescisão do parcelamento com o cancelamento dos benefícios concedidos:

I – será efetuada a apuração do valor original do débito, com a incidência dos acréscimos legais, até a data de rescisão;

II – serão deduzidas do valor referido no inciso I deste parágrafo as parcelas pagas, com a incidência dos acréscimos legais, até a data de rescisão.

Art. 41. A opção pelo Redom sujeita o contribuinte a:

I – confissão irrevogável e irretratável dos débitos referidos no art. 40;

II – aceitação plena e irretratável de todas as condições estabelecidas;

III – pagamento regular das parcelas do débito consolidado, assim como das contribuições com vencimento posterior a 30 de abril de 2013.

Capítulo V
Disposições Gerais

Art. 42. É de responsabilidade do empregador o arquivamento de documentos comprobatórios do cumprimento das obrigações fiscais, trabalhistas e previdenciárias, enquanto essas não prescreverem.

Art. 43. O direito de ação quanto a créditos resultantes das relações de trabalho prescreve em 5 (cinco) anos até o limite de 2 (dois) anos após a extinção do contrato de trabalho.

Art. 44. A Lei n. 10.593, de 6 de dezembro de 2002, passa a vigorar acrescida do seguinte art. 11-A:

"Art. 11-A. A verificação, pelo Auditor-Fiscal do Trabalho, do cumprimento das normas que regem o trabalho do empregado doméstico, no âmbito do domicílio do empregador, dependerá de agendamento e de entendimento prévios entre a fiscalização e o empregador.

§ 1º A fiscalização deverá ter natureza prioritariamente orientadora.

§ 2º Será observado o critério de dupla visita para lavratura de auto de infração, salvo quando for constatada infração por falta de anotação na Carteira de Trabalho e Previdência Social ou, ainda, na ocorrência de reincidência, fraude, resistência ou embaraço à fiscalização.

§ 3º Durante a inspeção do trabalho referida no *caput*, o Auditor-Fiscal do Trabalho far-se-á acompanhar pelo empregador ou por alguém de sua família por este designado."

Art. 45. As matérias tratadas nesta Lei Complementar que não sejam reservadas constitucionalmente a lei complementar poderão ser objeto de alteração por lei ordinária.

Art. 46. Revogam-se o inciso I do art. 3º da Lei n. 8.009, de 29 de março de 1990, e a Lei n. 5.859, de 11 de dezembro de 1972.

Art. 47. Esta Lei entra em vigor na data de sua publicação.

APÊNDICE B – MODELOS

1. CONTRATO DE TRABALHO

Entre as partes, tendo de um lado Fulana de Tal, residente na Rua das Flores, n. 1, São Paulo, SP, titular do CPF n. . . . . ., doravante denominada EMPREGADORA, e de outro lado Beltrana de Tal, residente na Rua dos Tuins, n. 41, Brás, São Paulo, SP, titular da CTPS n. . . . . . ., série . . . . ., doravante designada EMPREGADA, ajustam este CONTRATO DE TRABALHO DOMÉSTICO, regido pela Lei Complementar n. 150/2015, de acordo com as cláusulas a seguir aduzidas.

CLÁUSULA 1ª: A empregada obriga-se a prestar serviços como doméstica, mediante o salário de R$ . . . . ., pago mensalmente, sujeitando-se aos descontos previdenciários, de imposto de renda, de alimentação, habitação, na forma da lei, e de 6% do salário-base a título de vale-transporte.

CLÁUSULA 2ª: A empregada aceita como condição deste acordo fazer sua prestação de serviços domésticos em qualquer lugar determinado pela EMPREGADORA, inclusive para acompanhar o empregador em viagens.

CLÁUSULA 3ª: As atividades desempenhadas pela empregada serão todas aquelas pertinentes ao trabalho doméstico, entre outras, lavar, passar, limpar a casa, cozinhar etc.

CLÁUSULA 4ª: A empregada prestará serviços de segunda-feira a sexta-feira, das 8 às 16 horas e sábados, das 8 às 12 horas, sendo o domingo destinado ao repouso semanal remunerado. Poderá ser determinado o trabalho aos domingos, porém mediante a concessão do descanso em outro dia da semana.

O intervalo será de 30 minutos.

CLÁUSULA 5ª Ressarcirá a empregada a empregadora todos os danos ou prejuízos que causar, ainda que por dolo ou culpa.

CLÁUSULA 6ª Sempre que lhe for determinado, a empregada fica obrigada a usar uniforme.

Por estarem justos e contratados, assinam o presente contrato, na presença de duas testemunhas, para que possa produzir seus efeitos legais.

SP, ...

....

....
   Empregadora   Empregada

....
Testemunhas

2. ACORDO DE COMPENSAÇÃO

ACORDO DE COMPENSAÇÃO DE HORAS DE TRABALHO

EMPREGADOR: (Nome), (nacionalidade), (estado civil), (profissão), titular do RG n. ...., inscrito no CPF sob n. ...., residente e domiciliado na rua ...., bairro ...., cidade ...., Estado ...., CEP ...., **EMPREGADO:** (Nome), (nacionalidade), (estado civil), doméstico, titular da CTPS n. ...., série ...., inscrito no CPF sob n. ...., residente e domiciliado na rua ...., bairro ...., Cidade ...., no Estado ...., CEP ....

As partes acima identificadas celebram o presente **ACORDO DE COMPENSAÇÃO DE HORAS**, que se regerá pelas cláusulas abaixo:

1. A partir do dia ..../..../...., o empregado cumprirá a seguinte jornada normal de trabalho:

(a) de 2ª a 6ª feira: das 8 às 17 h, com 30 minutos de intervalo para refeição e descanso, das 12 às 12 h 30 min.

(b) sábados: livres

(c) domingos: repouso semanal remunerado

2. As horas trabalhadas após a oitava hora diária de trabalho, de segunda a quinta-feira, destinam-se à compensação dos sábados não trabalhados, não sendo consideradas horas extraordinárias.

3. Na semana em que houver um feriado que recair no sábado, a jornada de trabalho será de oito horas:

(a) de 2ª a 6ª feira: das 8 às 17 h, com 30 minutos de intervalo para refeição e descanso

(b) Sábado: feriado

(c) Domingo: repouso semanal remunerado

> O presente Acordo de Compensação de Horas de Trabalho tem prazo indeterminado e é acessório ao Contrato de Trabalho celebrado entre as partes.
>
> São Paulo, ... de .... de .....
>
> ....
>   Empregado   Empregador
>
> Testemunhas
>
> 1......................
>
> 2......................

3. RECIBO DE SALÁRIO

> R$ ....
>
> Recebi de Fulana de Tal o valor de R$ ...., referente a meu salário de março de 201...., conforme discriminação abaixo:
>
> Valor   R$ ....
>
> (–) Desconto do INSS   R$ ....
>
>   R$ ....
>
> São Paulo, 1º-4-201...
>
> Beltrana de Tal

4. RECIBO DE 13º SALÁRIO

> R$ ....
>
> Recebi de Fulana de Tal o valor de R$ ...., referente à segunda metade do 13º salário de 201...., conforme discriminação abaixo:
>
> Valor   R$ ....
>
> (–) Adiantamento   R$ ....
>
> (–) Desconto do INSS   R$ ....
>
>   R$ ....
>
> São Paulo, 20-12-201...
>
> Beltrana de Tal

5. RECIBO DE FÉRIAS

> R$ ....
> Recebi de Fulana de Tal a importância de R$ ...., referente às minhas férias do período de 1º-1-201... a 31-12-201..., conforme discriminação.
> Férias   R$ ....
> 1/3   R$ ....
> (–) Desconto do INSS   R$ ....
>   R$ ....
> São Paulo, 1º-5-201...
> Beltrana de Tal

6. CARTA DE APRESENTAÇÃO

> Eu, ..., brasileira, casada, comerciante, declaro para os devidos fins que a Sra. .... trabalhou na minha residência como doméstica, sendo pessoa de confiança, boa empregada, inexistindo qualquer ato desabonador de sua conduta no período em que houve a prestação dos serviços.
> São Paulo, ...
> ....
> Empregadora

APÊNDICE C – QUADRO DE RESCISÃO DO CONTRATO DE TRABALHO DO DOMÉSTICO[1]

Direitos					
Espécies de rescisão	Saldo de salário	Aviso prévio	Férias venc. + 1/3	Férias proporcionais + 1/3	13º salário
Pedido de demissão (com menos de 1 ano)	Sim	Não	Não	Sim	Sim
Pedido de demissão (com mais de 1 ano)	Sim	Não	Sim	Não	Sim
Dispensa pelo empregador sem justa causa (com menos de 1 ano)	Sim	Sim	Não	Sim	Sim
Dispensa pelo empregador sem justa causa (com mais de 1 ano)	Sim	Sim	Sim	Sim	Sim
Dispensa com justa causa (com menos de 1 ano)	Sim	Não	Não	Não	Não
Dispensa com justa causa (com mais de 1 ano)	Sim	Não	Sim	Não	Não
Rescisão indireta (com menos de 1 ano)	Sim	Sim	Não	Sim	Sim
Rescisão indireta (com mais de 1 ano)	Sim	Sim	Sim	Sim	Sim
Falecimento do empregado (com menos de 1 ano)	Sim	Não	Não	Não	Sim
Falecimento do empregado (com mais de 1 ano)	Sim	Não	Sim	Sim	Sim

---

1. Alguns dos direitos são controvertidos; verificar texto do livro, pois o quadro representa minha opinião.

REFERÊNCIAS

ALBUQUERQUE, Rafael F. *El contrato de trabajo*. Barcelona: M. Parejo, 1976.

BEZERRA, Marcos Prota de Alencar; BEZERRA, Luiz de Alencar. *Cartilha do empregador doméstico*. 5. ed. São Paulo: Nossa Livraria, 1997.

CHIARELLI, Carlos Alberto Gomes. *Trabalho na Constituição*: direito individual. São Paulo: LTr, 1989. v. 1.

COSTA, Antônio Carlos Siqueira. Domésticos e a nova Constituição do Brasil. *LTr*, 53-7/787.

COSTA, José de Ribamar da. O trabalhador doméstico e a nova Constituição. *LTr*, 54-2/164.

CUNHA, Roberto Salles. *O trabalho doméstico*. São Paulo: Atlas, 1989.

DE LUCA, Carlos Moreira. O prazo de prescrição dos direitos assegurados aos empregados domésticos. *LTr*, 53-1/81.

FERNANDES, António de Lemos Monteiro. *Direito do trabalho*. 9. ed. Coimbra: Almedina, 1992. v. 1.

FRANCO FILHO, Georgenor de Sousa. O trabalhador doméstico e a Constituição do Brasil. *LTr*, 52-8/942.

GOMES, Orlando; GOTTSCHALK, Elson. *Curso de direito do trabalho*. 12. ed. Rio de Janeiro: Forense, 1991.

GONÇALES, Odonel Urbano. *Curso de direito do trabalho*. São Paulo: Atlas, 1994.

GONÇALVES, Emílio; GONÇALVES, Emílio Carlos Garcia. *Direitos sociais dos empregados domésticos*. 2. ed. São Paulo: LTr, 1991.

MACIEL, José Alberto Couto. *O progresso atual e o contrato de trabalho do empregado doméstico*. São Paulo: LTr, 1973.

MAGANO, Octávio Bueno. *Manual de direito do trabalho*: direito individual do trabalho. 3. ed. São Paulo: LTr, 1992. v. 2.

MAGANO, Octávio Bueno; MALLET, Estevão. *O direito do trabalho na Constituição*. Rio de Janeiro: Forense, 1993.

MANUS, Pedro Paulo Teixeira. *Direito do trabalho na nova Constituição*. São Paulo: Atlas, 1989.

MANUS, Pedro Paulo Teixeira. *Direito do trabalho*. 9. ed. São Paulo: Atlas, 2005.

MARANHÃO, Délio. *Direito do trabalho*. 4. ed. Rio de Janeiro: FGV, 1995.

MARANHÃO, Délio; VIANNA, Segadas. *Instituições de direito do trabalho*. 14. ed. São Paulo: LTr, 1993. v. 1.

MARTINS, Sergio Pinto. A diarista pode ser considerada empregada doméstica? *Orientador Trabalhista Mapa Fiscal, Suplemento de Legislação, Jurisprudência e Doutrina*, p. 207, mar. 1993.

MARTINS, Sergio Pinto. *Contribuição confederativa*. São Paulo: LTr, 1996.

MARTINS, Sergio Pinto. *Direito da seguridade social*. 42. ed. São Paulo: Saraiva, 2024.

MARTINS, Sergio Pinto. *Direito do trabalho*. 40. ed. São Paulo: Saraiva, 2024.

MARTINS, Sergio Pinto. *Direito processual do trabalho*. 46. ed. São Paulo: Saraiva, 2024.

MARTINS, Sergio Pinto. Empregado doméstico – Questões polêmicas. *Orientador Trabalhista Mapa Fiscal, Suplemento de Legislação, Jurisprudência e Doutrina*, p. 152, fev. 1995.

MARTINS, Sergio Pinto. O guarda de rua contratado por moradores. Há relação de emprego? *Folha Metropolitana*. Guarulhos, 12 de setembro de 1991, p. 3.

MARTINS, Sergio Pinto. Relação de emprego: dono da obra e prestador de serviços. *Folha Metropolitana*. Guarulhos, 21 de julho de 1992, p. 5.

MARTINS, Sergio Pinto. *Contribuições sindicais*. 5. ed. São Paulo: Atlas, 2009.

MARTINS, Sergio Pinto. Alterações feitas na Lei n. 5.859/72 pela Lei n. 11.324/06 quanto ao doméstico. *Revista IOB Trabalhista e Previdenciária* n. 209, nov./2006, p. 22.

MARTINS, Sergio Pinto. Extensão do FGTS e do seguro-desemprego ao empregado doméstico. *Orientador Trabalhista Mapa Fiscal* n. 3/2000, p. 5.

MARTINS, Sergio Pinto. Exigibilidade do FGTS do doméstico. *Carta Forense*, novembro de 2015, p. B-8.

MARTINS, Sergio Pinto. *Manual do FGTS*. 5. ed. São Paulo: Saraiva, 2017.

MAZZONI, Giuliano; GRECHI, Aldo. *Diritto del lavoro*. Bolonha: Dott Cesare Zuffi, 1951.

MORAES FILHO, Evaristo de. Do trabalho doméstico e sua regulamentação. *LTr*, 38/20.

NASCIMENTO, Amauri Mascaro. *Direito do trabalho na Constituição de 1988*. São Paulo: Saraiva, 1989.

NASCIMENTO, Amauri Mascaro. *Iniciação ao direito do trabalho*. 21. ed. São Paulo: LTr, 1994.

OLIVEIRA, Francisco Antônio. *Direito do trabalho em sintonia com a nova Constituição*. São Paulo: Revista dos Tribunais, 1993.

PAMPLONA FILHO, Rodolfo; VILLATORE, Marco Antonio César. *Direito do trabalho doméstico*. São Paulo: LTr, 1997.

PLÁ RODRIGUEZ, Américo. *Curso de derecho laboral*. Montevidéu [s.n.], 1978.

PRADO, Roberto Barretto. Prescrição das ações interpostas pelos empregados domésticos. *LTr*, 54-2/171.

PRUNES, José Luiz Ferreira. *Contrato de trabalho doméstico e trabalho a domicílio*. Curitiba: Juruá, 1995.

RODRIGUES, João Albino Simões. O empregado doméstico e a nova Constituição. *LTr*, 52-11/1.354.

RUSSOMANO, Mozart Víctor. *Comentários à CLT*. 13. ed. Rio de Janeiro: Forense, 1990. v. 1.

RUSSOMANO, Mozart Víctor. *O empregado e o empregador no direito brasileiro*. 6. ed. São Paulo: LTr, 1978.

SAAD, Eduardo Gabriel. *Constituição e direito do trabalho*. 2. ed. São Paulo: LTr, 1989.

SERSON, José. *Curso de rotinas trabalhistas*. 37. ed. São Paulo: Revista dos Tribunais, 1997.

SILVA, Carlos Alberto Barata. *Compêndio de direito do trabalho*. 2. ed. São Paulo: LTr, 1978.

SILVA, Octacílio Paula. Domésticos, ainda marginalizados. *LTr*, 49-1/16.

SILVA, Octacílio Paula. Empregados domésticos. In: *Curso de direito do trabalho*: estudos em memória de Célio Goyatá. 3. ed. São Paulo: LTr, 1997. v. 1.

SÜSSEKIND, Arnaldo et al. *Comentários à Constituição*. Rio de Janeiro: Biblioteca Jurídica Freitas Bastos, 1990. v. 1.

SÜSSEKIND, Arnaldo et al. Prescrição. *LTr*, 53-9/1.019.

VILHENA, Paulo Emílio Ribeiro de. *Relação de emprego*. São Paulo: Saraiva, 1975.

ÍNDICE REMISSIVO*

A

Abono anual, 24.2.10 [1]
Acidente do trabalho, 20.5
Adiantamentos, 9.5
Adicional de insalubridade, 16.2
Adicional de periculosidade, 16.2
Adicional noturno, 13.9
Alemanha, 26.2.1
Aposentadoria, 24.2.2
Argentina, 26.2.2
Art. 467 da CLT, 22.3
Assistência na rescisão contratual, 18.6
Atestado de saúde, 6
Auxílio-acidente, 24.2.8
Auxílio-doença, 24.2.3
Auxílio-reclusão, 24.2.6
Aviso prévio, 19, 19.2

B

Brasil, 2
Benefícios por acidente do trabalho, 24.2.7
Benefícios previdenciários, 24.2

C

Carta de referência, 6
Caseiro, 4.1
Chile, 26.2.3
Cipeiro, 20.3
Colômbia, 26.2.4

Compensação, 13.3
Competência da justiça do trabalho, 22.1
Continuidade, 2.2
Contrato de experiência, 6
Contrato de trabalho, 6
Contribuição confederativa, 17.5
Contribuição previdenciária, 24.1.1
Contribuição sindical, 17.4
Controle de ponto, 13.8
Convenção n. 132 da OIT, 15.3
CTPS, 6

D

Danos, 9.6
Décimo terceiro salário, 8.4
Declaração de direitos, 26.12
Denominação, 2
Descontos, 9
Diarista, 4.2
Direito coletivo do trabalho, 17
Dirigente sindical, 20.2
Discriminação, 12
Dispensa sem justa causa, 18.2
Dispensa com justa causa, 18.3

E

Empregado doméstico, 2
  conceito, 2.2
  denominação, 2.1
  distinções, 2.3
Empregado em domicílio, 2.3.1
Empregador doméstico, 3.1

---

* O primeiro número indica o capítulo.

Enfermeira, 4.5
Equador, 26.2.6
Espanha, 26.2.5
Estabilidade, 20

F

Faltas, 9.7
Fator previdenciário, 24.2.2
Férias, 15
  em dobro, 15.2
  proporcionais, 15.2
FGTS, 10
Fiscalização trabalhista, 16.3

G

Garantia de emprego, 20
Gestante, 20.4

H

Higiene e segurança do trabalho, 16.1
Histórico, 1
Horas extras, 13.2
  Ônus da prova, 13.10
Histórico, 1

I

Imposto de renda, 9.2
Intervalos, 13.7
Irredutibilidade salarial, 8.6
Itália, 26.2.7

J

Jornada de trabalho, 13
Justa causa, 112
Justiça do trabalho, 22
  competência, 22.1

L

Legislação estrangeira, 26.2
Licença-paternidade, 11.2

M

Mensalidade sindical, 17.6
México, 26.2.8
Motorista, 4.4
Multa, 18.7

N

Norma coletiva, 17.3

O

OIT, 26.1.1
Organização sindical, 17.2

P

Paraguai, 26.2.9
Pedido de demissão, 18.5
Penhora, 22.5
Pensão por morte, 24.2.5
Peru, 26.2.10
Pessoalidade, 11
Portugal, 26.2.11
Prescrição, 21
Previdência Social, 24
Programa de recuperação previdenciária, 23.2
Prorrogação da jornada, 13.6
Provas, 22.4

R

Remuneração, 8
Repouso semanal remunerado, 14
Representação do empregador doméstico, 22.2
República Dominicana, 26.2.12
Regime 12x36, 13.5
Rescisão do contrato de trabalho, 18
Rescisão indireta, 18.4
Responsabilidade civil das agências, 25

S

Salário-família, 24.2.4
Salário-maternidade, 24.2.1
Salário mínimo, 8.5
Segurado obrigatório, 24.1
Segurança e medicina do trabalho, 16
Seguro-desemprego, 24.2.9
Serviços de construção, 4.6
Simples Doméstico, 23.1
Sobreaviso, 13.4
Sucessão de empregadores domésticos, 3.2

T

Trabalhador eventual, 2.3.2
Trabalhador temporário, 2.3.3

U

Uruguai, 26.2.13
Utilidades, 9.3

V

Vale-transporte, 8.7
Venezuela, 26.2.14
Vigia de rua, 4.3